国有资本

管理与混合所有制改革研究

刘剑民 著

中国财经出版传媒集团
经济科学出版社
Economic Science Press
北京

图书在版编目（CIP）数据

国有资本管理与混合所有制改革研究/刘剑民著
.--北京：经济科学出版社，2023.12
ISBN 978-7-5218-5458-9

Ⅰ.①国… Ⅱ.①刘… Ⅲ.①国有资产管理-研究-中国②国有企业-混合所有制-企业改革-研究-中国 Ⅳ.①F123.7②F279.241

中国国家版本馆 CIP 数据核字（2023）第 252708 号

责任编辑：何　宁　王文泽
责任校对：刘　昕
责任印制：张佳裕

国有资本管理与混合所有制改革研究
刘剑民　著
经济科学出版社出版、发行　新华书店经销
社址：北京市海淀区阜成路甲 28 号　邮编：100142
总编部电话：010-88191217　发行部电话：010-88191522
网址：www.esp.com.cn
电子邮箱：esp@esp.com.cn
天猫网店：经济科学出版社旗舰店
网址：http://jjkxcbs.tmall.com
北京密兴印刷有限公司印装
710×1000　16 开　16 印张　250000 字
2023 年 12 月第 1 版　2023 年 12 月第 1 次印刷
ISBN 978-7-5218-5458-9　定价：68.00 元
(图书出现印装问题，本社负责调换。电话：010-88191545)
(版权所有　侵权必究　打击盗版　举报热线：010-88191661
QQ：2242791300　营销中心电话：010-88191537
电子邮箱：dbts@esp.com.cn)

目　　录

导论 ·· 1

第一章　国有资本管理体制与资本配置的相关理论 ················ 17
　　第一节　国有资本管理体制的相关理论 ··························· 17
　　第二节　制度环境与国有资本配置效率的相关理论 ·············· 23

第二章　国有资本管理体制改革与隐性资本市场配置 ············· 25
　　第一节　国有资本配置方式与隐形市场资本配置假说 ··········· 26
　　第二节　国有资本管理体制、隐形市场与资本配置效率的机制分析 ······ 30

第三章　国内外国有资本管理经验借鉴 ···························· 38
　　第一节　我国国有资本管理体制的历史回顾与经验 ·············· 38
　　第二节　国外国有资本分类管理经验研究 ························ 45

第四章　国有资本投资运营公司案例研究 ························· 54
　　第一节　深圳市 CX 投资集团案例研究 ·························· 54
　　第二节　ZL 集团案例研究 ·· 70
　　第三节　GT 集团案例研究 ·· 78

· i ·

第五章　混合所有制改革的经济影响之一：地方政府多元化诉求
　　　　与国有企业投资实证研究 ················· 87
　　第一节　混合所有制改革与地方政府多元化诉求 ············ 87
　　第二节　地方政府多元化诉求、财政支出与国有企业投资水平 ······· 90
　　第三节　研究设计 ··················· 94
　　第四节　实证检验与结果分析 ··············· 98
　　第五节　结论与启示 ·················· 108

第六章　混合所有制改革的经济影响之二：混合所有制改革
　　　　与国有资本保值增值实证研究 ············· 111
　　第一节　国有管理体制与混合所有制改革 ············ 111
　　第二节　混合所有制改革与国有资产保值增值 ············ 112
　　第三节　研究设计 ··················· 116
　　第四节　实证检验与结果分析 ··············· 119
　　第五节　结论与启示 ·················· 127

第七章　混合所有制改革的经济影响之三：国有企业控制权转移
　　　　与股价同步性实证研究 ··············· 129
　　第一节　国有企业改革与控制权转移 ·············· 129
　　第二节　国有企业控制权转移与股价同步性 ············ 132
　　第三节　研究设计 ··················· 136
　　第四节　实证检验与结果分析 ··············· 141
　　第五节　结论与启示 ·················· 152

第八章　混合所有制改革的经济影响之四：混合所有制改革
　　　　与国有企业职工薪酬实证研究 ············· 154
　　第一节　混合所有制改革与国有企业职工薪酬 ············ 154

第二节	理论分析与假设提出	155
第三节	研究设计	157
第四节	实证检验与结果分析	160
第五节	稳健性检验	166
第六节	结论与启示	169

第九章　混合所有制改革的经济影响之五：数字经济模式下非国有股东参与治理与国有企业创新实证研究 …… 172

第一节	数字经济模式与国有企业创新	172
第二节	数字经济模式下非国有股东参与治理与国有企业创新	175
第三节	研究设计	177
第四节	实证检验与结果分析	180
第五节	稳健性检验	190
第六节	结论与启示	196

第十章　混合所有制改革的经济影响之六：数字经济发展与国有企业破产风险治理实证研究 …… 197

第一节	数字经济发展与国有企业破产风险	197
第二节	数字经济发展、企业同构与国有企业破产风险	199
第三节	数字经济发展影响国有企业破产风险的路径	202
第四节	研究设计	204
第五节	实证检验与结果分析	207
第六节	路径识别	214
第七节	进一步分析	217
第八节	结论与启示	220

参考文献 …… 223

导　　论

一、研究背景和研究意义

（一）研究背景

2013年，《关于进一步深化上海国资改革促进企业发展的意见》启动了新一轮地方国资国企改革，"地方国资委—国有资本投资运营公司—混合所有制企业"三层国有资产管理体制（以下简称"国资管理体制"）逐步建立起来。国有资本投资运营公司（以下简称"国投公司"）作为一种新兴的地方国有资本配置参与形式，已经逐渐成为维系地方国有经济运行与创新发展的新纽带，在经济发展中占有举足轻重的地位。

地方国有企业改革的要点之一是国有资本管理体制改革。2016年中央经济工作会议进一步提出要深化国企国资改革，2017年成为国企制度改革落实元年。2018年7月国务院印发《关于推进国有资本投资、运营公司改革试点的实施意见》，实施意见明确了国投公司的功能定位、组建方式、授权机制、运行模式以及监督与约束机制等，从政府的高度重视以及企业的呼声中可以预见，未来地方新设和改组这两类公司会得到较快的发展，即将会迎来更加快速改组改建和创新发展的新阶段。但目前各地方依旧存在对这两类平台公司认识不足、目标不明、方案难以落地等问题。

目前，我国国投公司可通过新设或改组建立。新设组建通过划拨资产等手段扩充投资运营公司业务，设立一个全新的企业。如山西GX投资集团有限公司，其组建简便快捷，受原企业的限制小，可以根据自身的实际情况进行团队的建设以及公司体制的建设，创新能力强，同时急需同步提升团队协作能力和业务处理能力等公司各方面硬实力和软实力。改组组建是由国有独资企业集团转化成立，方式包括合并改组、吸收改组和直接改组。合并改组，如洛阳GH投资控股集团有限公司，可以实现企业间的优势互补和协同效应，但原有体制对新设和改组这两类公司限制较多，需要改革促进这两类公司长足发展。吸收改组，如湖北HT集团有限公司、天津JL科技有限公司、洛阳CSFZ投资集团有限公司，该模式适合市场化程度高、产业互补性强等特点的国有企业进行吸收改组。直接改组，如中国LYSP进出口有限公司、江苏省GX集团有限公司、山东LX投资控股集团、上海GS（集团）有限公司、镇江GY投资控股集团，这类公司的特点是可以依据国投公司具体定位和发展需要并且通过市场化方式重组整合相关国有资本进行市场化运作。目前，已组建的国投公司主要通过改组成立。

总览各地国投公司的组建、改组和改革路线，在组建模式、发展路径、投资决策等方面存在差异。对于各地国投公司而言，地方政府的支持和干预程度不同、市场成熟度不同、国有企业内部资本市场水平存在差异。这些差异化对国有资本管理的效率也会产生不同程度的影响。因此，当前国资国企改革背景下地方国投公司资本管理相关问题是此轮改革实践中需要迫切思考和解决的科学问题。

党的十九大报告指出，"完善各类国资管理体制，改革国有资本授权经营体制"，"推动国有资本做强做优做大"。深化国投公司综合性改革、优化国有资本配置、产生更高的国有资本配置效率也是各级政府与国有企业孜孜以求的目标之一。然而，转型经济下的市场机制不完善，缺少合法经营的管制和规范，导致资本配置中存在一种介于合法行为和不合法行为之间的"非正式"行为，即隐性市场（易健雄，2011）。例如，地方政府、市场中介与国有企业往往通过游说、利益交换、信息优势、社会关系网络等隐性市场配置国有资本，这在一定程度上可以弥补政府调控和市场机制不足。但隐性市场更多会诱发合法性规则失灵、政企合谋、资本错配、非效率投资等情况，降低资本配置效率。相较于其他产权形式,地方国有资本受到隐性市场的不利影响更大,往往偏离效率优先原则,因而,一直以来地方国企的资本配置效率低于央企和民企(夏立军,2005;杨棉之等,2010;刘星等,2014)。对地方国有资本而言,规范和治理隐性市场显得尤为重要。地方国投公司参与隐性市场资本配置能否产生更多积极效应、实现更高的配置效率?国有资本管理体制改革对于国有企业将产生怎样的经济影响?

为此,如何及时把握地方国资管理体制演进中隐性市场资本配置的规律?如何明确地方国投公司对隐性市场资本配置的影响机理和效应?国有资本管理体制下国有投资运营公司如何提高国有资本配置的效率?混合所有制与国有资本保值增值的关系如何?国有企业控制权转移与市场的反应如何?混合所有制改革如何影响国有企业职工薪酬变动?数字经济模式下非国有股东参与治理与国有企业创新质量的关系如何?

(二)研究意义

地方国投公司在优化国有经济布局、优化国有资本配置、优化混合所有制股权结构等方面,与地方政府、市场中介、国有企业形成互补,规范与治理隐性市场,提高配置效率。本书相对已有研究的独到之处在于:①考虑隐性市场资本配置的行为特征、内容与范围的演进规律,形成基于中国特色的隐性市场资本配置理论和方法;②研究地方国投公司对隐性市场资本配置的影响,构建地方国有资本配置效率评价体系,形成动态的效率评价和提升路径。

学术价值:本书从历史角度研究隐性市场资本配置的演进规律,通过案例分析并评价资本配置效率,可以丰富地方国有资本配置理论和方法。进一步实证检验国资国企改革的经济影响:混合所有制与国有资本保值增值、国有企业控制权转移与市场反应、混合所有制改革与国有企业职工薪酬变动、非国有股东参与治理与国有企业创新等。

应用价值:为相关政府部门、市场中介、企业提供理论指导和技术支持;为建立完善的国有资本监管体系提供建议;进一步为国资国企改革提供理论依据、现实逻辑和启示。

二、相关研究文献评述

（一）隐性市场资本配置国内外研究现状

20世纪70年代以来，世界各国纷纷探索基金类、综合类、实业控股类国资管理体制，研究主要集中在国有资本配置中政府和企业的出资者权利和资本配置行为。我国学者一般认为国有资本配置存在三种方式（桁林，2003；粟立钟等，2015）：一是行政干预配置（谢志华、胡鹰，2014；上海社科研究所，2014）；二是市场中介交易配置（洪银兴，2014）；三是企业治理契约配置（程瑜，2009）。

国内外一些学者（Williams，1986；Brown，1986；邢尊明，2010；刘红，2011）研究了金融交易、劳动力、商业活动等市场中的隐性市场问题。在资本配置中，隐性市场资本配置内生于政府、市场中介与企业契约三种显性配置，属于非正式制度安排。地方政府为实现自身诉求往往利用官员间联系等隐性市场间接干预国有资本配置，同时企业为了缓解资源约束并降低因政策体制导致的交易成本，会借助自身的社会关系网络营造一个隐性市场影响国有资本配置。在市场不完善的条件下，不确定或者非正式行为成为决定企业绩效的重要条件（Chan et al.，2008），国外一些研究（Keister，1998；Xin and Pearce，1999；Li，2005；Wu and Leung，2005；Li and Zhang，2007；Li et al.，2008）通过访谈或问卷形式也都发现，企业关系网络显著地影响公司业绩。因此，从隐性市场的角度来看，国有资本低效率的配置是由很多隐性行为诱发，例如，企业为争取隐性补贴与政府资助导致寻租、游说、政企合谋等行为，这些隐性市场行为较多起到消极影响（蔡昉，2009；刘瑞明，2012）。组织对效率提高的追求使得隐性市场显性化（董兴志，2012；王宇、高洁，2013），这也是制度、市场演进所遵循的规律（朱国华、李雪静，2008），因此，国资管理体制演进是隐性市场资本配置合法化、显性化过程，显性化成功与否关键取决于隐性市场资本配置效率能否提升。

(二) 国有资本投资公司研究现状

胡锋、黄速建指出国投公司有利于实现"政企分开""优化国资布局结构"的战略意义(胡锋、黄速建,2017)。李端生、宋璐(2020)通过倾向得分匹配和双重差分的方法,实证检验了两类公司的成立能显著提高所属上市公司的价值。廖红伟、刘永飞(2021)认为国投公司具有"隔离层"作用,能有效推动国有资本的"两权分离",是实现国有资产监管体制由以"管资产"为主向以"管资本"为主转变的关键环节。肖土盛、孙瑞琦(2021)从企业绩效的视角,对国有企业改革试点的运行效果进行评价分析,发现在母公司进行国投公司改革试点,能通过放权机制、监督机制与激励机制影响其所属上市公司的企业绩效,显著提升会计绩效和市场绩效。肖金成、李军(2016)认为,设立国有资本运营公司有利于实现政企分开、政资分开,有利于实现国有资本在各个行业之间的资本优化配置,有利于形成国有资本和非国有资本公平竞争的市场主体,能有效增强国有资本的控制力和影响力。总体而言,改组组建国投公司具有"隔离层"作用,有利于实现政资分开、政企分开,提高国有企业运营效率,激发国有企业经营管理的积极性与灵活性,提高企业绩效水平,优化国有资本布局结构,对实现国有企业深化改革目标、做强做优做大国有企业具有重大的战略意义。

在国投公司改革问题方面,胡迟(2017)认为"深圳模式"的国有资产运营公司法律地位不明确,存在国有资产产权界定矛盾的主要问题。林旭阳、刘佳(2018)认为,在国企改革实践中,有的企业没有结合资本运营的视角来考虑改革与发展问题,会造成改革政策的不明确、导致出现资源重复配置现象,除此之外,部分央企并没有完全下放涉及经营自主权的管理权限,导致企业经营管理的灵活性和积极性受到限制。王曙光、杨敏(2018)重点分析了地方国投公司存在顶层设计不科学、与国资监管机构和下属企业权责划分不明晰、公司法人治理结构不完善、投资运营平台市场化程度不高的问题。具体来说,在三层次的国资管理体制中,各层次权责尚不明确,各运营平台功能定位不准确、授权机制中权力下放没有完全落实;在企业公司治理结构中,法人治理结构不明晰、改革政策落实不充分、资本运作能力有待提升;在市场化程度方面,投资运营平台的市场化程度不高,没有形成国有资本和非国有资本平等竞争的市场主体。

在国投公司完善路径方面,何小钢(2018)对山东、重庆和广东国有投资运营公司的改组和转型经验进行总结归纳与分析,提出要进一步推进出资人履职方式的去行政化,要对新设和改组这两类平台公司分类定位、管理和发展,要规范和完善对持股企业的管控模式。王伟红等(2019)指出,构建国投公司规范发展路径要从落实功能定位、完善公司治理结构、优化公司组织架构、调控公司管控模式、提升资本运作能力五个方面进行。张宁、才国伟(2021)借助扎根理论的研究方法,研究探讨了沪深两地国有资产监督管理委员会与国投公司及其投资企业三层监管架构的双向治理路径,研究发现,授权、放权以及支持力度的关键决定因素是企业自身的能力,因此要把改革创新与企业能力作为双向治理路径思考框架。总体来看,先要明确、履行出资人职责,对两类平台公司进行分类定位、分类管理,再不断完善公司治理结构、优化组织框架,改革创新,提升资本运作能力,提高企业能力,最后要保证落实各项政策,如充分落实授权放权政策。

(三)国有资本配置效率国内外研究现状

国内外资本配置效率评价主要针对微观企业内部资本市场效率、宏观行业或地区的资本配置效率,微观企业资本配置效率评价模型主要采用 Q 值敏感法(Peyer and Shivdasani,2001)和基于销售收入的现金流敏感法(Maksimovic and Phillips,2002;Shcoar,2002)。王峰娟、粟立钟(2013)运用资产回报的现金流敏感性法,基于大样本数据研究资本配置效率。近年来,大多数国内学者借鉴理查森(Richardson,2006)投资效率经典模型研究央企、地方国企和民企的资本配置效率,如陈运森(2011)、曹春方(2014)、雷光勇(2014)、陈工(2016)等学者运用该模型测度不同因素对企业投资效率的影响。

对于宏观行业或地区的资本配置效率研究，我国的代表性研究（曾五一，2007；王永剑，2011；李青原，2013）多采用杰弗里·沃格勒（Jeffrey Wurgler，2000）的行业投资弹性系数模型评价不同产权性质的资本配置效率，徐凤菊（2017）基于 DEA 模型评价家电行业资本配置效率。郑群峰（2010）借鉴杰弗里·沃格勒的模型利用各省份的数据构造了空间计量模型评价民营和国有资本配置效率。

国内一般将国有资本分为功能型、公益型与竞争型，根据不同类型由国投公司分层分类管理（黄群慧、余菁、贺俊，2014；粟立钟、王峰娟、赵婷婷，2015）。针对竞争型资本，完善地方国资管理体制的关键在于地方国投公司如何和怎样提高国有资本配置效率，一般研究主要涉及国投公司出资者权利、内部治理、运营模式与政企关系治理等方面。张力（2009）认为各级国投公司作为政府、企业隔离带，减少政府干预，是具有鲜明市场化特色的中介主体，运用市场机制配置国有资产。粟立钟、王峰娟（2015）从国投公司的具体运营模式来入手，提出国投公司以出资者参与资本配置，科学地界定国资监管内容，恰当选择国资监管实施路径。王森（2016）认为国投公司持股和建立独立董事制度不仅影响国企的投资行为，也为政府对国企投资行为的干预作用提供便利或增加阻碍，起到加强或减弱政府干预的作用。

对于地方国投公司参与资本配置的运作模式、具体方式和影响，国内外都有较为深入的研究，有不少文献提出政企关系、企业网络等隐性市场问题。国内外很多研究提出了一些防范和治理方法，研究主要集中在地方政府、企业和市场中介之间的职能划分、定位和规则。丰硕的研究成果为本书提供了极具启发性的参照。但笔者认为，学术界对此问题的研究还存在以下不足：一是隐性市场问题多数是呼吁规则化或显性化，缺乏从历史角度考察中国特色的隐性市场资本配置的行为特征、范围与形成机理的研究，基础研究匮乏；二是以往研究基本肯定了国资国企改革对于资本配置效率提高具有重要意义，但大多都是从微观国有企业或行业角度的投资收益率等单一财务指标判断，缺乏地方国投公司参与隐性市场资本配置的影响机理和评价体系研究，没有在真正意义上实现效率评价；三是基于地方国投公司组建模式，有部分学者和业界人士也提出从地方政府治理、企业关系治理、社会责任等角度考虑优化资本配置，但是只是就其中的一个或一类因素讨论，缺乏综合考虑这些因素的系统研究和系统政策建议。

三、研究思路和研究方法

（一）研究思路

本书以国资国企改革、资本配置与经济影响为研究对象，首次考虑隐性市场对资本配置的影响及演进规律，探索国投公司参与国有资本分类管理和隐性市场的资本配置效率问题，通过案例分析和实证检验经济影响综合宏观与微观影响因素，设计优化方案。具体研究路径如图 0-1 所示。

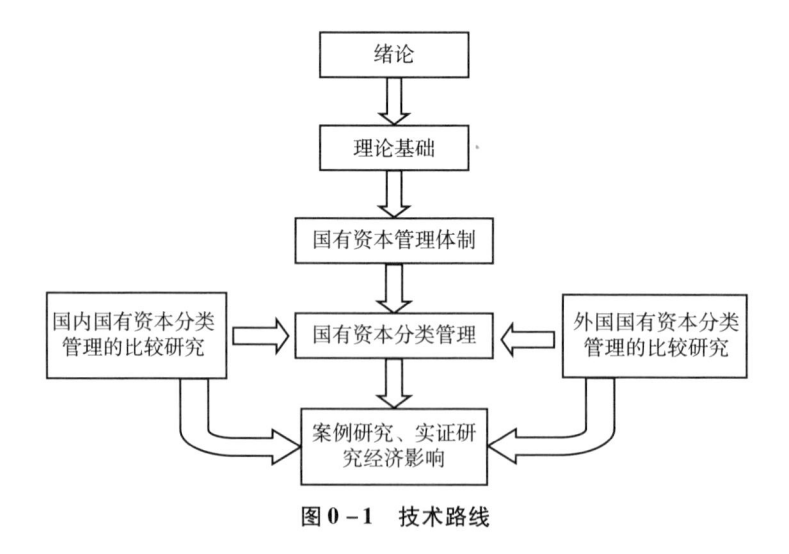

图 0-1 技术路线

首先对我国不同历史阶段的国有资本进行理论分析，然后通过具体的经济数据与指标进行实证研究，最后通过规范研究，分析各分类方法的利弊及其产生的原因和根源。

历史分析方法。历史分析方法的基本哲学观点即是马克思主义世界观中的变化发展观。国有资本作为人类经济社会发展的产物，自然遵守不断变化发展的基本规律。国有资本的制度变迁是一个历史的发展过程，在不同发展阶段应采用相适宜的研究方法。

比较分析法。是通过对各个个体事物间进行对比，以得到其之间的共性与特性为目的，达到对比分析人员的研究目标。本书以比较的视角，对比分析了多种国有资本分类管理的思路与方法，以期达成对比分析目的。

综合分析法。在我国，国有资产不仅是一个经济学问题，也包含了财会学、管理学、法学、政治学等。因此，本书将以经济学分析为主，综合运用多种学科知识，以期形成对国有资本分类管理较为完整的分析。

(二) 研究方法

本书研究技术路线分为如下12个步骤：文献研究→建立研究框架→定性分析→案例研究→理论和模型研究→提出研究假设→选用研究方法→选择样本和收集整理数据→开展实证研究→分析实证研究结果→归纳形成结论→分析和提出政策建议。

1. 文献阅读与收集整理相结合

笔者购买了较多与国有资本分类管理、混合所有制改革、国有资本配置有关的图书资料，订阅了较多相关的期刊和统计年鉴。在此基础上收集并整理出大量与本书内容相关的文字和数据资料：包括政策文件、企业资讯、行业数据以及与本书内容相关的理论文献、研究方法、最新成果等。

2. 理论推演与历史研究相结合

系统地研究国资管理体制改革历程中隐性市场资本配置的行为特征、内容、范围及其演变的原因，从地方政府、市场中介与企业的关系变迁中找到因果线索，演绎出隐性市场资本配置的形成机理和演进规律，推测隐性市场资本配置未来的变化。

3. 理论分析与实证研究相结合

本书采用相关理论分析方法，分析混合所有制改革和政企关系影响国有资本配置效率的形成机理与构成要素，论证混合所有制改革和政企关系可作为国有资本配置效率激励机制的可行性。利用依据理论论证提出假设——大样本检验——小样本再检验（稳健性测试）——实证结果与分析，识别影响资本配置效率和提升效率路径的因素。

四、相关理论基础

（一）产权理论

最早的现代产权理论是科斯提出的"科斯定理"，假设市场交易成本为零，可将资源运用在价值增值最大的领域，所以产权的初始界定对于资本配置效率没有影响。在存在市场交易成本的情况下，提高产权比例能够一定程度上提高资本的运用效率，其中关键在于，产权是否清晰。在制定企业制度时要考虑该项制度是否能降低交易成本。威廉姆森的交易成本理论从资产专用性、交易频率和不确定性三个维度分析影响交易成本的因素。

（二）委托代理理论

委托代理理论起源于20世纪30年代，是在博弈论的基础上发展而来的。委托代理理论基于委托人和代理人都是理性经济人，在信息不对称的情况下，由于存在利益冲突，代理人容易利用信息不对称带来的相对优势而损害委托人利益的行为，即产生道德风险。在专业化分工基础上，所有权和经营权相分离，现代公司制企业因此得以产生，而在公司制企业中委托代理问题的出现也不可避免。企业中大股东很有可能侵占小股东的利益，而高管中有一部分就是大股东兼任，相对于普通职工，高管对于企业内部资源配置具有优势地位，其薪酬随业绩增长而增长的倍数远高于普通职工，而在业绩下降时薪酬减少倍数却能低于普通职工，即尺蠖效应，在一定程度上也反映了委托代理问题。

（三）公平理论

20世纪60年代，亚当斯首次提出了公平理论。公平理论认为，员工在参与工作过程，其积极性会受到与他人对比所感受到的薪酬是否公平的情绪影响。当员工感受到自己应得的劳动报酬与其他人或者之前的劳动报酬不平衡时，将会产生一种不满足感，影响工作积极性。共同富裕不仅仅是社会问题，在企业中，落实共同富裕也要将着力点放在企业内部职工薪酬差距上来，研究混合所有制改革对于高管和普通职工薪酬变动的影响，有利于检验公平理论在实际中的作用。

（四）政府干预理论

现代主流经济学的政府干预理论是指，当市场经济缺乏灵活的调节机制，即市场失灵，以至于无法最有效率地配置经济资源，此时需要政府适当地干预经济活动，弥补市场失灵。然而，在实际的经济运营过程中，政府的干预行为过度，将会对市场自发的调节机制产生消极的影响，使市场失去活力，也不利于企业的正常经营与决策的制定。

五、研究的主要内容

（一）研究的主要内容

1. 隐性市场资本配置的行为特征、范围及演进

隐性市场是地方国有资本配置中的客观存在，是地方政府、市场中介与国有企业资本配置行为中的"非正式"（游说、潜规则、"擦边球"等）行为，隐性市场的产生与发展是内化于中国特色的政治经济体制。从地方国资管理体制改革的特征与历史演进来看，隐性市场资本配置的行为特征、内容、范围、形成机理和影响存在差异。初步的直觉是，隐性市场资本配置的差异取决于制度环境与市场化进程、资本产权性质等因素，当前三层国资管理体

制下隐性市场资本配置的不确定性及不利影响尤其复杂。更深入的分析可与组织社会学新制度主义、契约理论、信息不对称等理论相联系。

2. 国投公司参与隐性市场资本配置的影响机理、效应和经济影响

厘清国投公司与隐性市场的内在关联，从地方国投公司的改组组建方式、投资运营模式、授权范围、作用发挥等方面分析地方国投公司参与对隐性市场资本配置的影响机理和效应。一是国投公司参与隐性市场资本配置的积极效应。从地方政府、市场中介与国有企业三个方面分析地方国投公司规范与治理隐性市场的作用，例如，地方国投公司可以隔离地方政府与企业的直接关系，减少政府干预行为，从而规范地方政府干预、企业层级、市场中介交易关系中的隐性市场资本配置。二是国投公司参与隐性市场资本配置的潜在消极效应。分析代理链条增加会出现新的代理问题、信息不对称和关系网络等情况。针对消极效应，分析可能的防范机制，第一，政府治理有利于国投公司作为市场化运作的专业平台参与资本配置；第二，国投公司参与地方政府、市场中介与企业间的关系治理有利于减少组织框架失灵发生的可能性；第三，国资委——国投公司监管体系有利于实现行政化监督与市场化监督结合。

3. 国有资本分类管理的比较与借鉴

书中阐述了国有资产与国有资本的相关理论，指出我国对于国有资本及其分类管理的研究不足；对比分析了我国各类国有资本分类管理方法，借鉴了外国的相关理论研究与实践，揭示了各种分类管理思想之间的联系与区别、优势与劣势，并提出了对于我国国有资本分类管理的一些参考意见。

4. 国投公司案例研究

按照功能定位分类，国有资本投资、运营公司可以分为功能复合型与功能分类型两种类型。功能复合型企业就是国投公司，兼具了两类公司的特点，具备在产业投资上的调控功能的同时，兼具在资本运营层面上的股权运作功能，属于综合性的运营平台。其主要职能是代表地方政府持有当地重要产业、重点企业、重点项目、公用事业企业的股份，代表政府推进重点项目的上马，作为股东参与企业的关键决策，推动企业的资本运作，确保国有资产保值增

值。本书中案例选取的对象，深圳 CX 投集团便属于功能复合型，是一个综合性的地方投资运营平台。国投公司作为"管资本"的重要平台，发挥了"隔离带作用"，减少了政府干预带来的负面影响，同时以优化国有资本布局结构、提高国有资本的配置效率为目标。本书采用案例研究的方法，选取深圳 CX 投集团、ZL 集团有限公司（以下简称"ZL 集团"）、国家 GT 集团有限公司（以下简称"GT 集团"）等作为研究对象，深入分析深圳 CX 投集团、ZL 集团、GT 集团等在实际投资运营过程中的举措以及其创新之处，进行总结归纳，得出地方国投公司好的投资战略要选择适合的投资对象、有正确的投资决策方法与机制、做好投后运营管理工作的启示。弥补了以往研究的不足，即针对有关地方国有资本投资运营平台的文献相对于中央企业的文献研究较少，且较少关注国有资本投资运营平台具体投资运营方式的研究，缺乏具体的公司案例研究。同时本书为后续国有企业改革与其他地方国投公司提供参考。

5. 混合所有制改革的经济影响之一：地方政府多元化诉求与国有企业投资实证研究

本书以 2010～2017 年中国 A 股上市公司为样本，检验了地方政府多元化诉求与财政支出、财政支出与企业投资水平之间的影响机理。研究发现：地方政府多元化诉求显著影响财政支出波动，财政支出波动显著影响企业投资水平；财政支出波动对国有企业和市场化水平较低地区企业的影响明显强于民营企业和市场化水平较高地区企业。进一步研究发现，地方政府的经济诉求、社会诉求与环境诉求对不同类型财政支出的影响存在差异，而不同类型财政支出对企业投资水平也产生不同影响。这一研究为财政支出的动因分析和降低政策的不确定性风险提供了理论和现实依据，为地方政府经济、社会和环境的多元化目标协调发展和如何提升财政支出政策的实施效果提供了有益的政策启示。

6. 混合所有制改革的经济影响之二：混合所有制改革与国有资本保值增值实证研究

本书在考虑公司股权结构和控制权结构特征两个内部因素对国有企业资

产保值增值影响的基础上，进一步研究了混改影响国有资产保值增值的中介变量。从公司治理的视角，以我国沪深 A 股 2009~2019 年国有上市公司为研究对象，将公司股权结构和控制权结构两个维度同时纳入微观层面的国有企业公司治理分析框架中，系统分析非国有资本参与国有企业治理对国有企业资产保值增值的影响及作用机制。

7. 混合所有制改革的经济影响之三：国有企业控制权转移与股价同步性实证研究

本书基于 2010~2019 年中国国有企业 A 股上市公司数据，通过构建多时点双重拆分模型检验国企控制权转移对企业股价同步性（市场反应）的影响。在此基础上，进一步探究不同内外部治理环境中国企控制权转移对企业股价同步性（市场反应）的影响。研究结果发现，国企控制权转移显著降低了股价同步性，并且股权制衡度和机构投资者持股越高、地区经济发展水平和法治治理环境越好——即内外部治理环境越好，国企控制权对股价同步性的抑制作用越强。本书从股价同步性这一视角入手，研究基于控制权转移的国有企业改革效果，对于更好地推进国企改革、提高资本市场的资源配置效率有着良好的启示作用。

8. 混合所有制改革的经济影响之四：混合所有制改革与国有企业职工薪酬实证研究

本书基于国内外学者现有文献资料以及结合国有企业混改相关理论，对我国沪深上市公司 A 股中 909 家国有企业 2009~2019 年共 7 940 条数据进行实证分析研究，从股权混合度、股权深入度两个维度探讨了混合所有制改革对国有企业职工薪酬变动的影响。笔者发现，股权混合度、股权深入度对国有企业职工薪酬变动产生显著正向影响。

9. 混合所有制改革的经济影响之五：数字经济模式下非国有股东参与治理与国有企业创新实证研究

本书以 2012~2020 年国有上市公司为研究样本，从非国有股东治理的股权配置和控制权配置这两个内部因素与数字经济这一外部治理因素视角出发，探究数字经济模式下非国有股东治理如何影响国有企业的创新绩效。研究发现：数字经济发展对国有企业创新绩效有积极作用，数字经济模式下非国有股东参与程度越高则国企创新绩效越高。机制检验表明：数字经济模式下非国有股东参与能够通过提升资本配置效率、优化董事会治理和高管股权激励促进国有企业创新绩效提升。研究结论对中国推动数字经济转型升级和国企进一步混合所有制改革中的非国有股东参与治理和创新绩效提高的关键点提供理论依据和政策启示。

10. 混合所有制改革的经济影响之六：数字经济发展与国有企业破产风险治理实证研究

本书以 2011～2019 年 A 股上市公司为样本，检验数字经济发展对国有企业破产风险的影响与作用机制。主要边际贡献在于：第一，拓展数字经济发展微观经济后果研究。探讨了数字经济发展对微观国有企业破产风险的影响及机理，弥补了数字经济发展对微观企业经济后果的理论和实证研究文献。第二，完善了国有企业破产风险影响因素研究。当前我国关于破产风险的研究尚不全面，仅有刘星、彭程（2009）实证检验了负债融资、过度投资与破产风险的关系，张小茜、孙璐佳（2017）研究了中国动产抵押改革中企业信用增进和破产风险放大的双刃剑效应。本书基于数字经济模式拓展了破产风险影响因素研究，丰富了传统财务理论的研究文献。第三，基于数字经济发展探讨了国有企业破产风险治理的措施和建议，为当前我国国有企业破产风险和系统性风险防范与化解等提供了理论支持和政策启示。

(二) 研究的创新之处

学术思想创新。在国资国企改革历史发展的背景下，归纳提炼隐性市场资本配置演进规律，并将深化地方国投公司综合性改革与隐性市场结合起来，其研究结论及政策建议更有针对性。隐性市场导致地方国有资本配置效率降低，探索地方国投公司防范与治理隐性市场的路径是解决这一难题的关键。

学术观点创新。一是基于国资管理体制历史进程，分析客观存在的隐性市场资本配置的行为特征、范围和形成机理。针对隐性市场诱发的不利影响，地方国投公司参与可以规范和治理隐性市场，优化国有资本配置。二是在传统的资本配置效率评价方法加入隐性市场相关因素后适于效率评价。三是国有资本管理体制改革的经济影响研究符合当今国有企业混合所有制改革的时代特征。

第一章 国有资本管理体制与资本配置的相关理论

第一节 国有资本管理体制的相关理论

随着经济与法制的双重进步，我国国有资产的质量与数量都有了长足的进步。国有资本作为国有资产的重要组成部分和收入来源，如何与时俱进不断优化其管理体制，顺利达成国有资产保值、增值和实现公益性的目标，成为一项亟须解决的问题。国有资本的实践需要理论指导，可是与如火如荼的国有资本运营实践相比，国内理论界却相对反应平平。2003年《企业国有资产监督管理暂行条例》的出台引领了一波相关理论研究的热潮，但多为宏观上的意义及目的性研究，缺少对具体问题的阐述与探讨，更没有足够的分类管理方法的比较研究。国有资本管理体制研究对于我国的经济发展大计，针对国有资本分类管理的研究都具有极其重要的意义和价值。本书从国有资本双重属性与定位入手，以从功能到类别、从中央到地方、从宏观到微观、从国内到国外的多层次分析为思路，比较分析了多种国有资本分类管理思想的共性和特性，提出进一步完善国有资本分类管理的方向，在理论和实践上均有重要的意义。

一、国有资本的双重属性与双重定位

国有资本作为资本的一种具体表现形式和表现对象,其遵守着资本的基本特征和属性。从资本的双重属性与定位出发对国有资本进行分类管理是最理性也是最现实的分析方法。

资本的属性是对国有资本功能定位的基础。资本具有自然属性与社会属性,这是广泛认同的基本理论,自然属性包括了扩张性、流动性、无限增值性等。国有资本也具有资本的增值属性,这是市场经济的刚性需求对国有资本的现实投射。资本的社会属性,也称特殊属性。对于私人资本而言,资本的增值仅出于个人需求;然而国有资本的出资人是全体人民,政府及相关企业仅代为管理,对于国有资本的运营应以全民福祉为出发点和落脚点。因此,一方面,国有资本运营应从宏观角度出发,满足公众的整体利益;另一方面,制度地位高的国有企业,政治关系强,企业的自由度高,与政府的议价权力大,有助于在不确定的环境下获取信息资源和资本约束放松。

资本的双重属性从根本上决定了国有资本运营不仅要追求利润增长还要兼顾社会效应,尤其是在我国这样的社会主义国家,基本政治制度决定了我国国有资本强调其社会属性。从不同的层面考虑,国有资本运营的目标也有所不同。从自然属性的层面考虑,国有资本运营的首要目标毫无疑问是实现国有资产的保值、增值。然而,考虑到国有资本特殊的行业分布与领域分布特点,国有资本运营应针对行业特点,优化资本配置效率,作为产业结构升级的主动力推动行业发展,同时实现国有资本的利润增长和国有资产的保值增值。在社会属性的层面,国有资本运营应当被要求能够促进国家经济发展、维护产业结构稳定、实现公平经济。同时,需高度认可国有资本对于某些私人资本避开领域的重要作用,由于私人资本的完全趋利性,很多非竞争行业、缺少利益驱动的经济领域需要国有资本来弥补。

二、国有资本管理体制

在计划经济时期,我国传统国有资产分类管理具有显著的局限性。具有实体物质形态的资产更受政府的关注,而实体形态的资产往往缺乏高效产生效益的流动性,这也是我国传统计划经济的显著弊端之一。这种层次的对资产及资本的认识和理解是由于当时落后的经济发展程度和人们较封闭的思想造成的,是时代的产物。随着市场经济体制的不断发展,我国对于资产的管理从资产分类逐步向资本分类的层面上进步,越发充分认识到了资本治愈资产的意义。这种非传统的国有资本分类管理具有更高的资源配置效率,有限避免了资产的盲目规模扩张,使国有企业从粗放型生产逐步向集约型生产发展,也更有利于确保国家财产不受损害,实现政府宏观调控。

2003年国务院国有资产监督管理委员会成立之后,各地方政府相继设立了地方国有资产监督管理委员会,由于"统一所有,分级代表"体制的建立,地方国有资产监督管理委员会(以下简称"国资委")作为出资人代表在推动本地国资发展方面发挥了重大作用。尽管21世纪以来世界经济历经波折与危机,国有资本保值增值效果仍有较好表现(见表1-1)。

表1-1 全国各地区国有及国有控股工业企业主要指标(2019年)

省份	企业单位数(个)	资产总计(亿元)	利润总额(亿元)	全部从业人员(万人)	总资产贡献率(%)
北京	745	28 300.17	1 079.01	46.90	7.12
天津	562	12 141.80	439.60	40.38	3.06
河北	818	16 484.92	158.73	87.73	4.14
山西	788	21 080.93	-89.07	115.32	5.30
内蒙古	669	15 388.83	50.38	47.23	3.88
辽宁	606	18 658.15	-96.13	99.72	4.70
吉林	375	9 018.92	435.54	55.53	2.27

续表

省份	企业单位数（个）	资产总计（亿元）	利润总额（亿元）	全部从业人员（万人）	总资产贡献率（%）
黑龙江	446	9 453.65	83.38	68.61	2.38
上海	689	17 437.33	1 475.16	42.27	4.39
江苏	989	18 753.29	1 058.21	71.40	4.71
浙江	750	10 617.83	597.90	31.43	2.68
安徽	699	13 658.84	225.76	85.21	3.44
福建	485	7 367.82	157.62	24.92	1.85
江西	510	5 668.90	209.71	36.51	1.43
山东	1 258	28 344.50	948.91	146.27	7.13
河南	820	14 227.92	18.21	118.77	3.58
湖北	759	15 743.77	614.18	78.12	3.96
湖南	764	9 325.62	224.18	49.88	2.35
广东	1 035	21 190.57	1196.46	85.15	5.33
广西	570	6 625.75	232.42	36.17	1.67
海南	75	1 160.13	57.07	2.88	0.29
重庆	512	8 106.28	351.41	41.03	2.04
四川	978	20 092.37	565.95	86.03	5.06
贵州	525	8 062.82	369.13	42.48	2.03
云南	623	12 498.44	307.69	40.05	3.15
西藏	27	635.53	-9.24	1.03	0.16
陕西	759	19 960.85	696.29	91.54	5.02
甘肃	417	8 812.70	-144.48	42.40	2.22
青海	130	4 032.19	52.13	12.24	1.01
宁夏	144	3 605.06	18.39	12.40	0.90
新疆	746	10 945.75	132.19	132.19	2.75

资料来源：国家统计局《中国统计年鉴（2020）》。

根据该统计结果可以发现，与先前年度发布的统计结果相比较而言，

2019年各地的国有资产分布状况与前几年并不存在显著差距。沿海各省份的国有资产总量占全国比重超过六成，而内陆省区的占比仅仅近两成，而其中又有四川、陕西、辽宁等地在地区经济环境中表现突出。之所以形成这样的格局是由于地理位置与国家政策双重作用的结果。一方面，由于东部地区优越的地理条件和环境条件，经济发展始终处于优势地位；另一方面，由于国家政策的支持，如"西部大开发""振兴东北老工业基地"等计划，对四川、陕西、辽宁等省区投入了大量基础建设资源和优越的政策条件支援。

党的十八届三中全会后，各地积极响应，出台了一系列国资改革思路与方案，将我国国有资本运营改革归结为四个大方向的任务：一是基于国有企业功能定位来分类改革；二是继续实施混合所有制改革；三是全方位设立以管资本为主的新型国资管理体制；四是推动国有企业发展现代企业制度，确保国有经济高效运转。

尽管各地都进行了有益的探索，我国国有资本运营依然面临着一些不可避免和忽视的问题，比如：中央与地方关系有待深化，地方国资政企不分行政色彩浓烈、腐败问题突出、收益内部化，国资与民企的恶性竞争，地方国资集中监管不当，部分地区国资管理极其混乱等。以上国资存在的这些弊端与问题要求对国资实施进一步的完善与改革。

三、中国国有资本管理定位、功能与架构

（一）国有资本投资公司功能定位

国有资本投资公司一般选取在每个行业中资本运营能力较强、实体产业明晰、规模较大的国有企业中进行改组成立。国有资本投资公司推动国有资本向重要行业、关键领域及优势企业集中，主要目的是保持国家在某些行业领域或者企业的控制力、影响力，当市场自我调节机制不足时，发挥政府的调控作用，助力供给侧结构性改革。同时能用国有资本撬动民间投资，在保证社会效益的前提下，兼顾经济效益。国有资本投资公司主要对战略新兴产

业投资、对高新科学技术投资,通过发展投资、融资带动产业发展。

(二) 国有资本运营公司功能定位

新建的形式一般用国有资本注资组建新公司,也可以选择在资本运作能力较强、资本融合程度和估值水平较高的商业类国有企业股权改建成立。国有资本运营公司以提高国有资本经济效益为主要目的,同时兼顾社会效益,通过资产重组、资本运作等方式,运营由国有资本投资形成的国有股权,是纯粹的财务投资者。在运营模式方面,国有资本运营公司主要通过股权运作、基金投资、有序推进的方式,如推动国有资本证券化、投资上市公司股权等,将国有资本投入到市场中。

(三) 国投公司功能定位

国投公司既是战略引导者又是财务投资者。国投公司不仅要对实体产业进行培育,发挥政策在市场中的引导作用,推动我国供给侧结构性改革,同时还需通过资本运作,在资本市场的层面上对公司股权运作进行财务管控,管理国有股份与国有资产,关注国有资本的流动、保值增值情况。按照功能定位分类,国有资本投资、运营公司可以分为功能复合型与功能分类型两种类型。功能复合型企业就是国投公司,兼具了两类公司的特点,具备在产业投资上的调控功能的同时,兼具在资本运营层面上的股权运作功能,属于综合性的运营平台。其主要职能是代表地方政府持有当地重要产业、重点企业、重点项目、公用事业企业的股份,代表政府推进重点项目的上马,作为股东参与企业的关键决策,推动企业的资本运作,确保国有资产保值增值。本书中案例选取的对象,深圳 CX 投集团便属于功能复合型,是一个综合性的地方投资运营平台。

国有资本授权体系三级架构实际上是为了授权经营,只在战略运营层面把控公司的整体发展方向,只对集团的资本运作部署,实现产业和股权比例的资本优化配置,不参与具体的决策执行,使得股东职能和企业经营职能分离。故此,国投公司不仅承担了国资委与国有企业的"纽带"作用,而且也承担了二者的"隔离带"作用。在第三层级中，国投公司将具体的各项权利，如决策权、执行权等，授权经营给二级控股公司，使其成为运营执行层。二级控股公司承担了资本运营的具体实践职能，实施市场化股权运营。

第二节 制度环境与国有资本配置效率的相关理论

一、制度环境与国有企业效率

按照青木昌彦等学者的市场增进论观点，政府作用的发挥是围绕对组织与制度安排的"经济协调"展开的（史晋川、钱滔，2004）。中国渐进式制度变迁中地方政府具有比较突出的作用和地位（杨瑞龙、黄少安，1999；周业安，2000）。洪银兴（2005）认为我国经济转型中出现市场失效现象，提高市场调节效果和维护市场秩序的重要途径是建立市场规范。

制度与市场交互作用下的国有企业效率。制度差异打破"市场统一"的经济学假设，在不完备市场中企业的行为和不同市场中的制度差异对企业效率机制以及企业行为产生影响（Mever et al., 2009；尚航标、田国双、李卫宁，2011）。现有研究大多肯定了制度与市场交互作用下国有企业改革所取得的积极效果。一方面，国企改制的政策效应能够促进国企效率的提高，缩小与外资企业的差距（白重恩等，2006；郝大明，2006；李楠、乔棒，2010）。另一方面，市场结构能够导致较高的企业效率（刘小玄、李双杰，2008；简泽、段永瑞，2012）。孔东民等（2014）研究发现，2004年起国有企业效率具有显著提升，政策冲击带来的效应主要体现在降低国有企业的代理成本，此外，有效的市场竞争机制同样可以促进国企效率的提升。

二、国有资本配置效率

制度缺陷导致市场资源配置的无效率。制度缺陷与市场不完善降低了政府、市场与契约配置国有资本的效率。一是从公司治理的角度，要建立职业经理人的选聘机制、责任追偿制度，从而培育良好的经理人市场（陈保启，2011），也要完善监督约束机制，探索与现代企业制度相适应的党组织工作机制，明确员工和管理人员持股问题，增加一级企业负责人的市场化选聘和契约化管理（黄群慧，2015）。实行董事会负责制，依据公司经营状况对委派的董事进行职务升降，以完全市场化方式进行考核激励（郭春丽，2014）。二是从地方国投公司角度，地方国投公司考核评价体系要结合考虑国投公司的特殊性和现实情况（郝书辰、赵江勇，2005）。三是从国资运营风险防范上，出资人架构中要建立覆盖各层面的现代化信息监控网络（上海经济研究所课题，2014）。四是从去行政化角度上，董事会是企业治理结构的关键，其机制良好运行能更好地扮演公司与政府有效"隔离带"角色。同时基于绩效考评结果，对于冗员、不胜任者要进行淘汰（戚聿东，2015）。

郝书辰、陈保启（2011）从优化山东省国有资本布局出发，提出改善国有资本结构，优化国有经济布局的建议。周晓庄（2014）从地方存在企业内部控制人问题使国有资本运营主体缺失、以企业盈利为主导的思维模式使经营性、公益性发展目标失衡、国资企业信息透明度不高、国资企业监控体系不完善、核心产业技术创新能力弱、市场化程度较低等问题分析地方国资如何运营。王子军、张海清和吴敬学（2015）认为国资运营平台公司的经营运作，应按市场方式，遵循市场规则。

第二章　国有资本管理体制改革与隐性资本市场配置

随着国有企业改革不断深入推进，2019年国企改革释放更强冲击波。从"管企业"到"管资本"，国资授权经营体制改革徐徐而来，一盘市场化的资源配置大棋正式开局。资本管理的关键在于资本配置，资本配置的行为受制度和市场的影响，本书借鉴已有研究中制度对行为的影响，即制度决定行为，行为影响效率，以及隐性市场的定义，提出"制度与市场交互作用下的隐性市场资本假设"，进一步阐明制度环境下隐性市场资本如何配置，目的是为优化国有资本配置，并产生更高的国有资本配置效率提供一个依据。

随着市场经济的不断发展，国有企业的改革也随着市场的变化出现不同的阶段，其制度地位也随之发生变化，本书继续对隐性市场进行界定，从多角度分析隐性市场产生的原因。文献梳理发现大部分研究仅从一个角度阐述国有企业的隐性行为，本书从多个主体和国有企业之间的隐性关系着手，研究不同主体与国有企业之间的隐性行为及其配置效率。

本章研究对隐性市场的界定是：各利益主体绕开现行法律法规制度作出"非正式行为"所形成的一切交换关系之和。因此，在国有企业改革的进程中，完善国有资本管理就是实现隐形市场不断显性化的过程。回顾国有企业制度改革的历程，基于目前研究成果，笔者提出的隐性市场资本配置假说就很好地解释了整个国有经济制度变迁路径即是整个隐性资本市场显性化过程。国有企业制度变迁是制度稳定期、制度改革期的不断循环交替。因此，国有体制改革就是制度和市场经济高度磨合、互相适应。如何高效地进行国有资本配置，研究制度环境下隐性市场资本配置具有重要意义。

我国还处于复杂的经济转型过程中，这一过程正是制度构建、扩散和变革的过程。地方市场分割的现状，新兴市场与发达市场之间最主要的区别在于其制度环境，特别是政府制定的管制规章和政策（Hoskisson, Eden and Lau, 2000; Peng, 2000）。转型期的制度变迁以及制度差异研究具有重大意义（郭毅等，2009），对于各地国投公司而言，地方制度环境不同、市场有效性不同，则国有资本配置效率存在差异。

第一节　国有资本配置方式与隐形市场资本配置假说

制度与市场交互作用下，一般存在政府、企业契约、市场交易三种资本配置方式，国家的市场发育程度不同，政府就会在不同发展阶段进入市场，不同的发展阶段会采取的不同的发展路径，从而形成行政干预配置方式、企业契约配置方式和市场交易配置方式等[①]不同的资本配置方式（桁林，2003；粟立钟等，2015）。

当新制度经济学家在提出制度影响效率这一重要命题的时候，他们有意无意地隐含了一个中间环节，即制度先影响行为，然后不同的行为才导致不同的效率。所以，制度分析的一个主要假定是，制度影响甚至支配着行动者和组织的行为。组织的生存和延续不仅依赖于它在市场中的效率或竞争力，而且依赖于它适应与遵从的更高级别的社会制度和规则的能力。遵循"制度—行为—效率"分析逻辑，本章提出制度与市场作用下的隐性市场资本假设。

---

① 一是行政干预配置方式。当改革开放发展到需要国资流动并带动整个经济发展的重要历史阶段，而市场又缺乏相应的中介机构及其运行机制等制度供给时，具有资源配置权利和能力的政府部门即担当起了这一重要角色，成为国有资本投资者的市场主体（上海社科研究所，2014）。二是企业契约配置方式。企业与国资委之间的契约配置属于上下级关系，即层级之间资源配置，存在企业外部和企业内部多层级的委托代理关系，并且在每个层级中，都存在因内部信息或外部信息问题而导致道德风险或逆向选择行为，影响契约的完备性（程瑜，2009）。三是市场交易配置方式。市场交易配置国有资本依据市场规则、市场价格、市场竞争配置资源，实现效益最大化与效率最优化。市场配置突出的是市场的自主性，表现为市场自主地决定资本配置的方向，同时也表现为市场调节信号即市场价格自主地在资本市场上形成，不受政府的不当干预（洪银兴，2014）。

一、隐形市场的界定

显性市场与隐性市场的概念是杰弗瑞·威廉姆斯首次提出的，在满足交易需要的前提下，为降低交易成本，市场的数量应尽可能地少。有些商品或服务没必要出现在有组织的现实交易市场中，它可以在隐性市场上交易。朱国华、李雪静（2008）指出，隐性市场得以显性化是市场、制度演变等方面所遵循的规律，该规律在完善我国市场体系乃至一些制度改革中具有重要作用。王宇、高洁（2013）基于分工和交易成本的视角研究发现：隐性市场向显性市场的转化主要是由分工细化导致，关键取决于市场交易成本与组织框架失灵的权衡，企业和市场共同追逐效率是导致隐性市场和显性市场动态转化的根本原因。董兴志（2012）认为，随着我国市场的不断发展，一些隐性市场也不断显性化，对于是否显性化，最重要的标准就是看其显性化后对经济的贡献与其交易成本大小的比较。谢潇（2007）认为，隐性市场由于处于法律的中空地带，将其界定在道德领域内是不足以遏制其不利影响的。王笑冰（2008）、易健雄（2011）认为，隐性市场行为往往因其使用了各种娴熟的、颇具创造性的技术手段而难以认定其违法性。

通过上述对于隐性市场的相关文献综述，我们提出假设隐性市场是指各利益主体在国有资本产权流动过程中绕开现行法律法规和政策制度作出"非正式行为"所形成的一切交换关系之和。隐性市场更多会诱发合法性规则失灵、政企合谋、资本错配、非效率投资等情况。而在国有企业改革的进程中，完善对国有资本管理，就是实现将隐性市场不断显性化的过程。

二、国有资本配置隐形市场行为及特征

不同的国有资本配置方式在隐性市场下会产生不同的隐性行为，第一内生于行政干预配置的隐性市场行为。地方政府是区域制度的供给者，是行政干预的主体，对国有资本隐性干预的手段体现在游说、利益交换、政府贷款

担保、行政审批、行业壁垒、信息优势、官员间联系形成的社会关系网络、社会资源、政治选举等，即地方政府利用政治资源对国有资本的隐性配置行为。第二内生于企业契约配置的隐性市场行为。契约配置国有资本是通过信用、法律、道德、制度的手段来实现资本的配置，主体是政府、企业内部以及企业与外部主体的相关配置活动。不完备契约主导下的企业内部资本市场更容易发生寻租、交叉补贴和平均主义行为，即企业契约配置国有资本中的隐性市场行为。第三内生于市场交易配置的隐性市场行为。国有企业的改革中，各地改革都重视通过整体上市、借壳上市、非公开发行、并购重组等途径，提高资产证券化率来推进混合所有制改革，但一定程度上导致相应的中介机构及其运行机制等市场制度失灵。此外，企业的董事会、监事会、职业经理人虽然由市场选聘，但是人员准入标准制定、重要部门任免权并没有完善的中介市场评价机制，政府和企业可以推荐任职、选拔任命、派驻监事会人员。

由以上三种隐性市场行为可以看出隐性市场具有以下特征：（1）隐蔽性。隐性市场上的交易双方往往采用不违法形式为掩护的交易行为。（2）非国家正式认可性。在市场监督不完善的条件下具有潜规则、"擦边球"等特征，例如：通过报表粉饰、关联交易等行为达到获取信贷或上市等目的。通过假股真债等行为达到融资条件误导资金流向；钻地方政策空子等行为导致合同失效等。通常表现为通过寻租的方式求得补贴和资源。（3）双重性。一方面，在一定的社会资本积累下的隐性关系与政治关联，能够更快速地获得信息和资金，可以给企业带来超额收益。另一方面，隐性市场资本配置的不合理性也广泛存在，不考虑效率的投资往往会产生很多负面作用，会发生国有资本的错配、流失等现象。

三、隐形市场产生的多角度解释

（一）国有企业内部的隐性关系

国有企业内部的隐性关系的形成，很大程度是由于国有企业内部治理的失效，没有及时落实监督管理造成的。公司的内部治理（Corporate Governance）是指导我们在股东、董事会、经理人员之间合理地分配权利和义务，从而在总体上完成对公司架构的设计的公司管理制度。黄明（2005）认为国有企业核心领导人掌握了企业人事权和决策权。

由于亲密的人际关系可以节约交易成本，增加信任程度，减轻代理问题，核心领导者为了扩大他的"有效管理跨度"，必然倾向于将组织中的重要职位分配给与其有密切关系的人，这不仅具有按关系选人的倾向，而且存在按人设职、设岗的倾向。并且在国有企业中，由于人事制度的僵化，企业的成员，工作变动频率很低，成员之间交往越来越密切，其内部分化和再组合的机遇就越多，存在明显的亲属、朋友网。高凤莲和王志强（2016）根据嵌入性理论，在个人互相联系所构成的复杂超级网络中，国有企业核心领导成员的价值和规范已经深深内嵌于其中，形成颇具特色的个人社会资本。李等（Lee et al., 2016）他们实证研究支持董事之间沟通联系会妨碍公司内部监督和控制的有效性，影响国有资本配置效率，进而不利于公司成长。此外，国有企业高管要达到个人政治晋升也将会通过一定隐性关系，影响内部的资本配置。曲亮等（2016）发现行政性董事会对公司绩效产生不利影响。从他们的分析中，具有政治背景的董事往往会考虑政治晋升目标，尤其国企高管将仕途晋升作为个人追求的政治目标。

（二）国有企业与同等市场主体的隐性关系

随着改革开放的推进，中国的市场一体化程度和地区专业化程度是在不断提高的，但地方保护和市场分割仍然存在。由此，地方国有企业与同等的市场主体具有不同的制度地位和议价能力，从而形成不同的隐性关系，市场上所产生的隐性关联也越多，主要表现为要素资源获取和产品市场分割，极大地影响着企业市场竞争地位。在市场分割和地方保护下，一些低效率的地方国有企业竞争地位得到提高，其他同等市场主体被打击。这种隐性市场行为严重影响了资本配置效率。

(三) 国有企业与政府之间的隐性关系

政企关系中的"政治关联"是国有企业在隐形市场下参与资本配置的重要途径。国有企业的政治关联更多是通过国有企业与隶属层级政府的联系来获取资源。在计划经济时期，国有企业在隐性市场下的配置方式就已经形成。代飞（2018）在对国有企业政治关联对企业的影响研究指出，一是国有企业在融资方面能够通过隶属的层级政府获取银行贷款、税收的优惠政策；二是企业为政府解决就业和社会问题上发挥重大作用，从而换取政府投入。这就是在中国早期国有企业在隐性市场下参与资源配置的最主要表现形式。

第二节 国有资本管理体制、隐形市场与资本配置效率的机制分析

一、国有资本管理体制改革的特征与演变

回顾国企改革历程，从 1978 年所有权框架内经营权改革、1993 年逐步开展股份制改革试点到 2003 年以股份制为主的现代产权制度改革出现了国资管理二层架构，一直到党的十八大以来国有资本管理三层国资架构的逐步形成。

按照新制度主义的观点，制度一旦形成，在一定时期内是稳定的，但它总要随着社会的变化而变化，不同的市场发展阶段，制度存在一定缺陷，导致市场竞争机制不完善，市场追逐效率的压力倒逼制度改革，制度改革提升市场有效性。在制度与市场的交互作用下，中国国资国企改革历程体现出国有资本配置效率提升的规律（见图 2-1）。

隐性市场显性化是制度、市场演变所遵循的规律（朱国华、李雪静，2008）。隐性市场向显性市场的转化主要是由市场分工细化导致，企业和市场

共同追逐效率是导致隐性市场和显性市场动态转化的根本原因（王宇、高洁，2013）。在国有资本管理效率方面亦然，交易成本的大小是隐性市场显性化的关键（董兴志，2012）。

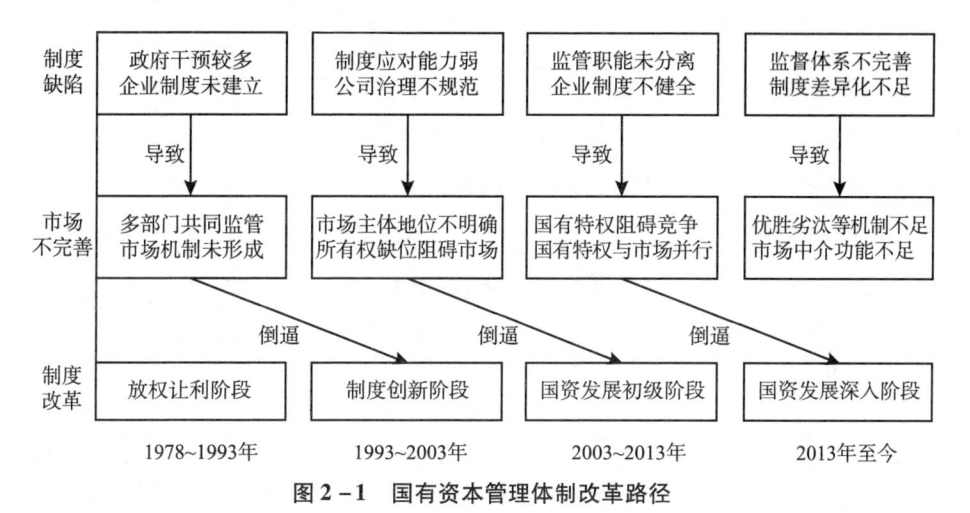

制度缺陷	政府干预较多 企业制度未建立	制度应对能力弱 公司治理不规范	监管职能未分离 企业制度不健全	监督体系不完善 制度差异化不足
	↓导致	↓导致	↓导致	↓导致
市场不完善	多部门共同监管 市场机制未形成	市场主体地位不明确 所有权缺位阻碍市场	国有特权阻碍竞争 国有特权与市场并行	优胜劣汰等机制不足 市场中介功能不足
	↘倒逼	↘倒逼	↘倒逼	
制度改革	放权让利阶段	制度创新阶段	国资发展初级阶段	国资发展深入阶段
	1978~1993年	1993~2003年	2003~2013年	2013年至今

图 2-1　国有资本管理体制改革路径

注：①放权让利阶段关键制度改革：经营权下放；②制度创新阶段关键制度改革：股份制改革试点；③国资发展初级阶段关键制度改革："国资委—国有企业"二层国资管理架构；④国资发展深入阶段关键制度改革："国资委—国投公司—企业"三层国资管理架构。

在二层国资管理架构中，国资委通过"管人、管事、管资产"直接干预国有企业的经营，具有"偏政府性"特征。这种国有资产监管体制实际上形成一种政府内部的委托代理关系，政府与国有企业之间形成代理链条，不足以完全隔绝政府的作用，但为市场交易在配置中产生作用创造了条件（柳学信，2015）。从隐性市场的角度来看，政府与企业之间国有资本低效率的配置是由很多隐性行为诱发，一个地区的国有比重决定了隐性补贴程度（刘瑞明，2012），政府资助会在一定程度上挤出企业的 R&D 投入，反而起到负面作用（蔡昉，2009），争取隐性补贴与政府资助导致寻租、游说、政企合谋等，隐性市场行为较多起到负面影响。隐性市场显性化意味着将这些非正式行为规则化、合法化，减少负面作用。这里，受合法性需求驱动力量的驱使，制度改革推动市场化进程，隐性市场显性化。

二、地方国投公司参与隐形市场资本配置的效率影响机制

(一) 地方国投公司参与隐形市场资本配置理论分析

转型经济下的制度特征是市场机制不完善或效率低,即"软"制度环境成为影响组织行为的重要因素,这在很大程度上造成行政干预、企业契约与市场交易资本配置的局限性,这些局限性降低了行政干预、企业契约与市场交易配置资本的能力,隐性市场起到资本配置的替代作用。同时,市场不完善倒逼制度改革,制度改革保证了更多市场机制的发挥,政府、契约与市场资本配置能力的提高,隐性市场资本配置的作用减弱(见图2-2)。

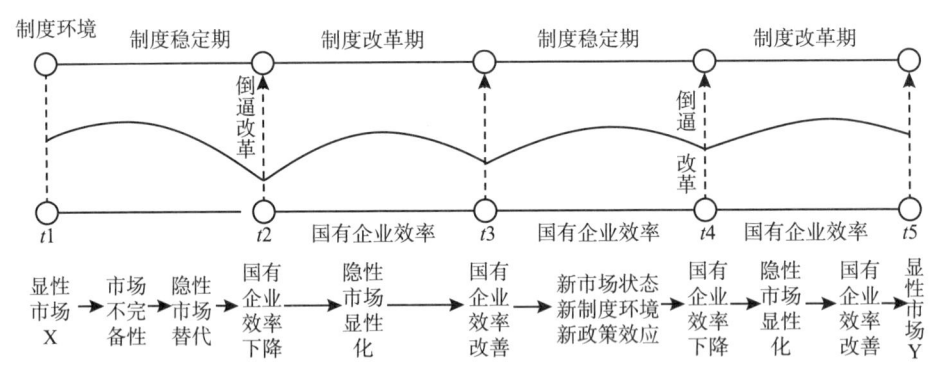

图2-2 制度与市场交互作用对国有企业效率影响逻辑

基于此,我们提出"隐性市场资本配置假说":制度缺陷("软"制度)与市场不完善作用下,政府、契约与市场三种显性配置方式存在局限性,产生隐性市场行为,影响资本配置效率。

隐性市场与显性市场之间的动态平衡转化是制度环境、市场不完备性的交互作用下的产物,是不断良性循环发展的过程。其本质原因是企业、市场、政府各方面追求利益、效率综合结果,隐性市场在不断显性化的过程中,会在一定程度上起到了促进市场交易和提高市场资源配置效率的作用。

整个国有经济制度变迁路径即是整个隐性资本市场显性化过程。国有企业制度变迁是制度稳定期、制度改革期的不断循环交替。在制度稳定期，受政策效应、制度环境、市场状态等多方面因素的影响，制度、市场不完备性弊端逐步暴露出来，进而形成隐性资本市场替代，国有企业效率不断下降。受技术扩散、企业交易数量的增加，相同的隐性市场范围扩大，原有局部显性市场范围不断被扩大化的隐性市场所覆盖，出于隐性市场范围的影响，不同主体会寻求新一轮的角色定位和转换。政府、企业、市场等各个利益主体都会从其自身角度采取强有效的措施倒逼制度改革变迁，此时，进入制度改革期。

随着国有企业制度改革，显性化后的制度层面对经济的贡献与其交易成本的大小达到均衡状态，最终降低了边际成本、提高了国有企业效率、增加了企业利润，减少市场不完备性的天生缺陷。同时也说明，政府行政力量推动市场化改革在一定时期内是可行的、有效的。但伴随显性市场规模的扩大，其交易成本等大幅上升，国有企业效率开始从效率高端向下端退滑，呈倒"U"型曲线。这与黄少安（2000）提出制度变迁变化轨迹呈倒"U"型曲线研究相一致。至此，国有企业制度改革经历一个完整的循环，国有企业效率整体上升一个新的高度。并随之进入下一个循环。

（二）地方国投公司参与隐形市场资本配置的效率提升

深化国有资本管理综合性改革、发挥国有资本市场化运作的专业平台作用、优化国有资本配置、产生更高的国有资本配置效率一直以来也是各级政府与国有企业孜孜以求的目标之一。各地方改革的要点之一是国资管理体制改革，各地纷纷改组和组建国投公司，"地方国资委—国投公司—混合所有制企业"三层国资管理体制逐步建立起来。地方国投公司作为一种新兴的地方国有资本配置参与形式，已经逐渐成为维系地方国有经济运行与创新发展的新纽带，在经济发展中占有举足轻重的地位。2019年4月国务院印发《改革国有资本授权经营体制方案》进一步强调了国投公司的功能和定位，并对国投公司所开展授权放权等方面提出了更高层次的要求。然而，转型经济下的市场机制不完善,缺少合法经营的管制和规范(Hoskisson,Eden and Lau,2000;Peng,2000),导致资本配置中存在一种介于合法行为和不合法行为之间的"非正式"行为,即隐性市场(易健雄,2011)。地方政府、市场中介与国有企业往往通过游说、利益交换、信息优势、社会关系网络等隐性市场配置国有资本,这在一定程度上可以弥补政府调控等制度和市场机制不足。但隐性市场更多会诱发合法性规则失灵、政企合谋、资本错配、非效率投资等情况,降低资本配置效率(Alchina A. 1969;Berger P. and E. Ofek,1995;钱雪松,2008;杨棉之,2010;杨柏等,2011;刘志远,2014)。相较于其他产权形式,地方国有资本受到隐性市场的不利影响更大,往往偏离效率优先原则,因而,一直以来地方国企的资本配置效率低于央企和民企(夏立军,2005;杨棉之等,2010;刘星等,2014)。对地方国有资本而言,规范和治理隐性市场显得尤为重要。

为此,如何及时把握地方国资管理体制演进中隐性市场发展的规律?如何明确隐性市场参与地方国有资本配置的影响机理?如何治理隐性市场资本配置?所有这些问题都是进一步深化国资改革所日益迫切需要解决的重大问题,是基于中国特色的国有资本配置理论与方法研究所必须解决的关键科学问题。

20世纪70年代以来,世界各国纷纷探索综合类、基金类、实业控股类国资管理体制,研究主要集中在国有资本配置中政府和企业的出资者权利和资本配置行为。我国学者一般认为国有资本配置存在三种方式(桁林,2003;粟立钟等,2015):一是行政干预配置(谢志华、胡鹰,2014;上海社科研究所,2014);二是市场中介交易配置(洪银兴,2014);三是企业治理契约配置(程瑜,2009)。

国内外一些学者(Williams,1986;Brown,1986;邢尊明,2010;刘红,2011)研究了金融交易、劳动力、商业活动等市场行为中的隐性市场问题。地方政府为实现自身诉求往往利用官员间联系等隐性市场间接干预国有资本配置,同时企业为了缓解资源约束并降低因政策体制导致的交易成本,会借助自身的社会关系网络营造一个隐性市场影响国有资本配置。市场不完善作用下，不确定或者非正式行为成为决定企业绩效的重要条件（Chan et al.，2008），国外一些研究（Keister，1998；Xin and Pearce，1999；Li，2005；Wu and Leung，2005；Li and Zhang，2007；Li et al.，2008）认为企业关系网络显著影响公司业绩。因此，从隐性市场的角度来看，国有资本低效率的配置是由很多隐性行为诱发，例如：企业为争取隐性补贴与政府资助导致寻租、游说、政企合谋等行为，这些隐性市场行为较多起到消极影响（蔡昉，2009；刘瑞明，2012）。组织对效率提高的追求使得隐性市场显性化（董兴志，2012；王宇、高洁，2013），这也是制度、市场演进所遵循的规律（朱国华、李雪静，2008）。因此，国资管理体制演进是隐性市场资本配置合法化、显性化过程，显性化成功与否关键取决于隐性市场资本配置效率能否提升。

在针对国有投资公司的理论研究与实践中，宋立、肖金成（2003）提出随政府投融资职能转变，国有资本投资公司负责国有资产经营、使政府资本增值保值，是政策性投资公司。赵江勇（2005）以此为基础，认为国有投资公司是政府授权经营国有资产的特殊企业，可以通过明确权责，设定不同类别国有企业的业绩考核指标，从而使企业不受过多政府干涉，张力（2009）、黄群慧（2015）认为国有投资公司运用市场机制配置国有资产，可以减少政府干预。粟立钟，王峰娟（2015）从国有投资公司的具体运作模式来入手，认为其是以出资者授权，经营者委托经营，由经营模式转为监管模式，从而实现"管资产—管资本"的转变。

国内一般将国有资本分为功能型、公益型与竞争型，根据不同类型由国投公司分层分类管理（黄群慧、余菁、贺俊，2014；粟立钟、王峰娟、赵婷婷，2015）。针对竞争型资本，完善地方国资管理体制的关键在于地方国投公司如何提高国有资本配置效率，一般研究主要涉及国投公司出资者权利、内部治理、运营模式与政企关系治理等方面。郭春丽（2014）认为通过改组成立的地方国投公司以投资和项目建设为主的同时，通过投资实业拥有股权实现资本配置。王森（2016）认为国投公司持股和建立独立董事制度不仅影响国企的投资行为，也为政府对国企投资行为的干预作用提供便利或增加阻碍，起到加强或减弱政府干预的作用。

对于地方国投公司参与资本配置的运作模式、具体方式和影响,国内外都有较为深入的研究,有不少文献提出政企关系、企业网络等隐性市场问题。国内外很多研究提出了一些防范和治理方法,研究主要集中在地方政府、企业和市场中介之间的职能划分、定位和规则。丰硕的研究成果为本书提供了极具启发性的参照。但以往研究多数是呼吁规则化或显性化,缺乏隐性市场对国有资本配置的理论研究。基于此,笔者尝试对中国隐性市场资本配置的行为特征、范围与形成机理进行研究,以期为优化地方国有资本配置提供理论依据和政策启示。

地方国投公司作为一种新兴的地方国有资本配置参与形式,已经逐渐成为维系地方国有经济运行与创新发展的新纽带,在经济发展中占有举足轻重的地位。但是,在隐性市场治理方面还需要进一步研究,基于前文理论分析,本书对国有资本配置的隐性市场治理提出以下几点建议。

一是提高地方政府治理水平有利于隐性市场治理。三层架构下形成了地方政府与国投公司的代理关系,在国投公司与地方政府的代理冲突中,地方政府往往起主导作用,隐性市场行为会受到自身治理效率的约束,对于具有较高治理效率的地方政府,对国投公司的干预程度较低,同时寻租、游说等行政干预下隐性市场行为得到规范化。地方政府治理效率越高的地区,隐性市场显性化成本较低,其受到的社会监督与自我约束较多,法律规章较完善,政策执行力较强,对隐性市场资本配置治理效果越好。

二是公司层面的关系治理有利于隐性市场治理。董事会是公司治理结构的关键,其机制的良好运行能更好地扮演公司与政府的有效隔离带角色(戚聿东,2015)。公司内部关系网络可以影响契约配置下隐性市场的治理,进而影响公司治理的有效性。一般认为(Keister,1998;Li,2005;Wu and Leung,2005;Li and Zhang,2007;Li et al.,2008),中国企业往往使用关系、关联和网络战略来影响企业的内部运营。地方国投公司按照现代企业制度建立,出资者(地方国资委)通过正式的和非正式的博弈规则影响组织行为,董事会的关系治理具有地方差异性,具有地方关系网络的董事成员可以有效行使董事监督功能和咨询功能,从而董事会可以及时有效地制定决策。

三是地方国资委—国投公司双层监督体系有利于隐性市场治理。三层国资管理架构下，监督职能裂变为行政化监督与市场化监督。地方国资委只保留部分行政化监督职能，即监督国投公司的资本管理的合法性、合规性以及地方政府政治诉求的履行情况，不直接干预国有企业，只能通过向国投公司选派董事等方法行使股东权益，来间接地监督国有企业。地方国投公司履行的监督职能是由地方国资委的部分行政监督演变而来，市场专业化的资本运作要求其具有配套的监督机制（如信息披露制度、内部审计制度等）。国有资产管理委员会监督职能市场化回归、行政权力的下放，使委托机制框架明确、监督主体与投资主体明确、市场管理目标明确、行政义务与市场义务明确，从而加强外在监督动力，在一定程度上解决了政府行政干预及信息不对称问题，克服了寻租激励和角色错位，有利于提高监督效率、降低监督成本。

四是地方国资委—国投公司监督职能的划分有利于隐性市场治理。国投公司资本所有权和经营权的分离要求其对企业资本进行全方位监督。资本的流向、规模、运作效率、分配等都要公开、透明。其国有资本分配、运作流程以及国有资本后期经营效率是进行国有资本监督的重点。国投公司在履行市场化监督职能的同时，存在行政干预、契约不完备、市场失灵的影响，为消除不利影响，要规范其法人治理结构来治理隐性市场。股东会、董事会、经营层、监事会等按市场规则形成良好有效的制衡机制，明确各个监督机构职责关系，形成以监事会和内部员工为核心的监督层，提升市场化监督效率。

第三章 国内外国有资本管理经验借鉴

第一节 我国国有资本管理体制的历史回顾与经验

国有资本在我国经济建设中一直起着重要的作用,任何时期的国有资本都是多重功能的集合体,但却并未实现多功能的协调平衡发展。国有资本的处境和分类管理方法也随着其主体功能的变迁而变化,随着时代的进步而不断改善。

一、我国国有资本管理的历史回顾

改革开放前阶段(1949~1978年)。随着1949年新中国成立,我国实现了民族的独立和人民的解放,为了迅速恢复社会秩序和经济发展节奏,中央决定采取国营经济统一领导全国各类企业的分工合作。1952年底,中央适时提出了"一化三改造"的过渡时期总路线。此时,计划经济体制通过国营经济实现,国营经济已成为政府的生产经营基层组织,而这并不算现在意义上的国有资本存在,遂无从对这个时代的国有资本进行分类管理的讨论。

市场化改革阶段(1978~2003年)。1978年改革开放举起了经济体制改革的大旗。该阶段的国有资本分类管理在简政放权、扩权让利的有利政策下获得了相当大的自主经营权,各国有企业生产经济性大大提升,尤其是开始组建社会公益性的国有企业,国有资本开始致力于企业内部职工权益保障和地区人民生活福利的提高。尽管从新世纪起始世界范围的经济不稳定就初见端倪,经济形势越发复杂多变,但无论从资产总量、利润增长还是从行业发展与产业结构布局来看,国有资本运营都取得了骄人的成绩。国有资本所涉及的广度和深度大大增强,其分类范围已包括国家安全类、公共保障类、市场引导类(见表3–1)。

表3–1　　　　市场化改革初期阶段我国国有资本分类管理

国有资本分类	功能定位	管理思路
国家安全类	维护地区重要经济资源、军工、能源	中央高度集权,统一管理
公共保障类	基础设施建设、社会福利、公民权利保障	政府几乎完全主导
市场引导类	配合中央计划指令、引导当地市场	分权,资本运营者对政府负责

国有资产改革新阶段(2003年至今)。2003年,国资委的成立标志着国有资产改革进入新的历史阶段。随着2013年11月、2015年10月、2015年12月依次发布的各项报告与意见,中央明确提出了对于我国国有资本管理的新方针与总体思路涉及,各地方政府也在政策支持下配合中央开展了一系列新型实践活动,共同探索国有资本管理新模式。到此为止,我国关于国有企业功能分类视角下我国国资管理体制及国有资本运营体制改革的思路基本形成,而此时的国有资本分类也可进一步详细划分为:自然垄断类、经济命脉类、充分竞争类和公益类。相应的国有资本分类管理思路也基本成型,针对各种类型、各种属性、各行业范围的国有资本,已经开始从竞争性与公益性两个大方向实施区别对待、分类管理(见表3–2)。社会各界对于国资改革的视角重点逐渐向国资分类这个改革逻辑关键点靠拢。拥有如此良好的理论探索与实践探求基础,相信为之后进一步的国有资本分类管理相关改革做好了较充分的准备。

表 3-2　　　　　　国有资产改革新阶段国有资本分类管理

国有资本分类	功能定位	管理思路
自然垄断类	维护社会主义基本经济制度	政府授权经营为主
经济命脉类	主导国民经济	政府直接或授权经营
充分竞争类	国有资产保值增值	政府授权经营为主
公益类	弥补市场失灵，追求公共利益	政府特许授权，完全趋向社会效益

总的来看，我国国有资本分类的方式和思路紧跟国家宏观经济政策的变化而变化，在改革初期因牢牢受制于中央计划安排而使得分类思路狭窄。随着市场经济的逐步开放，各级国有资本拥有了更多的自主经营选择权，国有资本分类也更具活力与多样性。而在国有资产管理新思路的大潮流下，"管资本"为主的改革重心使得各类国有资本拥有了更大的创新积极性和创新空间，分类管理思路也随之越发开阔。尽管我国社会各界都进行了有益的探索，我国国有资本运营依然面临着一些不可避免和忽视的问题，这些弊病与问题要求中央政府对国有资本监管体制实施进一步的完善和改革。

二、国有资本分类管理经验

至今，学界已形成了多种有关经营性国有资产尤其是国有企业分类改革的思路，由于显而易见的国有资本与经营性国有资产、国有企业的密切关系，本书将这些思路吸收借鉴、根据本书研究需要重新梳理逻辑思路，作为国有资本分类管理方法的来源和参照，并分别对其进行分析。

行业细化分类管理。该分类方法认为，在界定功能对国有资本进行细化分类的基础上，按照功能的不同针对行业细化分类，据此对各个细化指标进行具体的分类分析，从而实现国有资本运营者的精细管理目标。

具体来看，本书的分类思路如图 3-1 所示。

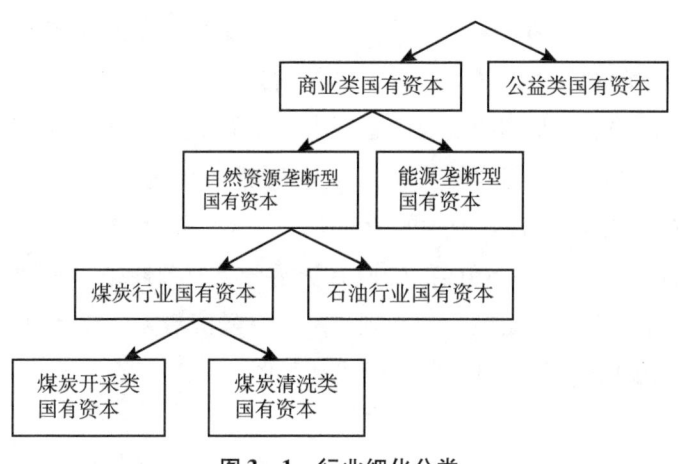

图 3-1　行业细化分类

在上述分类思路的基础上，可以从资本属性与资本功能定位两个指标对其进行中央与地方的分层管理，即从国有资本到自然资源垄断型、能源垄断型的资本属性三层分类由中央进行统一把控管理，做到大方向上的资本合理安全监管；而对于煤炭行业、煤炭开采及清洗工作流程的具体功能指标与技术性操作层次，可由资本所在的当地地方政府进行代为管理，以充分做到因地制宜、专人专管，高效而具有针对性地对当地国有资本进行监管（见表3-3）。

表 3-3　行业细化分类管理模式

管理层级	资本属性	资本功能
中央政府	商业类国有资本 公益类国有资本 自然资源垄断型国有资本 能源垄断型国有资本	—
地方政府	—	煤炭行业国有资本 石油行业国有资本 煤炭开采类国有资本 煤炭清洗类国有资本

这种分类管理方法的显著优点是极其细致，将一整个经济项目一层层细

化分类为最后一个小部分甚至小部件，有利于资本运营者精准查找资本运营过程中出现的问题，做到对国有资本的精确管理。然而缺点也很显著，过于细致的分类方法需要足够高层面的管理人宏观战略意识及思维高度，管理制度也需配套跟上，否则很容易陷入"盲人摸象"的尴尬处境。

"三力模型"分类管理。党的十八大报告指出要增强国有经济活力、控制力、影响力，与该方针相匹配的国有资本分类模型便是"三力模型"。该方法以定性分析为主、定量分析为辅，从国有经济活力、控制力、影响力三个维度出发构建国有资本分类管理模式（见图3-2）。

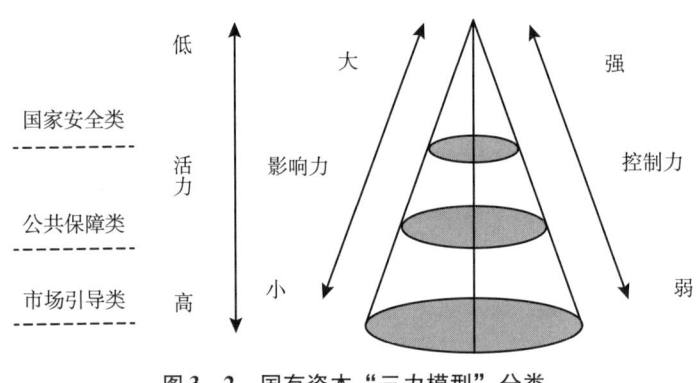

图3-2 国有资本"三力模型"分类

活力维度，指在资本市场中国有资本的竞争力水平与竞争情况，此维度可按竞争力水平的高低与竞争情况的好坏递增排列。根据竞争充分程度与市场竞争结构构成，可划分为寡头垄断、完全垄断、垄断竞争和完全竞争四种形式。其中，完全竞争型活力最强，资本的配置作用效果最明显，市场中各利益相关主体间的利益关系被市场竞争结构决定的程度越高。

控制力维度，指的是国有资本在所处产业结构与国民经济环境中的市场把控能力与把控水平，这一维度可按控制的大小水平递减排列。在世界范围内，无论是何种经济发展水平和社会经济体制，资本控制力的强弱水平都主要集中体现在出资人对资本的股权分配情况上。

影响力维度，指的是资本在其本身所处的行业领域与相关行业领域中，资本的流动、变化所能带动的连带效应。根据这个连带效应的强弱可递减排列。

以上述三个维度作为衡量标准指标，可延伸总结出国有资本的大方向类型，并为政府对国有资本实施分类运营与监管提供了模型水平的可靠依据。分类管理可以从运营者层面与监管者层面两个视角进行，其基本要求在于资本运营人员的决策和资本监管人员的判断拥有共同相通的一个目标和两种出发点，即双方的目标都是提高国有资本的配置功效，达成国有资本的具体功能需求；但双方的出发点拥有显著差异，资本运营者主要考虑如何实现资本的可持续性发展，而监管者则是以全民共有出资人代表为身份，确保资本运营走符合科学发展观的发展路径。

根据以上分析可以得出基于"三力模型"分类的国有资本分类管理模式（见表3-4）。

表3-4　　　　　　　　　"三力模型"分类管理模式

资本类型	运营者角度		监管者角度	
	目标定位	管理重点	监管主体	监管重点
国家安全类	国家战略性项目工程的部署与建设	完善管理体系，领导层中增加公众权益代表	政府有关部门，出资人代表机构	项目评估，财务状况，工程质量
公共保障类	全民福祉，社会整体效益	完善管理体系，加强市场竞争程度	出资人代表机构为主，政策监管为辅	社会保障情况，体制规范化，公共评估
市场引领类	经济效益	发展现代企业，引导经济环境优化	实施所有者监管	国民经济安排，引导效益

决策树分类管理。通过决策树分析法来分析建立分类体系（见图3-3）。第一层按照社会目标分类，将国有资本分为竞争类和非竞争类。这种特殊属性决定其经营目标不只是单纯的利润最大化，在追求利润的同时更应该注重国有资本在当地国民经济中发挥的其他作用，即其运营目标应该是国民福利最大化。因此第一决策层，按照国有企业社会目标，将国有资本分为竞争类

（非公益类）和非竞争类（公益类）；其后每一层分别按标准普尔、国民经济行业分类 GB/T 4757-2011 标准等指标分类；第六层将第五层按照国有股权比例分类，分为国有独资型、国有控股型和国有参股型。将目标落实于市场的微观主体即企业身上，针对不同的国有企业、不同持股比例对应不同的管控模式。

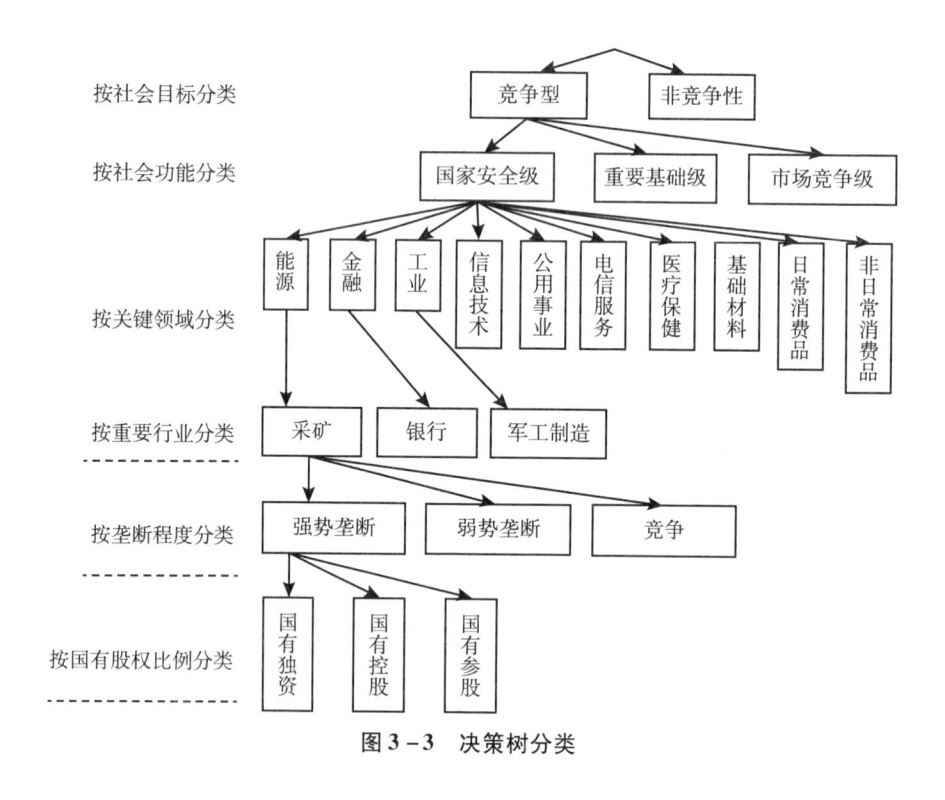

图 3-3 决策树分类

分类管理从持股比例层次开始，不同的股权占比就意味着地方政府对国有资本不同的控制力度，采取不同的管理方法。依次划分成集权型、集权与分权结合型和分权型，也被称作运营控制型、战略控制型和财务控制型，并总结出以持股权益的比重进行分类的管理方法（见表 3-5）。

表 3-5　　　　　　　　　股权比例分类管理模式

资本类型	股权比例	集权程度	管理重点
运营控制型	极高	集权	运营全过程，地方政府给予一定政策支持和补贴
战略控制型	均衡	集权与分权结合	资本整体战略规划和方向指导，长期目标的实现
财务控制型	较少	分权	资本运营决策，资本财务指标，追求投资收益

第二节　国外国有资本分类管理经验研究

当今世界，尽管各国社会经济政治制度和意识形态各不相同，国情更是各有特色，但都有一定量的国有企业负责运营国有资本。即使是在私人经济占绝对主导地位的美国，美国联邦政府也拥有很多规模庞大的国有企业，而在各州和地方两级政府更是有为数一万多个地方国有企业负责运营地方性国有资本，促进地方经济发展与社会稳定。对国外国有资本运营的分类方法的研究无疑对于我国的同类研究具有积极的意义。

一、国外国有资本的形成

国外国有资本的形成不是一帆风顺的，而是伴随着统治阶级的上位、中央与地方的妥协以及各利益代表团体的相互协调而逐步形成发展的。尽管各国取得政权的形式多样，建立的国家性质也不尽相同，但外国国有资本的形成途径大致为以下三条：其一，采用赎买、征收、接管或没收等形式实行国有化；其二，由地方政府直接投资兴建新的地方国有企业或地方政府出资控股的地方企业；其三，地方政府与外国资本或本国私人资本合资、合作共同开办企业。

尽管由于各国的特色国情使得这些领域有所差异，但是较发达的市场经济国家其国有资本分布都具有相同点。即主要集中于国家战略工程项目与社会公众权益方面。

根据西方学者对西欧九国国有企业产业分布的统计结果,我们可以得出:尽管西欧国家国有资本几乎遍及国民经济中的每一个部门,但主要还是集中于矿业、交通运输与电力、煤气、自来水部门,而从世界范围来看,也是如此(见表3-6)。

表3-6　西欧主要国家国有资本在各部门产值中的比重(近似值,单位:%)

国别	年份	农业	服务业	建筑业	制造业	矿业	交通运输	电力、煤气、自来水
奥地利	1970~1975	—	—	—	<25	<25	>75	>75
法国	1981	—	—	<5	<50	<50	<75	>75
意大利	1975	—	—	—	<25	<50	<50	>75
英国	1975	—	—	—	—	>75	<50	>75
希腊	1979	—	—	—	<25	<75	<50	>75
葡萄牙	1976	—	—	—	<25	—	<50	>75

资料来源:欧盟统计局官网。

二、国外国有资本分类管理经验

(一)法国国有资本分类管理

法国是西欧主要市场经济国家中唯一的高度计划经济国家,其基于资本主义私有制的国家计划与市场调节紧密结合的双重调节制度,被西方学者称为"现代混合经济制度"。其典型特征是国民经济以民营经济为主导因素,但国有经济也占有较大比重。在法国,国有经济的组织方式是"公营企业"(Entreprises Publiques)。公营企业的全部或部分财产为公共权力(中央或地方政府)所有。根据法国政府的标准,公共权力持有股权超过三成以上的资本及企业被称为"公营企业(资本)"。面对如此大规模的公营资本,法国政府通过长期的探索和实践,得出了一套行之有效的管理体制和立法,即"分类管理"和"计划契约制度"。其中,"分类管理"是最基本的管理制度。

具体而言，法国政府以资本竞争性程度与产业领域规模经济效益等视角，将公营资本分为两类：垄断型公营资本与竞争型公营资本。照此方法，垄断型公营资本主要分布于基础设施建设行业；竞争型公营资主要分布于传统生产、制造与服务行业。在这些行业中有大量的民营企业，在国内外市场上有很多竞争对手。对于垄断型公营资本，国家持有大部分的股权比例，法国官方采取直接与间接有机协调的管理办法，控制程度高，管理严格，企业自主性与资本流动性较低。对于竞争性的公共企业，它们大多是间接控制关系，基本上没有直接控制。即使参与管理也仅限于对企业负责人的任命和资本变化进行监督。与垄断资本相比，这种资本具有更多的管理自主性和与私人资本的平等竞争地位。总的来说，对全部国民经济部门来说，公营资本的竞争比例较小，它的存在和发展是因为需要更多的政策支持（如计算机、电子）或产品属性（如军工）的必要性，或因为亏损（如钢铁、煤炭）。否则，公营资本也不会涉足这些产业。法国国有资本分类管理模式如表3-7所示。

表3-7　　　　　　　　　法国国有资本分类管理模式

管理对象	分类类型	行业分布	管理方式
法国公营资本	垄断型	基础设施建设行业	直接与间接综合管理、控制程度高、管理严格
	竞争型	传统生产、制造与服务行业	间接控制，负责人任命与资本流动监督

法国采取的这种分类管理模式由于其相对高度集中的计划国有经济体制，使得其公权对国有企业及国有资本的控制力和监督效力较强。这比较符合我国现阶段的经济社会形势和国情，是可以被我国广泛参考借鉴的管理思路。

（二）新加坡"淡马锡"分类管理

淡马锡控股公司是新加坡财政部直属监管的国有投资控股公司，由其代理政府管理国内外各类投资项目。淡马锡控股公司作为国有控股的投资运营企业，其独特而先进的公司架构和管理模式为解决国有资本效率低下、经营困难的世界性难题提供了可行的解决方案。其董事会直接对总统负责，总裁或董事长由总统亲自批准任命，新加坡财政部行使股东权利。国有资本能够全盘遵照市场规则进行运营与竞争，没有来自国家的任何行政干预，国有资本的所有权与运营权分离，政企分开。淡马锡控股公司无须关注社会效益与责任，通过对短期利益的把握和中长期可持续利益的风险管控，实现国有资本运营的效率和国有资本资产的保值增值。淡马锡控股公司采用"逐层控制"的产权模式，实现对资本的动态分类管理，如此一来构成了多达六个层级的国有资本分类分级管理体系（见表3-8）。

表3-8　　　　　　　新加坡"淡马锡"分类管理模式

分类层级	股权比例	管理方式
一级产权	100%	政府持股，企业完全自主
二级产权	>50%	企业直属，自负盈亏
三级及以下产权	≤50%	自行逐级管理，完全竞争

一级产权。新加坡财政部掌控100%的淡马锡控股公司的控股权益，但不插手企业的实际经济活动、公司董事会在经营与投资上拥有完全的决策权，不受政府方面的任何干预。二级产权。淡马锡控股公司直接控股与持股比例超出五成的直属子公司为20余家，除此之外均属于二级以下的资本企业。这些直属的子公司自主经营、承担经营后果及有限责任，董事会对它们的总体活动仅进行一定程度的监管。三级及以下产权。直属子公司以下的数个层级的各个公司构件与淡马锡控股公司无直接关联，主要通过直属子公司进行逐级管理。该层级公司全盘按照公开市场机制经营，与其他民间资本同台平等竞争。

尽管在有利方面来看，新加坡采取的这种大胆而先进的国有资本分类管理模式拥有极高的资源配置效率，充分解放了资本运营者和各级企业的生产积极性。但从另一方面来看，这种管理模式有国家行政监管几乎完全流于形式的严重弊端。尽管政府拥有百分百的完整控股，但其架构方式与监督体系上的漏洞使得淡马锡控股公司本身实质上不受国家公权的管控；同时由于其庞大的经济实力与影响力，来自民间的压力与社会监督机制能对其产生多大程度的限制也很难判断。这很有可能使淡马锡控股公司逐渐发展为一个实质上的由国家少数精英阶层控制的财阀，为极少数权贵服务。看似是为国有资产的利益服务，实际是少数人以此为保护伞侵吞国家资产的合法工具。这值得我们深思和警惕。

（三）美国国有资本分类管理

美国是典型的以国有企业为国有资本主要载体的国家，美国国有企业广泛采用董事会制度。从美利坚联邦中央到各个州、地区和市的地方管理局（企业）是由主要以商人和银行家共同组成的兼职董事会管理的。董事会一般由关系到企业经营管理的经济利益组织选举代表任职，并在法律上由中央政府或州长、市长进行行政任命。美国国有资本的内部管理体制并没有统一的模式可言，通常会根据各地区、各产业及各资本扮演角色来选择其内部管理体制。以政府对资本的管控力度为指标，总体而言可分为下列三种类型：行政机构型、独立运作型和常规企业型（见表3-9）。

表3-9　　　　　　　　美国国有资本分类管理模式

国有资本分类	政府管控力度	管理重点
行政机构型	政府背景，行政干预强烈	设立专门机构与部门，不追求经济效益
独立运作型	董事会任命，行政干预较少	多采用管理局形式，董事代表负责，给予众多优惠
常规企业型	董事会任命，行政干预极小	与普通民营企业资本没有显著区别，高自主性

一是行政机构型国有资本，与田纳西流域管理局有所不同，往往是设立为一个以政府为背景的机构或部门来进行运营管理。该类型国有资本基本不追求经济利益，带有浓厚的政府机构气息与行政事业色彩。二是独立运作型国有资本，以田纳西流域管理局最具代表性，这家美国最大的国有企业与国有资本集合体的最高领导层董事会设有三名董事，分别来自共和党和民主党

两大党派，经过统一的总统提名，交由联邦国会进行审批，最后再由总统进行任命生效，任期为9年。三位董事拥有很高的自主权，代表国会和联邦政府全权负责整个国有企业资本的运营管理，但关键决策的判断需要由三人投票表决，达到权力制衡。这家国有企业不仅每年得到政府的无偿财政援助用于各类当地流域的公共福祉事业，而且掌握着联邦政府相关部门才拥有的电价定价权。债券发行是该管理局国有资本的主要来源。三是常规企业型国有资本，与民营资本的运营管理方式基本相同，这类国有资本及其所依附的国有企业也会完整的设立董事会，董事会任命总经理，总经理对企业经营及资本运营全权负责；然而与民营资本有显著差异的是，其董事会成员需由联邦政府提名，中央或地方议会批准生效。相对而言，该类型的国有资本自主性很强，受到的政府管制较少。

美国拥有悠久的个人主义至上思想和三权分立制度历史，在此基础上其自由市场经济模式高度发达，相对而言国家政府极少介入企业的正常生产经营活动。而通常主要以国家货币政策与财政措施等宏观调控手段对市场进行调整，通过市场机制引导整体经济形势的良性发展。而美国国有资本的运行机制，是在公平和双赢的市场条件下和充足的法律依据内，自主运营管理，推动国有资本健康发展。在市场竞争中，国有资本不仅拥有一般的市场竞争资格，并且往往还被政府授予特定的经营权，在市场参与上也享有特权；在法律层面上，某些大型国有资本企业甚至还享有市场控制权和参与定价权；在资本运营上，同民间资本一样，享有充分自主权利，从管理层决策到具体的经营行为，都完全自主决定，对自己负责。

总之，国外国有资本分类管理的分类依据主要为国家持股比例、利益属性与市场竞争结构。各国国有资本的管理体制和分类方法都基于各国国情，实现着双重属性与功能定位，各有各的特色与可借鉴学习之处。资本分类管理的研究一直在进行中，为我们提供了一定的可思考借鉴的启示与总结。

（1）国有资本分类管理应基于国有资本所有权和运营管理权的分离。政府双重职能的分离是简化国有资本分类管理的客观要求，同时建设国有资本专门运营机构，使国有资本的运营能力得到充足地发挥，减少行政干预，实现政企分开。

（2）国有资本分类管理的前提是明确资本运营应实现的双重功能与定位，中央与各级国有资本管理机构应同时兼顾好经济效益与社会效益，针对不同的效应目标实行针对性的管理办法。

（3）国有资本分类应面对不同领域灵活进退股权。通过一系列的产权交易，将政府拥有的企业资本产权进行一定程度的转让。

尽管我国与世界其他国家尤其是西方资本主义国家有着经济社会制度与意识形态上的不可忽视的差异，在经济法制体系的成熟程度上也有相当大的差距。然而，外国对于国有资本分类管理的努力探索和先进经验依然能为我所用。我们可以发扬新时代的"拿来主义"，吸纳借鉴外国的优秀理论与实践成果，充分结合我国实际国情进行改良。总之，国有资本分类管理必须要深刻结合国家实际经济社会发展阶段与形态，不能奢求有全能万能的分类管理办法来契合任何具体情况。

三、国有资本分类管理的总结与启示

通过上文对国内外国有资本分类管理模式的探讨分析，我们可以得出分类管理应遵循的一般性原则。

（1）分类管理与所处历史阶段相结合。

（2）分类管理与发展稳定相结合。处理好国有资本分类管理与发展稳定的关系。要从可持续长久发展入手，确保从经济社会环境协调稳定的视角出发实施分类管理的构想与行动。

（3）分类管理与循序渐进相结合。任何事物的变化发展都是由量变到质变，在这个量变的过程中难免会有层出不穷的问题与矛盾，需要我们不骄不躁，抽丝剥茧地去分析和解决问题。

根据国有资本双重属性与双重功能视角下我国国有资本分类管理的比较研究，和对具有代表性的外国国有资本分类管理的分析借鉴，从宏观与微观

两个层面对我国国有资本管理体制的改进提出以下建议。

（1）通过功能定位对国有资本进行细化分类。按照不同的功能定位对国有资本进行进一步细化分类是开启国有资本精确管理的客观需要，而企业的特殊性与功能性最突出体现在本行业的发展中。所以无论对于竞争性国有资本还是公益性国有资本都可以再进一步按行业进行细化分类，从而进一步提高国有资本配置效率，使不同类型的资本发挥应有的功能。

（2）组建国有资本投资与运营公司。此举既是为了划清中央国资委与地方国资管理机构的关系和资本所有人与经营管理人的关系，也是为了通过以"管资本"为主的方式对国有资本运营质量、国有企业财务状况和国有产权流转按功能类别进行重点监管。以追求扩充国有资本功能与活力，顺利保证国有资产功能目标的实现。

以上是从宏观层面的视角对我国国有资本分类管理提出的原则与方针性提议。然而，正如本书绪论部分所说的，当前国内国有资产相关研究中不缺对于宏观目的及方针的研究，而是缺少具体的、就事论事的、充分结合各类指标与参数的分类管理方法建议。因此，具体来看，可以将国有资本的基础功能定位分为竞争型和公益型两大类，然后对竞争型国有资本进行二级分类，再结合国有资产管理八项相关指标，得出国有资本分类管理的思路（见表3-10）。

通过本章的研究结果可以充分表明，对我国国有资本进行分类管理在理论上是可行的，在实践上也是必要的。但是，现阶段对国有资本进行分类管理改革的难点还存在不少，有传统观念的影响、有利益调整的博弈、有旧有体制的抵触，有历史问题的遗留、有体制惯性的拖累，也有创新意识的不足，这充分说明国有资本实行分类管理的改革不可能一蹴而就。我们需进一步解放思想，坚持改革道路不动摇，充分汲取国内外优秀思想，博采众长，把我国国有资本分类改革、分类指导、分类管理的原则、方向和路径始终坚持贯彻下去，直到取得理论和实践上的双重进步。

表 3-10 国有资本分类管理相关指标特征

企业类型		绩效考核	授权经营	资本运营	法律规章	股权结构	功能定位	预算管理	高管薪酬
竞争性国有资本	充分竞争型	战略性评估	政府授权经营为主	宏观战略性，追求资本投资回报	行业规章制度，贯彻落实因企制宜	以国有绝对控股为主，允许私人资本参股	维护社会主义市场经济制度	有限的政府预算管理	严格评估业绩，合理限制基础年薪
	自然垄断型	功能性评估	政府授权经营为主	功能性，追求资本投资回报	《中华人民共和国公司法》，按功能落实实因企制宜	以国有控股为主，允许私人资本参股	保障经济安全、国民经济环境中起主导作用	有限的政府预算管理	适度评估业绩，合理限制基础年薪
	经济命脉型	经营业绩评估、保值增值能力、市场竞争力	政府直接授权经营	全面追求资本投资回报	《中华人民共和国公司法》，适当贯彻落实因企制宜	股权多元化	国有资产保值增值，追求经济效益	无政府预算管理	全面以业绩为指标，绩效年薪限市场水平保持一致
公益性国有资本		公益性评估	政府特许授权经营为主	主要追求社会效益，投资收益几乎不计	单独立法，全面贯彻落实因企制宜	以国有独资为主，允许私人资本参股	维护市场秩序，追求社会公益	严格的政府预算管理	不以业绩为参考标准，合理确定基础年薪

第四章　国有资本投资运营公司案例研究

第一节　深圳市 CX 投资集团案例研究

2015 年《关于深化国有企业改革的指导意见》对国投公司的组建提出了进一步的指导意见，指出要以"管资本"为主，组建国有资本运营公司、改组国有资本投资公司。随着国有企业改革不断深化，目前我国已有多家国投公司纳入改革试点范围，取得初步成效。但是由于国有资本授权经营体制、国有资本监管模式仍不完善，存在"政企不分""政资不分"等问题，导致国有资本没有得到充分运用，也影响了国有资产的运营效率和经营成果。为了优化国有资本监管模式、完善国有资本授权经营体制，提高国有资产保值增值率，做强做优做大国有企业，国投公司的发展与运营是关键。

深圳市 CX 投资集团有限公司（以下简称"深圳 CX 投集团"），1999 年由深圳市政府出资设立，以创新投资为核心的综合性投资集团，目前已成为国有资本规模最大、投资能力最强的人民币基金管理者之一，也是中国本土创新投资机构的标杆。研究"深圳 CX 投集团"成功的运营模式对研究国有资本投资运营平台该如何管理才能实现发展、真正起到优化国有资本布局具有一定参考作用。自 2013 年党的十八届三中全会召开，提出要组建国有资本运营公司和改组国有资本投资公司以来，已经有许多学者相继对国投公司改组组建的现实意义、改革存在的问题与完善路径等方面进行了深入的研究。针对国投公司的改组组建的现实意义、面临的问题以及完善路径，现有相关研究成果的理论分析与中央出台的国企改革文件，观点基本一致。但是针对有关地方国有资本投资运营平台的文献相对中央企业的文献研究较少，且较少关注国有资本投资运营平台具体运营方式的研究，其中，相关文献也缺乏具体的公司案例研究。为此，本节基于深圳CX投集团的案例，深入分析深圳CX投集团在实际运营过程中的举措以及其创新之处，进行总结归纳，希望能为后续国有企业改革与其他地方国投公司提供借鉴。

本章研究了深圳CX投集团、ZL集团、GT集团等国投公司。

一、深圳CX投集团案例描述

1999年，深圳CX投集团在深圳市委市政府的支持下创立，发展至今已成为国内规模最大的人民币基金管理者之一，深圳CX投集团投资企业数量、投资企业上市数量均居国内创投行业第一位。2016~2021年，在清科中国创业投资机构年度评选中，深圳CX投集团均为本土创投机构第一名。2022年1月深圳CX投集团荣获全球最佳母基金第九名、最佳基金Top30、最佳S基金Top20。深圳CX投集团管理的深圳市引导基金获评投中"2021年中国最受GP关注政府引导基金Top20"称号。

（一）深圳CX投集团的公司治理情况

深圳CX投集团现行的公司治理架构实行以董事会为领导核心的总经理负责制。其中，公司设有总经理1名，董事会由13名董事组成。董事会下设有战略与预算委员会、提名委员会、薪酬与考核委员会、审计与风险委员会四个专门委员会。公司另设有股东会，按照法律法规和公司章程规定，行使股东职权并履行相应的义务，决定公司的重大事项。公司的大股东就是国资委。公司还设有监事会，由11名监事组成，是公司依法设立的监督机构，依照公司章程规定行使职权。深圳CX投集团的第一大股东是国资委，属于市属国企，因此其不仅要把党的建设融入公司的治理环节，持续强化公司党建、以党建领航高质量发展，还要积极牵引助推被投民营企业党建，实现党建业务融合互促。

深圳 CX 投集团在党建核心引领的政治原则下，内部搭建了"集团党委＋党支部＋投资团队＋党员群众"的四级联动机制，组织所属 16 个党支部近 200 名党员分别与已投民企结对共建，形成职责清晰、齐抓共管、人人参与的共建体系，从而与已投企业建立起远高于股权投资的信任关系。截至 2021 年 6 月底，深圳 CX 投集团在已建立了信任关系的前提下，顺利地推动了广州 KG 音乐、北京 ZKWG、深圳 RA 网络等 44 家已投民企成立了党组织。在 2021 年，深圳 CX 投集团第十三党支部被评为深圳市先进基层党组织拟表彰对象。在民企成立党支部之后，深圳 CX 投集团多次组织集团各个党支部和各专业领域投资团队，联合监管部门及专业服务机构，与已投企业做党支部共建活动，为企业经营发展"把脉问诊"，提供经验输出和资源整合，促进企业高质量成长。深圳 CX 投集团包括三个层级。第一层级是决策监督机构，包括股东会、党委、董事会、监事会和专门委员会；第二层级是经营层，主要由各个职能部门构成；第三层级是下属投资企业，包括全资企业、绝对控股企业和参股企业。

（二）深圳 CX 投集团的公司员工情况

深圳 CX 投集团的董事会成员、监事会成员、企业高管均是具有多年行业从事经历的资深管理人员，积累了丰富的行业经验，拥有高水平的专业能力。其代表人物，深圳 CX 投集团的董事长倪泽望是机械设计制造专业和企业管理专业的双学位博士研究生，曾任职深圳 HW 技术有限公司的副总工程师、深圳 TKX 工业有限公司总经理，由此可见，其专业能力和管理能力十分优秀。深圳 CX 投集团的员工也拥有优秀的学识背景、深厚的实践功底。截至 2021 年 12 月，公司在册员工人数共计 464 人（不含深圳 SK 股份有限公司），其中，博士有 85 人、占比 18.32%，硕士有 284 人、占比 61.20%，可见其员工大部分都拥有硕士及以上学历。深圳 CX 投集团还拥有创投行业中首个博士后工作站。该工作站从国内外顶尖高校中选拔了 60 余名理工科背景的博士，由这些高水平人才专门进行细分行业研究，以研究引领价值投资。

这些人才都为集团优秀的投资决策、投后运营管理打下了坚实的基础。

（三）深圳 CX 投集团的投资规模

深圳 CX 投集团是深圳市国资委旗下一级子公司，是深圳市国资委目前拥有的四大股权投资平台之一。公司业务架构主要包括创业投资、投资咨询、股权投资、受托资产管理、投资管理、企业管理咨询、企业管理策划、在合法取得使用权的土地上从事房地产开发经营业务等。其投资规模在全国居于前列，1999 年 8 月 25 日（深圳 CX 投集团成立）~2022 年 3 月 31 日，深圳 CX 投集团在信息科技、智能制造、互联网、消费品/现代服务、生物技术/健康、新材料、新能源/节能环保等领域投资 1 440 个项目，累计总投资额约 839 亿元，在各行业投资占比情况如图 4-1 所示，其中 213 家投资企业分别在全球 17 个资本市场上市，411 个项目已退出（含 IPO）。截至 2022 年 4 月 22 日，深圳 CX 投集团累计投资并助推上市的企业增至 217 家，包括 HD 基因等知名企业，2022 年上市的已投企业增至 12 家。

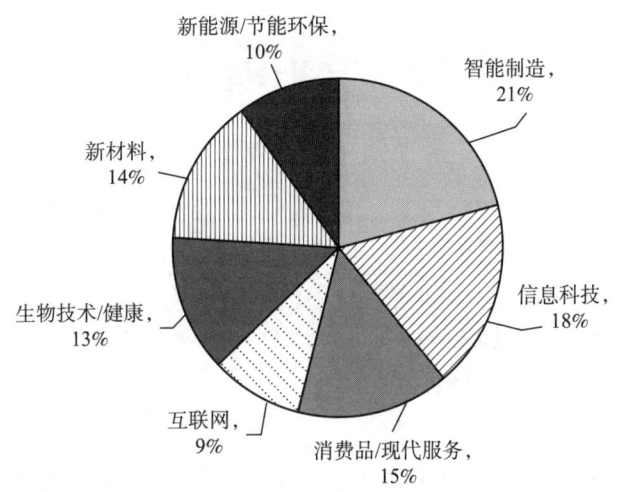

图 4-1　深圳 CX 投集团 1999 年 8 月 25 日~2022 年 3 月 31 日各行业投资金额分布

资料来源：深圳 CX 投集团公开资料。

二、深圳 CX 投集团案例分析

按照地方国有资本投资运营平台"战略引导者"和"财务投资者"职能体现的具体目标，从主要投资对象、对外投资策略以及投后运营情况三个部分对深圳 CX 投集团的投资战略进行分析。

（一）深圳 CX 投集团的投资基本情况

深圳 CX 投集团的主要的投资对象是成长型企业，其中又重点关注互联网、生物医药、高端装备制造业、高科技行业等新兴行业和服务业、物流业等具有创新特质的领域。并且由图 4-2 可知，深圳 CX 投集团投资的 1 440 个项目中，成长期的占比最高，项目数占比 71%，投资金额占比 69%，其主要投资的是成长期项目。

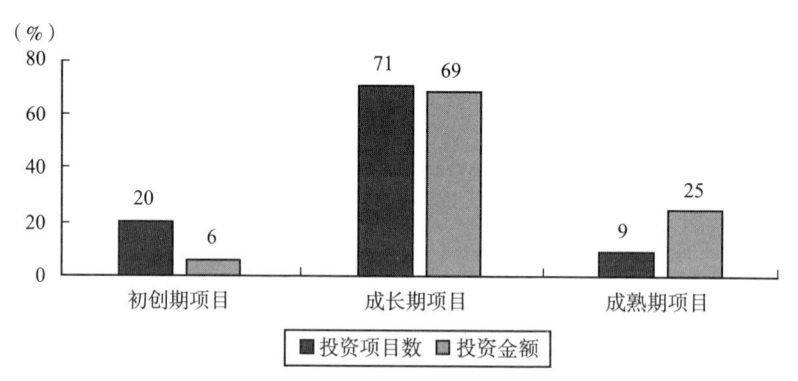

图 4-2 深圳 CX 投集团 1999 年 8 月 25 日~2022 年 3 月 31 日投资项目分布

资料来源：深圳 CX 投集团公开资料。

根据深圳 CX 投集团 2021 年度报告显示，在 2021 年，深圳 CX 投集团完成了创投项目 230 个，投资总额达 160.19 亿元，从行业分布来看，其中投资比重最高的行业是信息科技、新材料和生物技术/健康，分别占比 33.71%、24.76%、16.23%，其中，生物技术/健康的比重较 2020 年增长 25.25%，上涨幅度最大。从创投项目投资阶段的分布来看，成长期的投资项目有 160 个，占比 69.57%，依旧是投资的主要选择。

按照企业的生命周期来分类，深圳 CX 投集团投资对象主要以成长期企业为主，讲究合理搭配投资组合，力争风险最小化和收益最大化。深圳 CX 投集团的总投资项目中（1999 年 8 月 25 日~2022 年 3 月 31 日的投资项目），成长期项目占比高达 71%，而在深圳 CX 投集团 2021 年度报告的数据中，2021 年所投资的成长期项目占比 69.57%，依旧是最主要的投资对象，这都是因为成长期项目相较于初创期项目往往具有的投资风险小，而未来投资回报率相较于成熟期项目高的特点，以投资成长期项目为主，可以很好地平衡收益与投资风险，中和了初创期和成熟期的风险与收益，合理搭配投资组合。

另外，成长期指的是技术发展和生产扩大阶段，主要任务是扩大生产、开拓市场、增加营销投入，而成长期项目的主要风险是市场风险与管理风险，因此投资机构要做的就是在给予资金支持帮助扩大生产、占领市场的同时，通过派遣董事、提供管理咨询等方式帮助降低企业的市场风险与管理风险，同时随着利润率的降低着手准备退出。而深圳 CX 投集团就做到了这一点。深圳 CX 投集团的主要风险投资退出方式是通过助推已投企业上市，上市之后，集团所持有的公司股票得以流通，回收投资。例如，2020 年 9 月集团投资苏州纳芯微电子股份有限公司，投资比例为 2.37%，投后公司估值 16.8 亿元，截至 2022 年 4 月 22 日该公司上市，首发市盈率 107.48 倍，市值约 271.1 亿元，可见上市后集团可获得极为可观的投资收益。以投资类似的成长期项目为主，其他项目为辅，使得投资平台的投资组合更加合理，做到风险最小化和收益最大化。

按照企业的生产特性来分类，深圳 CX 投集团投资对象主要以硬科技企业为主。硬科技企业主要涉及光电芯片、人工智能、航空航天、生物技术、信息技术、新材料、新能源、智能制造等相关产业。而由图 4-1 可以看出，深圳 CX 投集团 1999 年 8 月 25 日~2022 年 3 月 31 日在这些领域占比和为 85%。而在 2021 年，深圳 CX 投集团完成了创投项目 230 个，其中投资比重最高的行业是信息科技、新材料和生物技术/健康，分别占比 33.71%、

24.76%、16.23%，共占比74.70%。从2019年到2021年，深圳CX投集团已投企业在科创板上市的数量分别为8家、9家、12家，分别占整个科创板市场的11.43%、6.21%、7.41%[①]。可以说，深圳CX投集团目前最主要的投资对象是硬科技企业、长期聚焦于硬科技，还取得了极高的成效。

硬科技产业往往技术更新迭代速度快、风险高并且严重依赖核心项目、核心技术人员，需要资金的长期循环支持。因此，投资硬科技企业需要大量的时间消耗、大量的资金投入，这也使得我国很多硬科技企业很难得到充足的资金支持直至上市。然而，硬科技企业的发展，是提升我国产业核心竞争力的必然要求，也是地方国有资本投资平台的社会责任。

深圳CX投集团在助力中国商业航天事业、发展生物医疗、开发清洁能源、推动智能生活等方面都创造了巨大的社会价值。例如，在航空航天领域，投资公司长光卫星在轨运行卫星数达到25颗、亚太星通参与设计监造的亚太6D卫星是我国第一颗Ku/Ka波段的高轨道高通量卫星；在生物技术领域，投资公司康方生物拥有20个以上重大疾病的创新药物产品管线、前沿生物已拥有一个已上市且在全球主要市场获得专利的原创抗艾滋病新药——艾可宁，是中国"抗艾第一股"；在新能源领域，支持投资公司上海KX技术股份有限公司开发膜分离技术、帮助工业用户实现废弃物资源化，2020年处理各种流体总量达到近5 000万吨等。由此可见，投资硬科技企业有利于优化国有资本的优化配置、提升我国的核心竞争力，发挥国有资本投资运营平台的"战略引导"作用。

（二）投资决策与机制

优质项目重金投入、长期持有。深圳CX投集团因为多年的行业投资经验与优秀的人才资源，拥有对产业发展规律的深刻理解，借着这种优势，集团的投资对优质项目重金投入并且长期持有，进而获得高额回报。例如，2013年4月28日，深圳CX投集团及其下属公司深圳市HW创业投资有限公

---

① 资料来源：深圳CX投集团2021年度报告。

司投资SY集团股份有限公司（以下简称"SY"）1 200万人民币，独家投资了SY的A轮融资。2018年2月8日，SY在深交所挂牌，这是深圳CX投集团成立以来在资本市场公开上市的第137家企业①。上市时SY共发行人民币普通股4 000万股，发行价21.23元/股。发行后，深圳CX投集团、HW基金分别持有SY 5.32%、1.77%的股份。上市首日，SY以30.57元/股涨停价收盘。保守估计，对SY的投资，将让深圳CX投集团收获至少20倍以上的账面回报。该案例中5年的投资为深圳CX投集团带来了巨额的投资收益，由此可见，重金投入、坚持长期持有一项具有发展潜力的优质项目，这种投资策略可以带来高额的投资回报。

多轮投资、持续投资。对于看好的创新创业公司，深圳CX投集团会持续给予资金支持或者根据企业的营业情况占据更多的投资比例，谋求更多的资金回报，进行多轮投资、敢于重金投资，力求有限资金的利用效率最大化。在2015年，深圳CX投集团独家投资了KF生物的A轮融资，之后又分别于2017年8月和2018年10月，先后参与了其B轮、C轮融资。2020年4月24日，KF生物正式在港交所上市，每股定价16.18港元，当日市值超180亿港元。此外，深圳CX投集团分别于2020年、2021年、2022年分别参与了YH科技有限公司的天使轮、A轮、B轮投资，持股比例一直维持在3%左右。这样的例子还有很多，多轮投资是深圳CX投集团的常用投资手段。通过多轮投资的方式，深圳CX投集团一直持有看好的创新创业公司的一定比例的股份，直至其完成上市，退出投资，最终产生客观的资金回报，使资金得到充分利用。

投资关注行业发展。深圳CX投集团在投资时，会先预测整个行业发展情况，再对每个项目进行进一步的梳理，这样能够更加科学、更加准确地选择投资项目。具体来说，是先绘制行业图谱，再研究行业的发展规律，然后发掘行业的投资机会，最后形成投资逻辑，按照行业图谱和发展规律寻找符

---

① 深创投19年：近3300亿规模、143个项目上市、IRR超40% [EB/OL]. http：//www.360doc.com/content/21/0409/14/74663532971364283.shtml, 2021-04-09.

合投资逻辑的投资标的。深圳 CX 投集团在投资医疗、高端制造与信息科技等行业时这种投资方法尤其显著。据深圳 CX 投集团董事长倪泽望所说,在医药行业,投资先要考虑企业有多少产品线,研发线是否丰富,一期、二期、三期的临床药品有多少品种等;在互联网行业,投资要看用户数、日活、月活等运营指标;在高端制造业,投资要重点关注技术是否足够先进等。只有投资公司做好了行业发展的预测工作,才能在之后的具体投资项目中找到正确的投资方向,进而作出最科学的投资决策。

基金管理、分级授权决策。根据委托代理理论,分级授权的方式,使得授权人即深圳 CX 投集团自身的工作量减少,能将更多的精力放在整体的战略方向把控上面,并且将决策权下放给专门的机构,给了机构更多的自由选择空间,激励了机构工作的同时,决策受到了更为专精的处理,使得决策效率提高。截至 2021 年 4 月 15 日,深圳 CX 投集团依托超过 100 只政府引导性创投基金,形成了全国性投资和服务网络,打造了投资行业中享有盛誉的"CX 集团""HW""SCGC"系列品牌。管理各类基金总规模超过 3 000 亿元。随着深圳 CX 投集团的基金管理规模越来越大,其采用了分级授权的方式进行决策管理。此外,深圳 CX 投集团还通过对不同的产业进行分类,组建健康产业基金、军民融合基金、新材料基金等专业化基金来提高投资质量。截至 2021 年 11 月,深圳 CX 投集团拥有 149 只私募股权基金,13 只股权投资母基金,19 只专项基金,以及一只创投系公募基金——HW 基金管理有限公司。例如,HW 资管是深圳 CX 投集团旗下重点开展的包括公募 REITs、私募 REITs 业务在内的基础设施领域资产支持证券业务的专业公募基金子公司。广东 ZF 基金是深圳 CX 投集团参与出资并受托管理的聚焦制造业转型升级的重要战略性基金。深圳 BC 管理有限公司是深圳 CX 投集团的不动产专业投资平台,致力于发掘不动产领域权益型投资机会。以我国首批 9 只基础设施 REITs 产品之一的 YT 仓储物流 REIT 为例,该产品于 2021 年 6 月上市后,运营情况良好。而这只产品的管理决策就采用了分层管理、分级授权的方式,具体来说,由 CX 集团不动产基金担任项目发行的总协调人,HW 资管担任资产支持证券管理人,HW 基金管理有限公司担任基金管理人,YT 仓储物流担任运营管理机构。这样分级授权的投资管理方式，使得投资决策更加专门化，大大提升决策的质量与效率。

（三）投资运营管理

好的投资运营管理可以帮助被投资企业设计高管和核心员工的激励与考核计划，形成合理有效的公司治理体系，帮助整合与对接上下游产业资源，帮助解决企业融资问题，为企业的后续融资与发展提供增值服务。在股权投资领域，如何为已投企业提供优质、高效的投后增值服务，促进企业做大做强，是创投机构竞争水平高下的标志之一。

在"募资难、投资贵"的大环境下，投后运营已经成了各家机构抢项目的重要一环。深圳 CX 投集团非常重视投后运营管理，讲究的是"三分投资，七分服务"。2017 年 7 月底，深圳 CX 投集团专门成立了企业服务中心，将投后运营管理从项目管理部专门分离出来，成立了投后运营管理部门。除此之外，企业服务中心也能起到企业与研究人员之间的沟通桥梁作用。当企业提出诉求，企业服务专员会与相关研究人员、投资经理进行沟通，进而匹配上下游企业，保证诉求的精确传达。

同时，深圳 CX 投集团推行"投前投后一体化、全员服务"的理念。由投资经理负责为已投企业提供日常服务和个性服务，企业服务中心负责提供上市服务、企业培训、融资服务、产业对接、品牌宣传等共性服务，推出了"CX 集团 Family 上市热点分享会""CX 集团大讲堂"等产品，同时跨部门、跨片区调动集团资源，加快解决已投企业在政务、厂房、人才、市场等方面的诉求。

以 WC 动力股份有限公司为例。WC 动力股份有限公司（以下简称"WC 动力"）是目前中国最大的汽车零部件企业，其发展过程中两次重大转折都有深圳 CX 投集团的助力。深圳 CX 投集团于 2002 年投资了 WC 动力，当时，WC 动力是一家传统的重型柴油机制造企业，是山东省潍坊市最大的国企，但是企业老、包袱重，经营非常困难。基于此，深圳 CX 投集团协助 WC 动力进行生产管理，帮助其将新引进的一条生产线剥离出来，设立为 WC 股份，深圳 CX 投集团发起并投资了该项目，有了一定资金支持，公司 2004 年在香港发行了 20% 的股份，顺利筹集到资金使企业焕发出生机。2007 年，深圳 CX 投集团派出投资团队助推其并购株洲 XH 有限责任公司，之后，WC 动力由原来单一的重型柴油机生产企业，彻底转型成为重型汽车全产业链企业。有了这样的条件，同年 4 月，WC 动力成为香港和 A 股两地上市的公司。

畅通融资渠道。深圳 CX 投集团主要投资中小企业、成长期企业，这些企业需要大量资金来扩大生产，因此，深圳 CX 投集团不仅提供资金支持，还帮助已投企业拓宽融资渠道、获得更多融资。深圳 CX 投集团主要是通过参加路演活动、协调获得银行贷款等方式为投资企业拓展更多融资渠道，缓解企业融资困境，助力企业健康发展。例如，2020 年 9 月，深圳 CX 投集团组织 RW、CK 工场等 5 家已投企业参加"融通八方、创有所成"深湾汇项目路演活动，其中 3 家投资企业和路演现场的投资机构进行对接。同年，深圳 CX 投集团协助 BSB、GM 网络、广东 KC 等企业获得银行优惠贷款。有了平台的助力，企业融资渠道更广、融资更加顺利，进而能够更快更好的发展。

助力产业对接。深圳 CX 投集团拥有极其广泛的投资规模，涉及多个行业，其拥有的资源不只是企业本身，还包括巨大的信息网。有了这个基础条件，深圳 CX 投集团通过组织产业协作交流会、各企业座谈交流会等搭建沟通平台，促进产业间企业的合作，实现不同企业上下游的产业对接。具体来说，其一，为已投企业介绍采购客户、签订销售订单、在集团内部推广企业福利卡等方式，拓展已投企业产品的销售渠道；其二，通过帮助已投企业介绍媒体等平台资源、参与企业的市场策划、协助企业参评专业奖项，来扩大已投企业的社会影响力与知名度；其三，开展各种座谈会、交流会，为企业交流创造机会。例如，2020 年深圳 CX 投集团组织开展业务座谈会，助力已投企业走进苏宁、腾讯云、中兴通讯等公司，在苏州工业园召开产业协作交流会，使已投企业面对面与园区内同行业的领先企业沟通行业经验。2020 年 7 月 9 日，联合多方举办第十五期广州开发区"创享汇"活动，围绕新冠疫情对生物医药产业的影响分析及投资策略开展经验分享，并吸引超 3 万名投资者云端参会，促进了政府引导基金合作机构、相关企业和金融界人士间的沟通交流。2021年11月30日，深圳CX投集团管理的深圳市政府引导基金举办了深湾汇单项冠军、专精特新企业赋能培育专场活动，通过政策扶持、运作规划、融资服务等为创新型企业赋能。2022年2月22日深圳CX投集团公司官网上帮助其下属公司渝深CF私募股权投资基金管理有限公司发布年度招聘信息，同时做了公司宣传。2022年3月16日下午，旗下CX集团制造业转型发展基金与其他机构联合举办了"容桂大讲堂"之"金融赋能智造升级"专题活动，为容桂街道有投融资需求的20家企业"传经送宝"，助力制造业企业转型发展。

助推上市。深圳CX投集团的投后运营管理工作中，帮助已投公司上市是其中重中之重的一环。截至2022年12月，深圳CX投集团累计投资并助推上市企业238家[①]，包括HD基因等知名企业。由表4-1可知，自科创板2019年开板以来，深圳CX投集团投资的科创板上市企业数量占国内科创板上市企业总量的比例一直不低，最高时达11.43%。深圳CX投集团能取得这样的好成绩，除了集团投资规模大、专注于硬科技企业投资的因素外，最主要的原因还是集团的助推上市力度大，把握住了机会。

表4-1　　　　　　　　深圳CX投集团已投企业上市情况

投资情况	2021年	2020年	2019年
深圳CX投集团全年上市总数（家）	26	23	15
深圳CX投集团助推已投企业科创板上市数（家）	12	9	8
科创板全年上市总数（家）	162	145	70
已投企业在科创板年上市比例（%）	7.41	6.21	11.43

资料来源：深圳CX投集团公开资料。

[①] 深创投：助推两百多家企业上市　成立二十三年，致力于"发现并成就伟大企业"[EB/OL]. http://appatt.sznews.com/jzApp/files/szxw/News/202212/27/1083966.html, 2022-12-27.

(四) 助力人才培养

深圳 CX 投集团主动走访沟通了解投资企业人才需求，通过人才基金项目路演、组织招聘会、对接猎头公司、举办培训活动等方式，助力投资企业吸引更多优质人才。据统计，2020 年深圳 CX 投集团为投资企业的招聘需求对接猎头 8 家，企业参加线上、线下校园招聘会 44 家，开展 11 场大湾区人才项目路演活动，参与近 2 000 人。具体来说有三步，一是寻找在人才资源的储备、挑选、推荐等方面专业过硬的招聘平台或人才服务机构，为投资企业吸引更多优质人才；二是积极搭建企智对接平台、资智对接平台，企业有更多展示机会，让资本和创业者对接更精准；三是组织企业批量参加线上和线下的校园招聘会，以深圳 CX 投集团的声誉为企业背书，为企业拓展招聘渠道，提高其招聘效率。通过这样的方式，深圳 CX 投集团能帮助已投公司招聘、培养一批高水平人才，进而助力企业发展。

(五) 党建加强与已投企业的联系

1. 运营管理的重要辅助工作——党组织建设

深圳 CX 投集团在短短几年内推动多家已投民企成立党组织，进而建立起与已投企业之间更深层次的联系，主要是因为其内部建立起了一套契合已投企业刚性需求的系统化的党建服务方案，如图 4-3 所示。凭借着集团内部国企已有的丰富的党建工作经验和健全的党建制度，深圳 CX 投集团为已投民企提供全流程的党建工作指导，加快了民企党组织成立的进程，并且在党组织成立之后，集团内部的投资团队和党支部联合相关监管部门及专业服务机构与民企党支部积极开展共建活动，在活动中进行经验输出与资源整合，推动集团已投企业高质量发展。

2. 以广州 KG 音乐为例

以其中一家已投企业——广州 KG 音乐公司为例。深圳 CX 投集团于 2012 年初次投资 KG 音乐，KG 音乐先后与 HY 音乐、QQ 音乐进行合并，2017 年更名为 TX 音乐娱乐集团，此间，深圳 CX 投集团又两次向其增资，助推其发展。2018 年 12 月 12 日上午（美国东部时间），TX 音乐娱乐集团在纽约证券交易所首发挂牌，成为深圳 CX 投集团 2018 年上市的第 8 家投资企业，也是成立以来在资本市场公开上市的第 143 家投资企业。① 2012～2018 年，每年的通货膨胀率分别为 2.62%、2.62%、1.92%、1.44%、2.00%、1.59%、2.07%②，那么排除通货膨胀的影响，集团该项投资的价值上涨了 272.68 倍，为集团带来了巨大的投资收益。

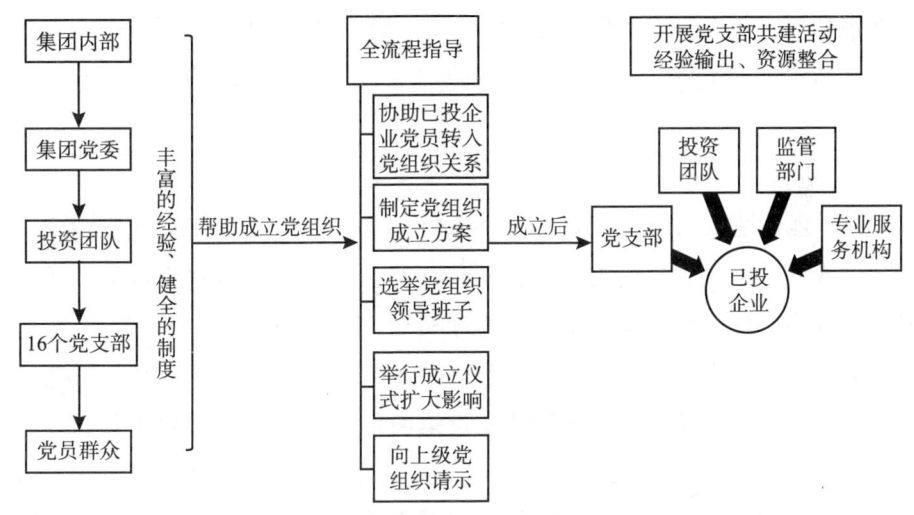

图 4-3　深圳 CX 投集团对已投企业的党建服务方案

这项投资能创造如此巨大的经济效益，除了资本支持以外，深圳 CX 投集团对 KG 音乐的投后运营管理起到了巨大的作用，其中党建工作的支持以及之后的资源整合工作起了重要的辅助作用。自 2012 年投资 KG 音乐一直到 2017 年 KG 音乐成功建立党组织，深圳 CX 投集团一直积极开展党建帮扶工作，具体来说：一是宣传输出。针对 KG 音乐作为互联网多媒体企业的特殊

---

① 美国东部时间 12 月 12 日上午，深圳市创新投资集团有限公司［EB/OL］. https：//guba.eastmoney.com/news，600635，810846487. html，2019-03-21.

② 轻轻杂谈. 近十年中国通货膨胀率分别是多少？［EB/OL］. https：//zhidao.baidu.com/question/1583196/23073526540. html，2022-01-17.

性，多次向其管理层宣传党组织在政治引领、把关定向、文化建设、员工关系管理等方面的特殊优势和作用。二是制度输出。以集团《党建工作手册》《党支部组织生活手册》为参考，主动帮助 KG 音乐制定党支部设立方案、支部领导班子选举办法、"三会一课"制度等。三是经验输出。积极分享国企党建工作经验和方式方法，帮助 KG 音乐选拔培训党务干部，建立党建工作干部队伍。四是服务输出。与 KG 音乐开展共建活动，扩大投后运营的渠道和载体，为其发展提供全方位、有针对性的服务输出。这一系列工作推动了广州 KG 音乐的党建工作顺利开展，更重要的是让深圳 CX 投集团与其联系更加密切，方便了集团的投后运营管理，最终使得该项投资取得成功。

3. 吸纳人才

除了能创造巨大的经济效益之外，好的党组织建设工作也能吸引更多人才进入党组织，创造更大的社会价值，符合地方国有资本投资运营平台的企业社会责任。深圳 CX 投集团累计实现 213 家被投企业上市。其中绝大部分中小企业未成立党组织，党员无法正常进行组织生活，也无法吸纳优秀人才加入党的队伍。而深圳 CX 投集团优秀的党组织建设工作，使得 44 家已投民企成立了党组织，方便更多优秀人才加入党，也让党组织的政治引领作用和党员的先锋模范作用得以发挥，产生了巨大的社会效益。总之，深化国有企业改革的重要举措之一是要以"管资本"为主完善国有资本授权经营体制改革，改组组建国投公司。因此，国投公司的发展是其中关键，而公司的投资战略是公司发展的重要因素。本书以深圳 CX 投集团为例，研究其投资战略，深入挖掘其创新之处，总结归纳，得出以下结论。

首先，要选择适合的投资对象。国有资本投资运营平台可以选择以成长期项目、硬科技企业为主要投资对象。一方面，投资成长型企业为主，有利于分散风险，形成合理的投资组合，有利于追求风险最小化和收益最大化的目标；另一方面，投资硬科技企业不仅可以实现经济目标，更能实现企业的社会责任，国有资本投资运营平台应该运用自己的行业投资经验，助力硬科技企业高质量发展，进而提高国家的核心竞争力以及人民的生活质量。

其次，要有正确的投资决策方法与机制。主要体现在四个方面：一是国有资本投资运营平台可以对优质的投资项目重金投入、长期持有，以此获得高额回报。二是平台可以采取多轮投资的方式，对看好的企业持续投资，长期助力企业发展，谋取更高的投资回报。需要注意的是，前两点都需要以多年的行业投资经验以及各领域的专业能力为基础，才能较为准确地识别优质的项目、企业。三是平台在选择投资之前，要做好充足的准备工作，首先要预测整个行业的发展状况，绘制行业图谱、研究行业发展规律，再发掘出行业的投资机会，最后形成投资逻辑。这样的投资寻找出来的投资方向会更加科学。四是平台要做好基金管理工作，可以运用分级决策的方式减轻平台工作量负担，提高决策效率。

最后，要做好投后运营管理工作。做好投后运营管理工作是建立平台型机构、打造良好投资生态的前提。投资平台要重视投后运营管理，可以通过参加路演活动、协调获得银行贷款等方式帮助已投企业拓展融资渠道；可以通过搭建沟通平台、介绍采购客户、参与已投企业的市场策划等方式帮助已投企业之间实现产业对接、加大企业宣传、拓展销售渠道；可以通过培训、开展座谈会、推荐中介机构等方式，抓住资本市场改革的机遇，助力已投企业完成上市，同时也能加快已投资本的回收；可以通过人才基金项目路演、组织招聘会、对接猎头公司、举办培训活动等方式，为企业寻找、培养更多优秀人才，为企业成功发展奠定基础。除此之外，党组织建设工作可以有效辅助投后运营管理的顺利实施。国有资本投资运营平台可以利用平台的便利，运用自身丰富的党建工作经验以及健全的制度，为已投企业提供党建服务，积极引领已投民企成立党组织，组织所属各支部与已投民企开展共建活动，以党建赋能民企创新发展，助力企业实现经济效益的同时实现社会效益。

第二节　ZL 集团案例研究

ZL 集团①建立于新中国成立时，在政府政策的指导下，ZL 集团始终如一地进行资本配置的改革。ZL 集团组建国有资本投资公司体系分四个层次，第一个层次是国务院国资委；第二个层次是 ZL 集团有限公司；第三个层次是产业板块上市公司；第四个层次是业务模块下属子公司。ZL 集团对这四个层次进行了资本配置，如图 4-4 所示。

图 4-4　ZL 集团国有资本投资公司体系

第一个层次是国务院国资委：国资委是国企的掌舵者，是国有资本的出资人，国资委全盘对 ZL 集团全盘控股，对其进行指导与监督。

---

① ZL 集团有限公司是全球领先的全产业链粮油食品企业，2016 年 1.5 亿吨的年经营量位居全球行业领先，总资产排名全球行业第一、总营收排名全球行业第三。ZL 集团有限公司是中国领先的农产品、食品领域多元化产品和服务供应商，致力于打造从田间到餐桌的全产业链粮油食品企业，建设全服务链的城市综合体。面对世界经济一体化的发展态势，ZL 集团不断加强与全球业务伙伴在农产品、粮油食品、番茄果蔬、饮料、酒业、糖业、饲料、肉食以及生物质能源、地产酒店、金融等领域的广泛合作。凭借其良好的经营业绩，ZL 集团持续名列美国《财富》杂志全球企业 500 强，居中国食品工业百强之首。

第二个层次是 ZL 集团有限公司：ZL 集团担任着承上启下的角色，它需要对国资委的指导进行传达和理解，同时又需要对旗下子公司进行战略规划和方向指导，提高国有资本配置效率。

第三个层次及第四个层次是产业板块的上市公司和子公司：ZL 集团的资本配置分为两大层面，将业务板块分拆上市，进行专业化、具体化、独立化的生产经营，争取在各自行业取得领先地位。

2014 年 7 月，国资委启动的"四项试点"改革——即以 ZL 集团及国开投为代表的国有资本投资公司试点，它既是国有企业改革的具体落实，又象征着国有企业改革的进一步发展（见图 4-5）。

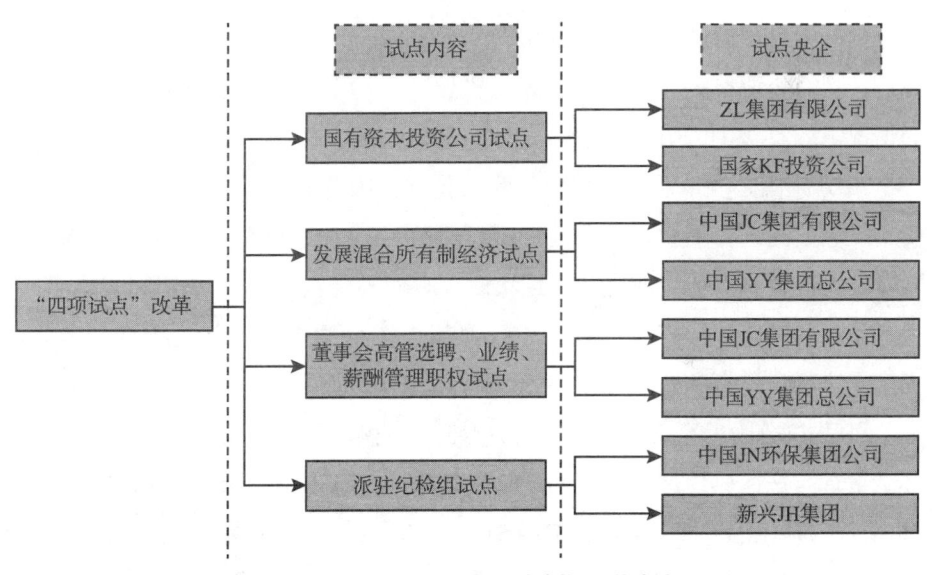

```
"四项试点"改革
├── 国有资本投资公司试点
│   ├── ZL集团有限公司
│   └── 国家KF投资公司
├── 发展混合所有制经济试点
│   ├── 中国JC集团有限公司
│   └── 中国YY集团总公司
├── 董事会高管选聘、业绩、薪酬管理职权试点
│   ├── 中国JC集团有限公司
│   └── 中国YY集团总公司
└── 派驻纪检组试点
    ├── 中国JN环保集团公司
    └── 新兴JH集团
```

图 4-5　ZL 集团"四项试点"改革内容

我国的资本管理模式一直是管人管事管资产，市场没有自由竞争，因此我们可以对"淡马锡"模式进行学习和借鉴。借鉴新加坡淡马锡控股公司的管理模式，成立专业化子公司对各行各业进行投资管理。对于夕阳产业将投入资本退出或将企业进行转型；对国家基础性民生产业按国家政策的指导进行有序进退；对有潜力的行业进行投资。

"控股公司"是 ZL 集团采用最多的管理模式。这种模式下,ZL 集团对其投资的实业公司资本运作进行指导,不涉及具体业务的经营。粮食产业是一个国家的基础性产业,是基础性民生领域,对粮食产业的改革影响意义重大。ZL 集团是我国粮食产业龙头企业,稳居世界 500 强。它的改革模式具有代表性,可以给大多数国有企业提供参考借鉴。

一、ZL 集团国有资本投资公司案例描述

新一轮的国企改革由党的十八届三中全会提出并启动,在国家的推动下国有资本投资、运营公司的试点大面积展开。ZL 集团跟随改革的脚步,深化企业内部管理,由原来的管人管事转为管资本,对企业放权,成立专业化子公司,提高企业市场竞争力和资源配置效率。在全球经济萧条粮油市场低迷的情况下,ZL 集团 2016 年总利润高达 61.5 亿元,超额完成企业预算。

2016 年国企改革总方案出台,为深化推进国企的改革,国资委针对国有资本投资公司进行授权,帮助国企更好的发展。ZL 集团作为第一批国有资本投资公司改革试点的企业之一,这次改革自然不会错过,ZL 集团在资本管理上有了新的突破,以资本管理为主,对旗下子公司进行宏观上指导和监管,提高了市场竞争力和企业独立性。

ZL 集团分为七个部门,分别为办公厅、战略投资部、财务部、人力资源部、审计与法律风控部、监察部、党群工作部。ZL 集团下属单位有 ZL 国际、ZL 粮谷、ZL 糖业、ZL 酒业、中国茶叶、ZL 包装、ZL 贸易、ZL 生化、中国 ZF、ZK 饮料、MN 乳业、ZL 资本、ZL 油脂、ZL 饲料、ZL 工科、ZL 肉食、ZL 置地、WM 网等。ZL 集团作为投资控股企业旗下拥有十一家上市公司,包括中国 SP、ZL 控股、MN 乳业、ZL 包装、DY 城地产、ZL 肉食、FT 实业七家香港上市公司,以及 ZL 屯河、JGJ 公司、ZL 地产、ZL 生化四家内地公司。本节节选 ZL 集团旗下六家上市子公司进行分析。

ZL 集团是 ZL 控股最主要的股东之一,2018 年对其持股 58.02%;对中国 SP 持股 74.1%;对 ZL 地产常年持股 45.67% 不变;对 DY 城地产控股

66.83%；JGJ 公司 31% 的股份被 ZH 有限公司持有，ZL 集团收购 ZH 有限公司间接持有 JGJ 公司的股份，成为 JGJ 公司的实际控制人；ZL 生化是 ZL 集团附属公司 DY 香港有限公司控股的公司，ZL 集团间接持有 ZL 生化 15.76% 的股份。在 ZL 集团的带领下，各子公司都取得了不同程度的效益，现用总资产收益率来分析各公司的盈利能力（见表 4-2）。

表 4-2　　　　　　　各子公司总资产收益率　　　　　　　单位：%

公司名称	2014 年	2015 年	2016 年
中国 LY	-0.96	-0.46	2.04
中国 SP	-1.15	0.45	3.05
ZL 地产	2.08	1.97	2.29
DY 城地产	3.55	1.05	1.03
JGJ 公司	-4.84	3.38	4.18
ZL 生化	0.47	-23.90	2.40

资料来源：各公司官网。

由表 4-2 可知，农产品行业总资产收益率在 2014~2016 年基本呈增长趋势。中国 LY、中国 SP 在 2014~2016 年收益率增长成正比，甚至从负的收益率增长到 2%~3%，其中，中国 SP 收益率增长最为明显。ZL 地产收益率稳定在 2% 左右，企业盈利较稳定且持久；可 DY 城地产虽在盈利，可收益率却从 3.55% 下滑到 1.03%。JGJ 公司经过一系列改革总资产收益率从 2014 年的 -4.84% 上升到 2015 年的 3.38%，2016 年总资产收益率达到 4.18%，改革以来企业的盈利能力越来越强。ZL 生化的总资产收益率由 2014 年的 0.47% 突然下降到 2015 年的 -23.90%，不过 2016 年又回归正常，总资产收益率为 2.40%。

二、粮油类公司资本配置效率分析

（一）粮油类公司资本配置效率分析

中国 LY 在 2014~2016 年收益率增长成正比，由 2014 年的 -0.96% 收益率稳步增长到 2016 年的 2.04%；ZL 生化收益率波动较大，2015 年收益率突然下降到了 -23.90%，不过 2016 又恢复了正的收益率 2.40%。在国内产能过剩格局下，农产品综合盈利空间薄弱，但中国主要农产品消费和农业发展仍处于增长阶段。粮油行业受国家相关政策、市场需求、价格等多种原因的影响，盈利能力波动较大，给粮油行业及其下游行业相关企业带来了机遇和挑战。随着国内粮油行业生产企业数量的增加，高标准高规格的企业也越来越多，各企业之间竞争更为激烈。

中国 LY 总市值 186 亿元，行业排名第二，股东权益、净利润、总营业收入皆处于行业第一，总体来说处于行业领先地位，又有 ZL 集团作为后盾提供健全的管理模式和运营渠道，公司经营业绩稳步提升，营业收入每年稳步增加，营业成本控制在一定范围之内，所以盈利能力增强，总资产收益率逐年增加。ZL 生化 2015 年收益率突然下降到 -23.90%，从公司披露的财务报表中看出归属经营活动净利润亏损 14.9 亿元，2015 年 ZL 生化的营业利润为 -154 765 万元，相较于 2014 年营业利润下降了 149 055 万元，波动幅度较大，企业盈利能力不稳定且下滑。从公司利润表得出，2015 年 ZL 生化的营业成本较 2014 年变化不大，但是其营业收入较 2014 年有了较大的下滑，这是影响其营业利润的核心原因。营业收入减少的原因是国家指令性计划产品燃料乙醇价格受成品油价格大幅度下跌以及国家对产品补贴政策和增值税政策调整影响，价格全年持续在低价区域徘徊，年均销售单价比 2014 年下降约 1 468 元/吨，乙醇的营业收入同比减少 5.01 亿元，严重影响年度经营业绩。柠檬酸、赖氨酸等产品属于食品添加剂和饲料添加剂行业，在国内外经济增长缓慢的大趋势下，产品前期大范围扩张导致行业产能过剩，从而使产品价格竞争激烈持续低位,年均销售单价较2014年下降约387元/吨,621吨/元,导致销售利润大幅度下降25%。同时存货有所降低,公司搬迁所造成的固定资产减值也是影响原因之一。ZL生化2015年盈利能力较差的原因就是公司2015年受大环境的影响整体销售业绩下滑,应该优化ZL生化产品结构,提高公司产品抗风险能力;加强公司内部控制,降低公司的生产成本;优化资本配置,使资产负债率水平在合适的范围,提高资产效率。

中国LY是中国领先综合农产品及食品加工企业,在全产业链模式下,将各种农作物等组织起来,实现粮油食品生产链从种植到销售的一条龙。通过打造全产业链,把运输能力、产品加工能力、自主创新能力、销售能力结合,提高了企业的竞争力,履行了社会义务,为社会提供有附加值的服务。从产品销售到成本控制都做得非常好,使得该公司的总资产收益率不断增长。

ZL生化是我国农产品产业化的领头企业,在生化领域具有深加工优势,燃料乙醇产业属于生物能源行业,是我国新兴产业之一,对空气污染、水污染控制有正面的战略意义。未来,公司将玉米及非粮(木薯)燃料乙醇产业结合ZL集团的生物能源技术、原料、市场等综合优势,在国家对燃料乙醇产业的指导下,加大力度对非粮燃料乙醇的技术研发,为治理雾霾、大气环境及推动可再生能源发展作出贡献。综合来看,ZL生化的行业发展前景不错。

(二)食品类公司资本配置效率分析

根据各公司披露的财务报表所示,中国SP总资产收益率由2014年-1.15%增长至2015年0.45%,2016年快速增长至3.05%。JGJ公司被ZL集团实际控制之后总资产收益率从2014年的-4.84%上升至3.38%,2016年总资产收益率达4.18%。在2015年中国企业500强排行榜中,中国SP位居244位[①]。在营业收入稳定的情况下,中国SP很好地控制着生产成本

---

① 财富中文网.2015年财富中国500强分行业榜:食品饮料[EB/OL]. https://www.fortunechina.com/fortune500/c/2015-07/08/content242869.htm,2015-07-08.

以及相关费用，净利润由 2014 年的 27 207 000 元增长到了 2016 年的 743 835 000 元，翻了 27.34 倍，总资产收益率增长了 4.2%。在白酒行业受政策冲击下，JGJ 公司相继出现塑化剂超标和存款被盗事件，股价直线下跌一倍以上，经过三年的低迷，面临退市风险的警示。JGJ 公司推陈出新，变革营销方式，巨额亏损局面才得以扭转，公司经过一系列改革使总资产收益率从 2014 年的 -4.84% 上升到 3.38%，2016 年总资产收益率达 4.18%，由此可见，公司改革以来企业的盈利能力越来越强，企业管理水平提高。2015 年白酒行业基本面见底的预期正在逐渐确定，白酒行业 2015 年整体将呈现弱复苏的趋势，其后将进入稳步高速发展阶段。2015 年，ZL 集团成为公司实际控制人，在改革转型时期，ZL 集团管理层入驻，启动多项改革措施，重建营销团队并利用 ZL 集团销售渠道、主推销酒鬼系列、优化管理层与销售团队激励机制等，结构升级明显，经过两年的调整与适应预计 2017 年可加速增长。

多年来，在湖南省政府的支持下，公司成为湖南省农业产业化龙头企业；"酒鬼""湘泉"是"中国驰名商标"，JGJ 成为"中国地理标志产品"使品牌价值大幅提升；2016 年第八届"华樽杯"评定 JGJ 品牌价值以 204.51 亿元列酒类品牌第 19 位，白酒类品牌第 13 位，相比于 2013 年 JGJ 品牌价值 81.15 亿元增长了 152.01%。ZL 集团有着丰富的销售经验、优秀的管理人才和成熟的产业链能够为 JGJ 公司规划合理的战略目标。

三、地产类公司资本配置效率分析

在中国房地产行业转型的大趋势下，两家房地产公司所呈现的总资产收益率趋势不一样。根据 ZL 地产披露的财务报表所示，ZL 地产收益率自 2010 年起稳定在 2% 上下，企业盈利较稳定且持久；可 DY 城地产虽在盈利，收益率却从 2021 年的 3.55% 下滑至 2022 年的 1.03%。房地产行业是中国支柱型产业，现处于转型调控阶段，未来将走向正规化，房地产将逐渐走向稳定、正规化、大规模的企业逐渐稳定增加，小规模企业将退出市场。

2016年，ZL地产全年实现营业收入180.25亿元，较上年增长31.34%，主要是2016年住宅项目结转面积同比增加；2016年企业利润总额为22.34亿元，比2015年增长了72.22%；企业净利润为7.20亿元，较上年增长10.89%；归属于上市公司股东的扣除非经常性损益的净利润5.04亿元，较上年增长1 475.95%；基本每股收益0.40元，较上年增长11.11%；经营活动产生的现金流量净额68.38亿元，较上年增长543.86%；截至2016年12月31日，公司总资产612.77亿元，较上年末增长7.46%，主要是2016年住宅项目销售回款、应收联营合营企业往来款项增加等；公司所有者权益112.88亿元，较上年末增长0.47%；加权平均净资产收益率11.61%，较上年增加1.16个百分点。ZL地产规模大、经济管理水平高，且营业渠道成熟，盈利能力越来越强。[①]

DY城地产（ZL集团旗下）总收益由2013年68.09亿元下降至2014年57.12亿元。毛利润由2013年36.70亿元下降至2014年33.90亿元，下滑8.00%。销售收入没有上升，但销售成本却出现了低幅增长。营业收入为57.13亿元，同比下降16.10%。年度溢利为19.47亿元，同比下降45.00%。净利润为16.73亿元，同比下降46.30%。受到投资物业公平值预期下降和新开项目的影响，DY城地产2014年度综合盈利较2013年度下跌45.00%~50.00%。集团投资物业公平值预期增幅的下降是营业利润下降的主要原因。这表明DY城地产没有对预期市场做好正确的评估，没有贴合实际的企业战略，建议重新规划发展战略并考虑战略转型，毕竟同为房地产行业需要有创新的东西才能提高企业竞争力。[②]

ZL地产是一家房地产开发上市企业，具有全国性、综合性。ZL地产近几年取得了长期发展，公司总资产自2012年超过450亿元，总的来看，公司积极开发房地产业务取得良好的成绩。企业的主营业务不断增长，业绩增长符合战略规划。基于对ZL集团分析得出以下结论：2015年，中国LY总市值186亿元，股东权益、净利润、总营业收入皆处于行业第一，是行业的领头

---

①② 数据来源于ZL地产（集团）股份有限公司2016年度报告。

企业，又有 ZL 集团作为后盾提供健全的管理模式和运营渠道，在农产品行业增长的大趋势下中国 LY 值得持续投资。粮油类公司虽然盈利能力不稳定甚至可能出现亏损但它是我国农产品产业化的领头企业，是我国新兴产业之一，在国家的政策支持下 ZL 生化的行业发展前景不错，值得持续投资。ZL 集团作为 JGJ 公司的操盘人，有着成熟的产业链整合方法，能够为 JGJ 公司规划合理的战略目标，拥有 ZL 集团各种资源，能使 JGJ 公司更好的发展，白酒行业 2015 年整体将呈现弱复苏的趋势，其后将稳步高速发展，所以保持原先的投资份额即可。从长远利益来看，ZL 地产值得长期投资。同属于房地产行业的 DY 城地产规模较小，不能抵抗市场风险，战略规划不完整，发展不稳定。所以对于 DY 城地产可以考虑减少投资或者重新规划战略和企业转型。总而言之，要想国有资本投资公司的资本配置效率提高就要有序的进退不同产业，对衰退期产业进行退出，对新兴行业和有发展潜力的行业进行投资。

第三节　GT 集团案例研究

2014 年 7 月，GT 集团被确定为首批国有资本投资公司改革试点，2022 年 6 月正式转为国有资本投资公司。GT 集团注册资本 338 亿元，截至 2021 年末，集团资产总额 7 664 亿元，员工约 5 万人。2021 年集团实现营业总收入 1 945 亿元，利润总额 461 亿元，连续 18 年在国务院国资委经营业绩考核中荣获 A 级。[①]

一、GT 集团产业投资变化案例描述

2014 年，针对国有化资本投资公司试点转变，基于其持股公司的要求，根据党的十八届三中全会对国有化资本投资 GT 集团的定位，与中央企业重

---

① 资料来源：国家 KF 投资集团有限公司官网及国务院国有资产监督管理委员会官网。

组综合产业板块之间的投资方向，升级资本配置，加强国有投资公司对金融和国际两个板块的投资，优化市场化管理并将其作为重点，深化混合所有制相关制度的改革（见表4-3）。为了让优质的国有资本能够有效地投入一些国内重要的产业以让国内经济良好发展，需要将其引入一些国家战略性产业。

表4-3　　　　2011~2014年GT集团三大产业资产占比情况　　　　单位：%

业务种类	2011年	2012年	2013年	2014年
国内实业	81.73	78.89	79.37	76.99
金融服务业	11.60	13.74	15.98	16.59
国际业务	5.45	5.34	5.56	5.67

资料来源：GT集团公开资料。

集团对其控股公司进行了许多战略调整和布局，优化了之前不景气的投资项目，将其转型，然后引导经济发展，对行业核心渠道和方向进行变革，重点基础设施集中，把握发展性和全局性这一策略部署，将原来的框架逐渐转变为金融服务业和一些部分国际业务，以此作为企业的基础；部署以全局性和发展性为核心；涉及高新技术产业，囊括了金融和服务在内的全数战略计划。改进部署全新具备发展潜质的战略计划，加强和优化国内的综合配置效率。此外，GT集团进行了一系列改革和调整并对优质产业进行投资，以便增强公司的配置效率，其主要以四个板块为主（见图4-6）。

（一）拓展优质战略性产业

GT集团优先发展优质的战略性板块项目，最常见的是依托控股众筹投资这一最新金融融资手段，将主要的人力物力财力集中在新生行业当中。据了解，单基金这一块衍生的资金链，数额已非常可观。自2015年以来，企业带头设立基金，规模将近200亿元[①]，重点用于投资部分未来产业，包括节能

---

① 资料来源：GT集团公开资料。

汽车等交通运输业、制造业等优秀领域，为国家发展摸索道路。通过建立优质的战略性产业，使得 GT 集团在产业框架上发生了根本性的变化，从最初的三个板块变为现在的四个板块。GT 集团最常见的融资方式是依托控股众筹投资，所融资金主要投资于新生行业。最终让整体表现出多元化的发展。

国内实业	金融及服务业	国际业务
电力	金融服务	境外投资
煤炭	资产管理	国际工程承包
交通	咨询服务	国际贸易
高科技	创投业务	
	社会事业	

↓ 调整产业框架

基础产业	前瞻性战略性产业	金融及服务业	国际业务
电力	先进制造业	金融	境外投资
矿产资源开发	城市环保	资产管理	国际工程承包
交通	生物质能源	咨询服务	国际贸易
投建一批关系国计民生和国家经济命脉，有影响力、有带动力的项目	发挥国有投资控股公司的投资导向功能	实现投资控股公司使命的重要功能和手段	建设国际贸易平台，打造国际一流投资控股公司

图 4-6　GT 集团产业框架变化

（二）GT 集团的国际业务布局

国际业务发展的重点在于国外前瞻性产业板块的投资布局，包括国际经济与贸易，在这方面来说其发挥主要作用的是其上市控股公司 ZC 股份。虽然从目前来看国际业务板块在集团层面来说比重不大，但是一直在努力进行发展和实践。在近几年的实践过程中，利用现代化管理体制在改革过程中的作用，发挥其中枢架构组成部分的效应，达成最终的各项性能和动因对探索的引导作用。作为国有企业，需要带动国有资本流入涉及核心部门和行业等重要基本领域。同时，要实现国有资本的保值增值，以现有的基础板块为前提，保证各项资源的效率达到最优状态，并同时将资本配置效率达到最佳，保证其布局在资本市场中占到重要地位，并让国投资本带动企业的发展。

二、GT集团资本配置效率分析

（一）产业板块资本优化配置过程

2014年7月中旬，ZF投资与AX证券进行了新一轮优化整合，其通过处理公司内部资产负债和股东权益等方式，全额投资了AX股份，在12月初，此次重组投资业务申请获得证监会的受理。2015年4月，通过这两家企业的合作和沟通，吸收合并成为一家全新的子公司。这次集团内部重组改革使优质资产得以充分利用，同时使制造业企业得以成功转型，保证企业相关利益和经营业务稳定提升。AX证券成立于2006年，在整体布局上，更多依赖于经纪业务。2013年12月27日，GT集团以95亿元收购了AX证券57.25%的股权，成为其控股股东。控股合并AX证券增强了GT集团金融板块竞争能力和整体实力，对保证资本在股份制企业的发言权、发挥资本最佳效益、保障整体战略计划有高度促进作用。资本配置的优化依据见表4-4。

表4-4　　　　　　　　中纺投资盈利情况　　　　　　　　单位：万元

盈利情况	2012年	2013年	2014年
净利润	510.10	632.65	619.13
扣除非经常性损益的净利润	-421.77	398.43	-320.04

资料来源：锐思数据库。

ZF投资通过给GT集团发行非公开股票使其成为子公司，而GT集团则相对应地向 ZF 投资注入 AX 证券的相关股份，之后其他 13 家股东股份也和 ZF 投资进行合并向其发行相应股份，还有 9 家符合条件的投资方直接向其投入 60 亿元资产，但不超过本次交易总额的 25%，通过这一系列整合，最后实现了 AX 证券的整体上市，其过程包括换股合并和筹集资金两部分组成。

通过 ZF 投资与 AX 证券之间的优化配置最后达到换股合并，GT 集团将 AX 证券注入上市公司，集团进行优化配置现有资源，增强了集团整体的经营能力。资产新一轮的融合，借助最基础的融资操作，保证资金高度运转，补充在扩张过程中的不当之处，同样，此举动也利于发挥在市场运转中的胜势。

此次改革过程中，GT 集团独立市场主体，遵循有效性基本原则，通过改革建立和提高管理体制，将原本权力集中的董事会逐渐分权给其他独立董事，从而使运营效率得到了一定的优化配置。2011 年，集团作为国家的一个试点单位，逐渐形成了一个相对完善的框架，成为适应其公司特点的董事会运作方式，从 2014 年成为改革试点以来，集团就开始对其控股上市公司的董事会和监事会做了较大的改革，目的是能让独立董事会能够真正地发挥其重要作用以提高公司效率。

（二）GT 集团资本配置效率分析

GT 集团控股的 8 家上市公司中有 6 家在内地上市，1 家在新加坡上市，1 家在中国香港上市。其中，中国 TR 担保股份有限公司（以下简称"中 TR"）是第一家央企直接控股的，并于 2015 年 12 月在新三板挂牌上市。从集团产业布局与上市公司所属行业来看，GT 电力和 GT 新集 2 家属于基础行业，GT 中鲁与 ZX 果业 2 家在集团层面来说在资产和效益方面占据十分重要的地位。因为考虑到 HL 国际与 ZX 果业规模较小，中 TR 挂牌上市时间较短，主要对 GT 集团旗下三家在主板上市的公司分析，如表 4-5 所示。

根据表 4-5 中数据结构分析可得知，3 家上市公司资产规模间存在较大差距。作为 GT 集团电力业务集中运营的国家业务，其资产相对来说是占比最大的。ZC 股份规模资产约 20 亿元，相对不占很大比例。2014 年，集团向

GT安信的金融业务注入部分优质资产，使其规模大幅扩大。GT电力大力建设水电和其他环保能源来优化业务结构，剥离低效的火电能源。在该集团全国业务发展的背景下，集团逐步扩大其业务范围，建立更多的海外投资项目来发展公司的重点项目。2015年本集团注入优质资产，使其主要业务由纺织业向金融业转变。从表4-6中我们可以看到该集团控股的上市公司GT安信在2016年净资产收益率有了很大改善。

表4-5　　　　　　　GT集团控股上市公司控股比例

公司名称	数据结构	2011年	2012年	2013年	2014年	2015年
GT电力	资产总额（亿元）	1 209.11	1 458.96	1 595.93	1 737.51	1 835.44
	控股比例（%）	61.60	61.76	51.26	51.26	51.34
ZC股份	资产总额（亿元）	11.85	16.66	24.9	29.2	24.16
	控股比例（%）	48.09	50.09	50.09	47.72	45.80
GT安信	资产总额（亿元）	13.54	17.28	54.78	951.2	1 411.41
	控股比例（%）	35.99	35.99	35.99	35.99	46.18

资料来源：各上市公司年度报告。

表4-6　　　　　　GT集团控股上市公司净资产收益率　　　　　单位：%

公司名称	2011年	2012年	2013年	2014年	2015年	2016年
ZC股份	0.88	-1.27	4.95	9.89	11.75	13.54
GT安信	3.79	2.94	0.87	1.99	1.30	33.47
GT电力	5.48	2.56	8.71	21.33	26.89	21.90

资料来源：GT集团公开资料。

通过表4-7可以看出，三家GT集团控股的上市公司各财务指标也有较大差异，从资产报酬率来看，ZC股份在2013年资产报酬率达到峰值，之后几年里逐渐下降，而GT安信作为一家金融投资公司在2015年达到峰值，但在2016年效益开始下滑，GT电力在2014年达到了10.2532%，并且从这三家上市公司看来，GT 电力的平均资产报酬率是最高的，资产报酬率是用以评价企业全部资产的总体获利能力，是评价企业资产运营效率的重要指标。因此，GT 电力在这几年里在增加收入、节约资金使用等方面取得了良好的效果。从资产净利率来看，ZC 股份在 2011 年为负值，说明当时效益并不好甚至出现了亏损，之后才逐渐有所好转，而 GT 安信的平均资产净利率在这三家看来是最低的，GT 电力从 2011 年至 2016 年未出现过亏损，平均资产净利率也是最高的，资产净利率反映的是公司运用全部资产所获得利润的水平，指标越高说明公司投入产出的水平越高，资产运营越有效，成本费用的控制水平越高，也从侧面反映出企业管理水平的高低。从投入资本回报率方面来看，投入资本回报率是用来评估一个公司历史绩效的指标，主要用于衡量投出资金的使用效率，从这三家上市公司来看，GT 安信在 2015 年达到峰值 12.3514%，但是其平均值为 4.7421%，而 GT 电力的平均值为 7.6593%，ZC 股份的平均值为 5.7604%，对于投出资金的使用效率国投电力依然表现较为突出。

表 4-7　　　　　　　　　　　资本配置效率分析表

公司名称	截止日期	资产报酬率（%）	资产净利率（%）	投入资本回报率（%）
ZC 股份	2011-12-31	-2.6105	-0.9551	-2.5566
	2012-12-31	3.3872	3.0937	3.7780
	2013-12-31	6.3611	4.4539	8.6919
	2014-12-31	5.9370	4.1665	10.4537
	2015-12-31	4.2177	5.0351	9.0082
	2016-12-31	3.0391	4.4994	5.1875
GT 安信	2011-12-31	3.0176	1.4569	3.5852
	2012-12-31	2.1671	0.3314	2.1841
	2013-12-31	2.0864	0.3290	2.4944
	2014-12-31	1.9422	0.2579	3.0381
	2015-12-31	5.1691	6.5372	12.3514
	2016-12-31	2.5526	1.9063	4.7993

续表

公司名称	截止日期	资产报酬率（%）	资产净利率（%）	投入资本回报率（%）
GT 电力	2011-12-31	2.9636	0.6056	2.4490
	2012-12-31	3.9638	1.4890	4.2467
	2013-12-31	7.2170	3.8480	7.9706
	2014-12-31	10.2532	6.1180	11.7749
	2015-12-31	9.3876	5.6730	11.1151
	2016-12-31	7.1660	4.0635	8.3994

资料来源：GT 集团公开资料。

资产价值方面，2012~2016 年 GT 集团资产总额从 2 768.39 亿元增值 4 954.29 亿元，5 年增长幅度为 78.96%。其中，根据 GT 集团披露的财务报表所示。逐年分析，2014~2015 年资产增长率最高，为 32.63%，这表示在 2015 年企业提高配置效率的效果较为显著。2012~2016 年，所有者权益从 854.16 亿元增至 1 410.99 亿元，增长幅度为 65.19%。GT 集团资产保值增值率常年来也在 100% 以上，2014 年以来逐年升高，在集团层面拥有很强的价值成长性。

盈利能力方面，2012~2016 年，主营业务收入从 773.81 亿元增至 1 155 亿元，利润总额从 94.77 亿元增至 165.13 亿元，5 年来盈利能力逐年提升。2014 年利润总额突破了 50 亿元，并在 2016 年利润总额突破 150 亿元，创下历史上最好的经营业绩。这说明集团拥有很大的提升空间。[①]

综上所述，GT 集团的资本配置优化取得了良好的效应。在集团层面，2013 年集团规模扩增最大，2016 年实现了优秀的业绩。在上市公司层面，进行资本优化配置后上市公司的业绩和价值有所提升。而且，在三家上市公司里，GT 电力的资本配置效率表现最为优秀。总之，GT 集团一系列资本优化配置方案，在上市公司层面效果较为明显。2014 年集团规模迅速扩大，2015

---

① 资料来源：GT 集团公开资料。

年实现了史上最好业绩,并在 2016 年发展趋势较为稳定。单就上市这一角度来看,进行资本优化升级后对集团的利润创造和经营目标的实现均有极大的帮助。然而,集团还没有充分利用上市公司这一助力。将来可以通过优化管理这一途径,将现存稳定资金注入优质方案等方式提高集团证券化率,以此达成上市公司目标。

第五章　混合所有制改革的经济影响之一：地方政府多元化诉求与国有企业投资实证研究

第一节　混合所有制改革与地方政府多元化诉求

伴随着国有资本体制的变革与我国经济转型的局面，加上制度与监管的不完善使得隐性市场产生，国有资本特别是地方国有资本的配置效率降低。本章在已有研究的基础上重新定义隐性市场，分析了隐性市场资本配置的行为和特征，从多个角度解释了国有企业与其他主体之间隐性市场产生的原因，最后剖析了制度与市场交替是如何作用于隐性市场资本配置的，得出国有资本的体制改革就是隐性市场不断显性化的过程的规律。国有企业要推动实现高质量发展，加快培育具有全球竞争力的一流产业，其中的重点就是要解决资本管理的问题，而资本管理的关键在于资本配置。如何合理地实现国有资本配置，降低资本错配和资本流失的情况，务必通过制度与市场的规范融合，减少隐性市场的行为，最终实现国有企业的做大做优做强。

国有资本管理体制改革的主要措施是混合所有制改革。国有企业是市场经济的重要组成部分，在社会主义市场经济中发挥主导作用。在特定的理论、历史和现实条件下，国有企业对恢复国民经济、实现经济结构战略性调整、完善工业体系、保障民生稳定就业、应对新冠疫情等社会危机等方面发挥出了重要作用。因此，国有企业一定程度上承担了地方政府诉求。

中国混合所有制改革已有 30 多年的发展历程。参考现有学者对混合所有制改革历程的研究，根据研究时点和数据来源，本章选取国家社会科学基金重点项目资助下何瑛教授的混合所有制改革历程研究成果，将其梳理形成表 5-1，根据何瑛教授（2022）的研究内容，混合所有制改革可以划分为以下四个阶段。

表 5-1　　　　　　　　　　混合所有制改革发展历程

阶段	时间	改革内容
第一阶段："形式"混合阶段	1978~1992 年	侧重于推动企业所有权与经营权相分离，扩大国有企业经营自主权，我国企业所有制呈现"公有为主体，多种经济成分并存"的局面
第二阶段："资本"混合阶段	1992~2003 年	1992 年，党的十四大提出建立社会主义市场经济体制的目标，国企经济效益快速增长，改革也愈加大刀阔斧，重点呈现股权方面引入非国有资本股权，然而国有资本与民营资本协同还未充分发挥效果，混合多元股权优势不是很显著
第三阶段："产权"混合阶段	2003~2013 年	混改侧重避免国有资产流失，更注重混合所有的产权结构能否发挥提高企业效率的积极作用，不再简单停留在股权多元层面
第四阶段："机制"混合阶段	2013 年至今	供给侧结构性改革促使民营企业发展向高端迈进，非国有经济体质量得到提升的同时在市场中的地位也在提升，改革注重引入战略投资者，并从公司治理角度将产权混合与多种改革维度相结合，体现出"机制混合"的特点

由于财政分权和以 GDP 增长为核心的晋升机制的存在，导致地区政府具有强烈的发展本地经济的动机。地方产业政策、经济规划、资本布局、政府补助等政府干预行为会通过隐性资本市场影响到国有投资公司资本配置行为：（1）国有投资公司承担政策性负担和社会福利的功能，在进行国有资本配置方面不只是投资盈利性强、发展潜力水平高、投资效率高的企业，在投资基础设施类、公用事业类企业上具有明显的倾向性，此时资本配置往往改变效率优先的市场化行为，打破原有的高效率均衡状态，形成低效率的均衡。（2）政府补助可以在一定程度上缓解融资约束，资本投向非效率倾向明显，

也导致低效率均衡状态的形成。(3) 政府补助对企业资产投资方向具有显著影响，政府补助促使企业"优先选择"对经济增长拉动明显的固定资产投资，而相对削减企业的对外投资和无形资产投资（许罡、朱卫东，2014），进一步促使形成低效率均衡。(4) 政策周期性变化会显著影响企业投资方向，国有投资公司为获得隐性资本市场的最大资源优势，往往迎合地方政府职能的需要而产生资本配置非效率，并具有政治周期性特征。

国内外经济形势的复杂化迫使政府尤其是地方政府频繁变动调控政策以实现当地经济、社会和环境等的多元化诉求协调发展，地方政策的频繁变化使得企业面临的环境不确定性更强（王朝阳，2018）。财政支出政策作为地方政府实现多元化诉求协调发展的重要调控政策之一，受到了学术界和实务界的广泛关注，地方政府财政支出作为实现地方政府诉求的基本政府行为和形成制度环境的主要合规性手段，影响甚至决定国有企业投资水平。如何实现地方政府经济、社会和环境等的多元化诉求？如何调整地方政府财政支出总额与结构，引导企业合理投资水平？这些问题一直是中国地方政府财政支出政策调控实践中需要重点关注的问题。为此必须厘清两个基本理论和现实问题：地方政府多元化诉求对财政支出及其结构的作用机制如何？地方财政支出及其结构变动怎样影响国有企业投资水平？

关于地方政府的多元化诉求研究仅仅处于起步阶段。保护市场的联邦主义假说提出了中国地方政府在追求地方经济增长时的诉求（Weingast and Qian，1997），周黎安（2008）、唐雪松等（2010）主要从单一诉求，如GDP增长压力展开研究。随后一些学者开始考虑经济诉求和社会诉求等多元化诉求角度。地方政府多元化诉求诱发了财政支出，当前对财政支出的研究主要集中在财政支出特征、存在问题以及财政支出的经济影响，涉及宏观层面和微观层面。宏观层面研究涉及财政支出对地区城镇化发展、居民消费结构、中国经济结构转型、产业结构的升级、就业以及可持续发展等方面的影响（Blanchard and Shleifer，2001；Susan，2006；钟禾，2000；邱兆林等，2015；卢晓军等，2015；曹晶晶等，2019；王高望等，2019；郑良海，2020；李晓英等，2020）。微观层面的研究也越来越受到关注，对微观企业经济影响的研究也主要涉及财政支出可能导致的私人部门生产效率（Silvia Ardagna，2007）、国有企业边际社会性支出（逯东等，2011）、公司税负（曹越等，2017）等问题，关于国有企业投资问题主要围绕企业过度投资（程仲鸣等，2008；唐雪松等，2010；曹春芳、马连福，2014；王维等，2017）、国有企业投资效率（陈艳艳、罗党论，2012；张新民等，2017）等进行讨论。

本章的边际贡献在于：（1）拓展了地方政府多元化诉求的内涵。以往研究（逯东等，2014；赵晓奇，2016；曹越等，2017）对多元化诉求的界定主要是经济诉求与社会诉求。本章加入环境发展诉求，拓展了地方政府多元化诉求的内涵。（2）深入剖析了财政支出的动因及作用机制研究。地方政府多元化诉求作为调控政策的动因研究，尚未引起足够的重视，尤其是其作用机制的研究尚待开展。本章尝试探讨地方政府多元化诉求与财政支出的因果关系，分析并实证检验地方政府诉求对财政支出的作用机制，深入研究地方政府多元化诉求所诱发的财政支出结构变动问题。（3）丰富了财政支出的微观经济后果研究。现有关于财政支出对于微观国有企业投资行为影响研究明显不足，更加忽视了财政支出结构的差异性影响这一现实实践中的重要问题。本章研究了财政支出对国有企业投资水平的影响机理，进一步检验了财政支出总额变动、财政支出结构变动对国有企业投资水平的差异性影响，丰富了财政支出对微观企业的投资行为的影响研究。

第二节　地方政府多元化诉求、财政支出与国有企业投资水平

一、地方政府多元化诉求与财政支出

20世纪70年代末，财政分权制度的施行，赋予了地方政府独立的经济决策权和财政控制权，使得政府转变了对所辖企业的态度，政府与企业的关

系更加密切（周黎安，2008）。在市场经济发展中，地方政府扮演"第一行动组"的角色（杨瑞龙，1998）。在改革开放初期，地方的经济诉求成为衡量地方政府绩效的重要指标（周黎安，2007；王贤彬等，2009），随着市场经济的发展，地方政府追逐经济诉求的同时，社会诉求与环境诉求的压力也与日俱增：（1）就业率是地方政府需要考虑的重要社会问题，地区就业压力使得地方政府倾向于加强对大企业的干预，让企业雇用更多的员工，解决当地失业问题（曾庆生等，2006；逯东等，2011）。地方政府往往通过财政补贴等方式激励企业吸收更多的员工就业（潘红波等，2008）。（2）经济发展初期的粗放式发展模式伴随着当地环境恶化和社会发展的不可持续，生态文明建设和绿色发展在中国特色社会主义事业发展中地位愈发凸显，环境保护成为地方政府所要考虑的主要诉求。对经济增长的单一诉求逐渐转变为解决经济增长过程中的就业的社会问题、围绕环境保护与可持续发展的环保问题等多种社会利益诉求和多元化诉求协调并重的复合诉求。当经济增长压力与财政压力较小时，地方政府出于多元化诉求动因，会加大对环境保护、社会保障、教育、科技的财政支出。一方面，保障和改善民生是我国发展经济的最终目的。为了经济长期向好的基本面不断巩固和发展，政府会加大对社会保障、科学、教育、文化与卫生方面的财政支出。另一方面，环境保护是我国追求绿色 GDP、经济社会可持续发展的重点，地方政府对环境保护的财政支出政策也会有所倾斜。

财政支出及其结构变动反映了地方政府对市场的调控，是实现地方经济、社会和环境保护诉求的重要途径。2020 年新冠疫情使我国经济社会发展受到重创，"六稳""六保"的经济社会发展诉求要求稳住经济基本盘，兜住民生底线，各级地方政府推动复工复产、保民生就业的压力不断增大。为了稳定市场预期和增强社会信心，面对重大外部冲击对经济社会发展的影响，政府需要不断调整和优化财政支出结构。从"抗疫贷""一免二减三缓"政策帮助企业复工复产缓解经济和就业压力，到优化财政专项扶贫资金积极应对疫情对脱贫攻坚的影响、"三个一"守好百姓"菜篮子"的民生措施，再到疫情防控保障教育教学支出等。这些调控手段无不体现出在地方政府多元化诉求下，地方政府财政支出及其结构变动可能性较大。

综上所述，本文提出假设（1）。

假设（1）：地方政府多元化诉求显著影响地方财政支出。

二、地方财政支出与国有企业投资水平

干预企业经济活动往往是地方政府实现区域竞争和公共治理的主要方式（谭劲松等，2009）。财政政策的本质是"财政支出"通过总量变化、结构变化和效率评价来调整财政规模和结构，进而影响经济（朱军，2017），为了促进地区发展，地方政府将经济、社会和环保诉求传递给企业微观层面，利用财政支出总量及其结构变动影响国有企业投资决策。作为一种弹性较强的政府调控方式，财政支出流向、政策优惠等会改变国有企业投资行为（张新民等，2017），导致国有企业投资水平发生变化。一方面，财政支出形成的资金补助、人才等市场要素直接流入企业；另一方面，财政扶持向市场传递利好信号，相关行业或企业受到银行等金融机构和投资者的青睐，带来更多的市场和其他资源，提高受扶持行业或企业的市场估值和价值。例如，财政支出的扩张给企业带来更多的投资机会，提高了市场对企业的发展预期，甚至可能出现国有企业投资决策的"潮涌现象"和"羊群效应"（方军雄，2012）。财政支出形成的直接资金和引导市场资金流入企业，引致企业对外投资的实力和意愿增加，国有企业投资水平增长。相反，当财政支出紧张时，市场上的资金流动性减弱，减少了国有企业投资机会和获得投资资金的渠道，降低了企业的投资意愿和能力，进一步降低了企业的投资水平。

从财政支出结构来看，不同类型的财政支出对国有企业投资水平有不同影响。（1）金融监管支出作为一种政府规制行为，为整个市场的有序运行奠定了重要基础（吕坤、周爱民，2016），向微观企业也传递了积极信号，提升公众对金融乃至整个市场的信心，影响国有企业投资水平。（2）社会保障支出作为保障民生、促进社会稳定的重要手段，尤其是就业支出，政府的主要目的是创造更多的就业机会以缓解就业压力（蒙克，2017），地方政府可

能通过一定的基础设施和工程项目创造更多的就业机会。微观企业无论是出于与地方政府建立良好的政治经济联系还是出于企业社会责任的角度，都会更加愿意加大国有企业投资。（3）教育的目的就是培养人才，随着教育工作者人数的增加和教育质量的提高，可以进一步优化营商软环境（熊剑峰，2019），影响企业的投资水平。（4）地区环保投资可分为财政环保支出和企业环保投资（原毅军、孔繁彬，2015），其中，地方财政环保支出属于公共财政范畴，政府支出于环境基础建设或一部分应用建设项目，为企业从事后续污染治理或节能减排活动打下了良好的基础，降低了市场风险，从而带动企业环保投资的投入。因此，地区环保支出的增加会促进国有企业投资水平的提高。（5）科技支出使企业获得了更多的研发资金，研发投入成本降低，激励了企业自主研发创新并加大对研发创新方面的投资水平。

综上所述，本章提出假设（2）。

假设（2）：地方财政支出显著影响国有企业投资水平。

地方政府往往通过大股东将经济发展战略、就业和社会福利等诉求转移给公司（郑国坚、魏明海，2007）。地方国企一般承担政策性负担，对于地方国企政策性负担造成的亏损，地方政府也会给予更多的财政支持。面对2020新冠疫情造成的就业困境，我国部分企业通过扩招来提供更多就业岗位，进而缓解我国当前面临的就业压力。而这类企业中大部分都属于国有企业，诸如中SY、中SH、中HY、通信三巨头、国有银行。这充分说明了地方多元化诉求下，财政支出对国有企业更加青睐的原因。当某一地区面临财政收入不足、经济增长下降以及失业等外部不利环境时，该地区的政府官员将面临更大的政治晋升压力和社会压力，加强对地方国有企业的控制和干预是实现其扭转不利状况最为有效的手段。民营企业由于私有产权受到相对严格的保护，地方政府财政支出变动对于辖区内民营企业的影响力相对不足。国企在获得信贷的渠道和规模上存在显著优势，即使投资机会少，但由于经理人的代理行为，他们仍然能进行高规模投资。国有企业凭借自身优势，能更快获知地方政府的行为动态以便迅速作出反应。由于地方国有企业往往规模大，与地方政府谈判能力强，相对于民营企业，国有企业可以更好地对冲不确定性带来的负面影响，面临的企业风险较小。因此，投资意愿更强。由此提出假设（3）。

假设（3）：地方财政支出对国有企业投资水平的影响强于民营企业。

不同地区的历史条件、资源禀赋和地方政策的差异造成了市场化水平的区域差异。市场化水平较低的地区，政府财政支出的调控能力较强，进而导致国有企业投资水平存在不同。在市场化水平较低的地区，投资双方信息不对称问题更突出，市场对企业行为的调节作用较差，特定企业、行业对地方政府的政策支持信号更加敏感，甚至会出现一定程度的盲目投资。而市场化水平高的地区，市场发育良好，政府财政支出的调节作用较小，市场的调节作用相对较强。比如，信息的畅通使企业能够以较低的交易成本从产品市场获得所需的资源，从而减少政策对企业的影响；良好的产权保护体系与较高的金融发展水平，使得该地区企业能够更加理性看待地方政府调控行为，将财政政策的信号作用扩展到其他资源和渠道领域，而不仅仅是对外投资。因此，在市场化水平低的地区，地方财政支出对国有企业投资水平的影响程度更大。由此提出假设（4）。

假设（4）：地方财政支出对市场化水平较低地区的企业影响强于市场化水平较高地区的企业。

第三节 研究设计

一、模型设立

（一）地方政府多元化诉求与财政支出

借鉴肖洁、龚六堂等（2015）的研究，本书构建了地方政府多元化诉求与财政支出的检验模型。其中，衡量地方多元化诉求的四个指标：GDP 增长率（$RGDP$）、财政盈余（FU）、失业率（$REMP$）、SO_2 排放量占地区 GDP（ENV）的比重，控制变量有固定资产投资价格指数、职工平均工资水平和居民消费价格指数，见模型（1）。

$$FV_{it} = \beta_0 + \beta_1 RGDP_{it} + \beta_2 FU_{it} + \beta_3 REMP_{it} + \beta_4 ENV_{it} + control + \varepsilon \qquad (1)$$

（二）财政支出与国有企业投资水平

为了检验财政支出与国有企业投资水平的关系，参考陈等（2011）和逯东等（2014）的方法，本章建立了模型（2）。

$$INVEST_{it} = \theta_0 + \theta_1 FV_{it} + control + \varepsilon \qquad (2)$$

在模型（2）基础上本章借鉴李（2013）的分样本机制检验方法，解决可能存在的内生性问题。考虑财政支出政策针对不同产权性质和不同市场化水平地区的地方政府可能制定差异性政策，会产生内生性。根据产权特性、不同市场化水平对样本分别进行产权层面、市场化水平层面的划分，观察不同组样本是否会有预期的变化。分产权、分市场化水平的机制验证方法的潜在假设是企业很难改变自身的产权性质、所处的市场化水平，因而产权性质、市场化水平可视为外生，财政支出对国有企业投资水平的影响因产权性质、市场化水平而不同，分样本检验可以在很大程度上排除因政府出台差异性政策针对特定产权性质、不同市场化水平地区的企业具有选择性而产生的内生性问题。

二、变量选择

（一）地方政府多元化诉求

鉴于改革开放以来，地方政府从经济效益的单一诉求，逐渐向经济、政治与民生的多元化诉求转变，王永钦等（2007）也指出要改变以 GDP 为主的绩效评价体系，引入其他评价因素。参考钱先航等（2011）、逯东等（2014）的研究，对于地方政府多元化诉求，本章选取了 GDP 增长率、财政盈余、失业率、SO_2排放量占地区 GDP 的比重这四个指标进行衡量。其中，GDP 增长率为地区实际增长率，失业率为当地城镇登记失业率，SO_2排放量为地区排放量。遵循地区可比性的原则，对经济增长率、失业率就可比地区采用了相对指标，为公司所在地当年的实际 GDP 增长率或失业率与平均 GDP 增长率或失业率之差。中国 31 个省区市划分为东部、中部、西部及东北部（逯东等，2014）。[①]

（二）财政支出

借鉴法塔斯和米霍夫（Fatás and Mihov，2003）、徐玉德等（2019）的研究成果建立模型（3）：

$$\Delta FIS_{it} = \alpha FIS_{it-1} + \beta GAP_{it} + \gamma X_{it} + \varepsilon_{it} \qquad (3)$$

其中，ΔFIS_{it}指的是财政支出占 GDP 比重的变化；FIS_{it-1}指的是此比例的滞后一阶数值；GAP_{it}指的是地区产出相对不足量，即产出缺口，代表实际产出与潜在产出之差与潜在产出之比，反映实际产出对潜在产出的偏离程度。当产出缺口为正时，实际产出高于潜在产出，经济扩张；当产出缺口为负时，实际产出低于潜在产出，经济衰退，通过对 GDP 进行滤波计算得出；γX_{it}为一系列控制变量；用该回归方程的残差（FV）来衡量财政支出。霍德里克和普雷斯科特（Hodrick and Prescott，2002）提出利用数据的周期性来确定滤波器的平滑参数。本章首先采用平滑参数为 100 和 6.25 的两种滤波器进行滤波，然后根据我国经济发展变化规律，最终选择平滑参数为 6.25 的滤波器。

（三）国有企业投资水平

参考以往大部分文献（徐业坤等，2013；王克敏等，2017），国有企业投资水平定义为：（购建固定资产、无形资产和其他长期资产支付的现金 −

---

① 本章将全国 31 个省区市划分为东、中、西、东北四个区域。东部包括北京、天津、河北、上海、江苏、浙江、福建、山东、广东、海南 10 个省份；中部包括山西、安徽、江西、河南、湖北、湖南 6 个省份；西部包括广西、重庆、四川、贵州、云南、西藏、陕西、甘肃、青海、宁夏、新疆、内蒙古 12 个省份；东北包括辽宁、吉林、黑龙江 3 个省份。

处置固定资产、无形资产和其他长期资产收回的现金净额)/年初总资产。

（四）控制变量

控制变量主要包括微观层面和宏观层面的变量。参考以往文献，反映微观层面的变量主要有：资产负债率（LEV），企业规模（SIZE），发展指标托宾 Q 值（Q）；反映宏观层面的变量有：居民消费价格指数（CPI），固定资产投资价格指数（FAIPI），职工平均工资水平（lnWAGE）。同时，还控制了年份（Year）与行业（Industry）（见表 5-2）。

表 5-2　　　　　　　　　　变量定义

变量符号	变量名称	变量描述
INVEST	投资额	(购建固定资产、无形资产和其他长期资产支付的现金 - 处置固定资产、无形资产和其他长期资产收回的现金净额)/年初总资产
FV	财政支出	财政支出在总 GDP 中所占比例的变化，并用模型（1）的残差（FV）表示
FU	财政盈余	财政盈余 =（地方财政收入 - 地方财政支出）/地方财政收入
RGDP	相对 GDP 增长率	公司所在地（省区市）当年的 GDP 增长率与所处区域 GDP 平均增长率的差值
REMP	相对失业率	即公司所在地当年失业率与所处区域失业率之差；失业率 = 城镇登记失业人员数/(登记失业人员数 + 从业人员数)
ENV	环境压力	SO_2 排放量与 GDP 之比
LEV	年末资产负债率	年末资产负债率 = 年末总负债/年末总资产
SIZE	企业规模	年末总资产的自然对数
Q	企业成长能力	(每股价格 × 流通股份数 + 每股净资产 × 非流通股份数 + 负债账面价值)/总资产
FAIPI	固定资产投资价格指数	固定资产投资额价格变动趋势和变动幅度的相对数
lnWAGE	职工平均工资水平	职工平均工资取对数
CPI	居民消费价格指数	居民消费水平

三、样本选取与数据来源

本章以 2010~2020 年中国 A 股上市公司为样本,参考比尔德等（Biddle et al., 2009）、陈（Chen, 2011），样本按照以下标准进行筛选：（1）考虑到地方政府更可能出于保护上市资源目的为 ST 公司提供补助或贷款，删除 ST 样本、金融行业与港澳台企业；（2）删除主要变量缺失样本；（3）为消除极端值对本章结果的影响，本章对所有连续型变量在 1% 和 99% 水平上进行 Winsorize 处理，最终样本包括 2 401 家上市公司，共 13 614 个公司年度观测样本。企业的财务数据源于国泰安数据库（CSMAR），宏观数据主要源于《中国统计年鉴》，数据处理和统计分析均主要通过 Excel 和计量软件 Stata 13.0 完成。为避免内生性问题，对主要解释变量（*RGDP*、*REMP*、*FU*、*ENV*）取滞后一期。

第四节　实证检验与结果分析

一、描述性统计与相关性分析

表 5-3 是描述性统计结果。财政支出（*FV*）最大值 0.0500，最小值 -0.0400，地方财政支出呈现波动性，说明了地方政府财政支出行为受到一定因素的影响而变化，也进一步证实了研究地方财政支出原因的现实意义。相对 GDP 增长率的均值大于 0，总体上我国 GDP 增长率高于所在区域的平均水平，经济发展水平呈上升态势；财政盈余（*FU*）的各项特征值均小于 0，财政支出大于财政收入，财政水平总体上处于赤字状态。控制变量中，行业规模水平（*SIZE*）体现为均值 22.0300 与中位数 21.8600；企业成长能力（*Q*）最小值 0.9200，最大值为 11.5700，均值 2.7000，说明企业成长能力较

好,且不同企业成长能力差异很大。

表 5-3　　　　　　　　主要变量的描述性统计

变量	n	Mean	S.D.	Min	Max
INVEST	13 614	0.0500	0.0500	0.0000	0.2300
FV	13 614	0.0000	0.0100	-0.0400	0.0500
RGDP	13 614	1.6600	4.7000	-3.2800	15.0000
FU	13 614	-0.7300	0.6800	-3.1500	-0.0800
REMP	13 614	-0.0400	0.7800	-1.7800	3.0000
ENV	13 614	2.5900	2.4300	0.1300	12.4500
LEV	13 614	0.4300	0.2100	0.0500	0.8900
SIZE	13 614	22.0300	1.2800	19.6100	26.0200
Q	13 614	2.7000	1.8900	0.9200	11.5700
lnWAGE	13 614	11.0100	0.3100	10.3500	11.7900
CPI	13 614	102.5000	1.2100	100.6000	106.3000
FAIPI	13 614	99.9600	12.9300	0.0000	108.4000

资料来源：作者利用 Stata 软件计算。

二、地方政府多元化诉求与财政支出的实证检验

平均方差膨胀因子小于10,说明变量间不存在严重多重共线性。进一步,表5-4的回归结果表明,经济诉求(相对GDP增长率和财政盈余)、社会诉求(相对失业率)和环保诉求(环境压力)显著影响财政支出,假设(1)成立。其中,相对GDP增长率($RGDP$)与财政盈余(FU)的回归系数均在1%的水平下负显著,说明当地相对GDP增长率越高,财政压力越小,地方财政支出幅度会越小,即当面临较小的经济与财政压力时,地方政府调控力度适当,不会大幅度调整对地区的财政支出;相对失业率($REMP$)、环境压力(ENV)的回归系数均在1%的水平下正显著,当地方面临的就业压力与环境压力越大,地方政府对地区财政调控力度越大,进而导致地区财政

支出越明显。四个解释变量中，GDP相对增长率对财政支出的作用相对于其他诉求的作用最小，失业率、财政压力与环境压力的影响程度则相对更明显，这与中国逐步弱化单一GDP增长诉求，追求绿色GDP、社会经济全面协调可持续发展密不可分，地方政府绩效诉求日益重视社会就业与环境保护等方面。

表5-4　　　　　　　　　地方政府多元化诉求与财政支出

变量	(1) OLS FV	(2) FE FV	(3) RE FV
RGDP	-0.000171*** (-3.359)	-0.000199*** (-2.612)	-0.000114*** (-1.626)
REMP	0.000812*** (3.287)	0.001880*** (4.010)	0.001370*** (2.051)
FU	-0.006970*** (-11.000)	-0.006300*** (-6.740)	-0.008060*** (-9.052)
ENV	0.001120*** (7.323)	0.001700*** (7.874)	0.001490*** (7.649)
CPI	-0.004840*** (-17.670)	-0.004250*** (-10.180)	-0.005340*** (-14.550)
FAIPI	0.001090*** (10.320)	0.000589*** (3.611)	0.001590*** (11.310)
lnWAGE	-0.001780 (-0.591)	-0.005560 (-1.378)	0.004010 (0.843)
YEAR	YES	YES	YES
INDU	YES	YES	YES
Constant	0.396000*** (9.165)	0.416000*** (6.658)	0.338000*** (5.353)
Observations	13 143	13 143	13 143
R^2	0.454	0.405	0.307

注：表中数据来源于软件计算与作者整理；括号中为估计系数对应的t值；*为$p<0.1$，**为$p<0.05$，***为$p<0.01$。下文同。

三、财政支出与国有企业投资水平的实证检验

表 5-5 第（1）列为地方财政支出对国有企业投资水平的回归结果。结果表明，财政支出在 5% 的水平上显著影响国有企业投资水平，即地方政府财政支出行为一定程度上会促进国有企业投资水平的增加，假设（2）成立。

表 5-5　　　　　　　　　财政支出与国有企业投资水平

变量	（1） 总样本 INVEST	（2） 国企 INVEST	（3） 民企 INVEST	（4） 市场化水平较低 INVEST	（5） 市场化水平较高 INVEST
FV	0.0863 ** (2.362)	0.1300 *** (2.845)	0.0526 (0.939)	0.1010 ** (2.232)	0.0841 (1.069)
LEV	-0.0266 *** (-6.830)	-0.0019 (-0.317)	-0.0273 *** (-5.172)	-0.0271 *** (-4.746)	-0.0202 *** (-3.550)
SIZE	0.00615 *** (5.804)	0.00872 *** (5.384)	0.00663 *** (4.452)	0.00859 *** (5.713)	0.00438 *** (2.684)
Q	0.000859 ** (2.465)	0.001880 *** (2.763)	0.001110 ** (2.512)	0.001420 ** (2.573)	0.000958 ** (2.033)
CPI	0.00128 (1.237)	0.00236 * (1.826)	0.00112 (0.699)	-0.00108 (-0.633)	0.00274 * (1.802)
FAIPI	-0.000386 (-1.013)	-0.000515 (-1.034)	-0.000199 (-0.354)	0.000289 (0.485)	-0.000765 (-1.301)
lnWAGE	0.03990 *** (3.521)	0.00685 (0.544)	0.08650 *** (4.213)	0.02980 ** (2.357)	0.04550 (1.375)
Constant	-0.575 *** (-3.495)	-0.404 ** (-2.072)	-1.077 *** (-3.913)	-0.340 (-1.529)	-0.716 * (-1.866)
Observations	13 143	5 650	7 493	6 304	6 839
R^2	0.122	0.111	0.141	0.117	0.127

从产权性质分样本来看，第（2）、（3）列表明与民营企业相比，国有企业的投资水平受财政支出的正向影响十分明显（影响系数为0.1300，在1%的水平上显著）。说明财政支出对国有企业影响更为显著，故假设（3）成立。表5-5中第（4）、（5）列回归结果表明，反映了不同市场化水平下地方财政支出对国有企业投资水平的正向影响存在差异。尽管地方政府财政调控会促进当地国有企业投资水平的提高，但是，在市场化水平较低的地区，这种正向影响更加显著（影响系数为0.1010，在5%的水平上显著），假设（4）成立。

四、进一步研究

表5-6从环境保护支出、社会保障支出、教育支出、科技支出与金融监督财政支出这五个方面考察地方政府多元化诉求与财政支出结构的关系。结果显示，相对GDP增长率、财政盈余水平对环境保护支出、社会保障支出、教育支出和科技支出四类支出均存在显著正向影响，相对GDP增长率对金融监管的支出呈显著负相关，地区相对失业率、环境保护等诉求与环保、社会保障、教育、科技与金融监管支出显著相关。

表5-6　　　　　　　地方政府多元化诉求与财政支出结构变动

变量	（1）环保	（2）社会保障	（3）教育	（4）科技	（5）金融监管
RGDP	1.900*** (11.750)	9.290*** (20.270)	2.833*** (3.197)	0.809*** (2.799)	-0.339*** (-5.632)
FU	80.82*** (48.54)	160.10*** (33.93)	615.70*** (67.52)	151.80*** (51.00)	15.07*** (24.32)
REMP	-41.640*** (-49.60)	-26.650*** (-11.20)	-83.960*** (-18.26)	-38.820*** (-25.87)	-5.659*** (-18.11)

续表

变量	(1) 环保	(2) 社会保障	(3) 教育	(4) 科技	(5) 金融监管
ENV	1.559*** (3.800)	-7.958*** (-6.844)	-4.511** (-2.007)	-1.101 (-1.502)	-0.451*** (-2.955)
lnWAGE	-73.530*** (-21.470)	-333.300*** (-34.330)	-1.241*** (-66.150)	-31.010*** (-5.064)	-38.830*** (-30.450)
CPI	-11.03*** (-6.015)	21.46*** (4.129)	102.30*** (10.180)	46.94*** (14.320)	11.33*** (16.590)
FAIPI	-0.0780 (-1.559)	-0.5070*** (-3.580)	-1.4920*** (-5.447)	0.9270*** (10.370)	0.0254 (1.365)
LEV	-6.019* (-1.719)	23.040** (2.322)	-16.590 (-0.865)	13.080** (2.089)	2.928** (2.247)
SIZE	-1.316** (-2.059)	-2.513 (-1.387)	-17.400*** (-4.971)	-6.105*** (-5.343)	-0.429* (-1.805)
Q	-0.346 (-0.791)	1.244 (1.005)	-1.239 (-0.518)	0.269 (0.344)	0.546*** (3.358)
Constant	2 147.0*** (11.51)	1 944.0*** (3.676)	4 243.0*** (4.151)	-4 351.0*** (-13.05)	-749.5*** (-10.79)
Observations	13 143	13 143	13 143	13 143	13 143
R^2	0.488	0.529	0.512	0.510	0.263

表5-7考察了财政支出结构变动对国有企业投资水平的影响。回归结果显示，财政支出结构细分下，财政支出结构变动与国有企业投资水平呈显著正相关，这与财政支出和国有企业投资水平的关系存在一致性。地方政府的环保支出、科技支出与国有企业投资水平的正向影响弱于金融监管支出、社会保障支出与教育支出对国有企业投资的正向影响。相比其他财政支出，环境保护支出所占比例较小。维持地方环保财政刚性支出的重要前提是稳定的环保财政来源，地方财政环保支出主要通过收取排污费为主，分散零碎的环

境税收为辅的方式筹资,这样一套现行制度已经无法满足日益扩大的环保财政支出需求。因此,地方政府应完善财政支出结构,改变财政环保支出不足的现状。

表5-7　　　　　　　　财政支出结构变动与国有企业投资水平

变量	(1) INVEST	(2) INVEST	(3) INVEST	(4) INVEST	(5) INVEST
环保	2.45e-05*** (5.091)				
社会保障		5.59e-06*** (3.035)			
教育			6.07e-06*** (7.471)		
科技				1.80e-05*** (6.629)	
金融监管					6.53e-05*** (4.562)
$\ln WAGE$	-0.00707*** (-3.994)	-0.00489*** (-2.786)	-0.00421** (-2.409)	-0.00970*** (-5.235)	-0.00511*** (-2.926)
CPI	0.000586 (0.4990)	-0.000018* (-0.0154)	-0.000161 (-0.1380)	-0.000432 (-0.3690)	-0.000505 (-0.4300)
$FAIPI$	4.39e-05 (1.374)	5.18e-05 (1.624)	3.61e-05 (1.131)	1.86e-05 (0.574)	4.74e-05** (1.487)
LEV	-0.0151*** (-6.281)	-0.0157*** (-6.515)	-0.0147*** (-6.132)	-0.0152*** (-6.335)	-0.0156*** (-6.501)
$SIZE$	0.00208*** (4.683)	0.00212*** (4.787)	0.00213*** (4.813)	0.00217*** (4.890)	0.00213*** (4.804)
Q	0.000813*** (2.778)	0.000789*** (2.695)	0.000813*** (2.782)	0.000800*** (2.735)	0.000765*** (2.612)

续表

变量	(1) INVEST	(2) INVEST	(3) INVEST	(4) INVEST	(5) INVEST
Constant	0.0328 (0.274)	0.0718 (0.600)	0.0803 (0.672)	0.1700 (1.413)	0.1270 (1.057)
Observations	13 143	13 143	13 143	13 143	13 143
R^2	0.166	0.165	0.168	0.167	0.166

五、稳健性检验

(一) 财政支出的指标替代

财政支出作为政府干预（GOVIN）的重要手段，二者变动方向存在一致性，政府干预与财政支出相关，属于外生变量。参考王淼（2016）的做法，基于政府干预与市场化水平的互补关系，采用王小鲁、樊纲、余静文（2016）编制的市场化指数的倒数，即1/市场化进程指数，表示政府干预行为，该值越大，表明政府干预程度越大。代入模型（1）与模型（2）再次回归的结果如表5-8、表5-9所示。由表5-8可知，当地方政府基于多元化诉求压力时，会加大对地区企业的干预力度，对国有企业、民营企业的干预都比较显著。从相关系数来看，对国有企业的影响程度更大。对于具体的地方诉求，相对GDP增长率（RGDP）与财政盈余（FU）的回归系数均显著为负，说明地区相对经济增长率越高，财政压力越小，政府干预力度会越小；相对失业率（REMP）、环境压力（ENV）的回归系数均在1%的水平下正显著。即当地区面临失业压力与环境压力越大，政府对地方企业的干预力度越大，该结论与地方政府诉求和财政支出二者间的关系基本一致。

表5-8　　　　　　　　地方政府多元化诉求与地方政府干预

变量	（1）全样本 GOVIN	（2）国有企业 GOVIN	（3）民营企业 GOVIN
RGDP	-0.000099*** (-3.194)	-0.000282*** (-5.645)	-0.000117*** (3.111)
FU	-0.0117*** (-30.40)	-0.0124*** (-20.28)	-0.0101*** (-21.01)
REMP	0.00190*** (12.69)	0.00234*** (7.600)	0.00149*** (9.570)
ENV	0.00249*** (26.77)	0.00301*** (21.29)	0.00171*** (13.82)
CONTROL	YES	YES	YES
Constant	0.481*** (18.32)	0.587*** (14.34)	0.413*** (12.17)
Observations	13 143	5 650	7 493
R^2	0.803	0.793	0.826

由表5-9可知，地方政府干预对国有企业投资水平存在显著正向影响。国有企业受到财政支出的正向影响显著，而民营企业相对不显著。该结论与地方政府干预和地区财政支出二者间的关系也相吻合。

表5-9　　　　　　　　　政府干预与国有企业投资水平

变量	（1）全样本 INVEST	（2）国有企业 INVEST	（3）民营企业 INVEST
GOVIN	0.02130** (2.1040)	0.06900*** (5.5560)	0.00134 (0.0796)
CONTROL	YES	YES	YES

续表

变量	(1) 全样本 INVEST	(2) 国有企业 INVEST	(3) 民营企业 INVEST
Constant	0.0809 *** (8.565)	0.0239 * (1.871)	0.0762 *** (4.738)
Observations	13 143	5 650	7 493
R^2	0.108	0.105	0.110

(二) 市场化水平分样本检验的稳健性问题

为解决内生性问题，本章在分样本机制检验时采用的是樊纲市场化水平的总指数，由于我国各地区市场发育水平不一致，市场化水平较高的地区产品市场和要素市场发展较为成熟，本章进一步采用王小鲁、樊纲的《中国分省份市场化指数报告（2016）》，按照市场发育和法律制度环境指数分组，对模型（2）再次进行回归分析，回归结果表明，在市场中介发育与法制环境水平较低地区，地区财政支出对国有企业投资水平的影响程度较显著，而在市场中介发育与法制环境水平较高地区财政支出对国有企业投资水平的影响不显著。该结论与不同市场化水平下，地方财政支出与国有企业投资水平的关系基本一致。

(三) 内生性问题

考虑到财政支出相对于地方政府诉求具有滞后性、国有企业投资水平相对于财政支出具有滞后性，分别在回归模型（1）和模型（2）右侧引入时滞后期因变量，有助于缓解因变量缺失导致的模型内生问题。当滞后期因变量出现在回归模型的右侧时，采用 OLS 回归带来内生问题。为此，借鉴李凤羽、杨墨竹（2015）的做法，采用 GMM 进行估计。具体模型如下：

$$FV_{it} = \beta_0 + \beta_1 RGDP_{it} + \beta_2 FU_{it} + \beta_3 REMP_{it} + \beta_4 ENV_{it} + \beta_5 FV_{it-1} + control + \varepsilon \tag{4}$$

$$INVEST_{it} = \theta_0 + \theta_1 FV_{it} + \theta_2 INVEST_{it-1} + control + \varepsilon \qquad (5)$$

回归结果表明，地方政府诉求对财政支出的回归结果保持不变、财政支出结果对国有企业投资水平的回归结果基本一致，显著性也高度一致，表明时间不一致性的内生性问题对本章结果影响不大，说明本章的结论仍具有很强的稳健性。

第五节 结论与启示

本章检验了地方政府多元化诉求与财政支出、财政支出与国有企业投资水平之间的作用机制。结果表明：（1）地方政府多元化诉求压力的增加整体上会刺激财政支出幅度，但经济诉求、社会诉求及环境诉求三个不同维度的地方政府诉求指标对财政支出的影响存在差异。经济诉求、社会诉求与环境诉求压力均与政府财政支出幅度呈正相关。地区相对 GDP 增长率表现越好，地方财政支出幅度会越小。面临就业压力与环境压力越大，地方政府对地区财政调控力度越大，地区财政支出越明显。相对 GDP 增长率对财政支出的影响最小，相对失业率、财政压力与环境压力的影响程度相对更明显。（2）政府财政政策的调控力度因企业性质不同而存在差异，企业受财政支出的影响程度也不同。多元化诉求压力下，国有企业受到财政支出的正向影响显著，而民营企业相对不显著；地方财政支出会显著提高企业的投资水平，但对国有国有企业投资水平的提升作用显著，对民营企业不显著。（3）多元化诉求压力下，财政支出结构波动性存在差异，对国有企业投资水平也存在差异化影响，其中，金融监管支出、社会保障支出与教育支出对国有企业投资的正向影响更大。（4）不同地区与市场化水平下，财政支出对国有企业投资水平的影响也呈现差异。市场化水平低的地区，国有企业投资水平受财政支出的正向影响更显著；而且，财政支出行为对东部国有企业投资水平无显著影响，对中西部国有企业投资水平影响较显著。

本章立足地区整体的多元化诉求协调发展分析政府经济、社会、环境诉求与地区财政支出的关系，进一步研究财政支出对国有企业投资水平的作用机制。这一研究为财政支出的动因分析和降低政策的不确定性风险提供了理论依据和现实依据，为地方政府经济、社会和环境的多元化诉求协调发展和如何提升财政支出政策的实施效果提供了有益的政策启示。

一、进一步完善多元化诉求，促进经济社会全面发展

我国地方政府诉求经历了由过去单一经济诉求向经济、社会、环境等多元化诉求的转变，本章充分肯定了诉求的多样化给地方经济、社会和生态环境的健康发展带来的积极影响。结果表明，相对 GDP 增长率对财政支出的影响最小，相对失业率、财政压力与环境压力的影响程度则相对更明显，这与我国追求绿色 GDP、社会经济全面协调可持续发展密不可分，地方政府诉求向社会就业与环境保护等方面倾斜，不再单纯片面地追求 GDP 的增长。地方政府应立足于更广的着眼点，即通过完善多元化诉求体系，促进地区经济、社会和生态环境等全方位发展，促进我国经济社会全面协调可持续发展。

二、财政支出政策必须保证结构和总量的协调统一

从资源配置角度来说，财政支出不仅要能满足社会公共需求，而且支出中的分配比例应当协调、合理，最终使财政资金在支出的时候产生最大的社会效益和经济效益。例如，我国社会保障财政支出效率以及影响因素均存在明显的区域差异，应采取政策分类指导的方式提高社会保障财政支出效率；地方政府对于科技教育的财政支出与投资效率具有正面效应，应适当增加人力资本的支出、促进技术进步，但是由于教育在不同地区间的差异化发展，因此政府需要统筹兼顾，科学规划财政的支出方向，积极消除区域间教育的不均衡。当然财政支出结构需要根据自身客观内在原因或是社会经济形势的变化而不断调整。

三、充分发挥国有资本在实现地方经济社会发展中的多元化诉求战略的引领作用

研究表明,国有企业受到财政支出的正向影响比民营企业显著。国有企业在国民经济实现多元化诉求战略中具有主导作用,兼具经济诉求、社会公共诉求和环境发展诉求,以经济诉求支撑社会公共诉求,更应在社会保障、环境发展诉求和改善民生的过程中发挥好主体作用。在国有资本管理体制改革背景下应加强国有资本整体运作,鼓励国有资本在公共服务、生态环保、高新技术、新兴产业等为重点领域发挥引领作用,尤其是引导社会资本参与这些社会保障和改善民生等领域的发展,以更好地兼顾社会诉求和经济诉求协调发展。具体而言,可以采取参股或控股的形式,通过不同所有制资本的交叉持股和相互融合,在保证社会资本收益和风险合理分担的基础上,促进资本在更大范围、更广领域、更高层次上合理流动,充分激发市场主体活力。同时,应力避行政化干预,按照竞争中性原则完善相关产业政策和法律制度规范等,为市场主体可持续发展提供公开透明的营商环境。

第六章 混合所有制改革的经济影响之二：混合所有制改革与国有资本保值增值实证研究

第一节 国有管理体制与混合所有制改革

国有企业改革的过程中，伴随着国有资本体制的变革与我国经济转型的局面，加上制度与监管的不完善使得隐性市场产生，国有资本特别是地方国有资本的配置效率的降低。前文在已有研究的基础上重新定义隐性市场，分析了隐性市场资本配置的行为和特征，从多个角度解释了国有企业与其他主体之间产生隐性市场的原因，最后剖析了制度与市场交替是如何作用于隐性市场资本配置的，得出国有资本的体制改革就是隐性市场不断显性化的过程的规律。

国有资本管理体制改革的主要措施是混合所有制改革，提高国有资本配置效率、实现国有资产保值增值是实施国有企业混合所有制改革（以下简称"国企混改"）的目标之一。党的十八届三中全会、党的十九大相继明确提出要"发展混合所有制经济""推动国有资本做强做优做大""使各种所有制资本取长补短、相互促进、共同发展"等新理念。随着《中共中央、国务院关于深化国有企业改革的指导意见》等改革文件的出台，标志着我国国有企业进入全面深化改革阶段。要实现国有企业资产保值增值的目标，应在股权结构维度以及控制权结构维度同时发挥非国有资本的治理作用。在此政策背景下，针对国企混改成效方面的研究成为学者们纷纷探讨的命题，特别是针对国企混改后产生的经济影响方面的研究已经有了较为深入的见解。那么，国企混改是否实现了国有资本保值增值这一改革目标？是否实现了各类所有制资本的相互促进和共同发展？外部环境市场化程度对混改与国有企业资产保值增值产生怎样的影响？所有这些问题都是进一步深化国企改革所日益迫切需要解决的重大问题，是基于中国特色的国有资本配置理论与方法研究所必须解决的关键问题。

本章在考虑公司股权结构和控制权结构特征两个内部因素对国有企业资产保值增值影响的基础上，进一步研究了混改影响国有资产保值增值的中介变量。从公司治理的视角，以我国沪深 A 股 2009~2019 年国有上市公司为研究对象，将公司股权结构和控制权结构两个维度同时纳入微观层面的国有企业公司治理分析框架中，系统分析非国有资本参与国有企业治理对国有企业资产保值增值的影响及作用机制。

目前国内外学者对于国有企业混改的目标、混改方式、改革路径和影响因素等方面已有较为深入的研究，其中很多研究在混改的制度设计、改革策略等方面提出了有建设性的意见。但在实证检验混改程度与国有企业资产保值增值之间关系的研究方面仍然存在不足。本章的研究贡献有以下两点：第一，在考虑混改带来国有企业股权变化的同时结合考虑控制权变化对国有企业董事会产生的影响，进而影响国有企业的资本配置，以期为混改过程中利用非国有资本参与国有企业治理，实现国有企业资产保值增值目标提供借鉴经验。第二，本章证实了国企混改—资本配置效率提升—促进国有资本保值增值的逻辑链条，该研究结论有利于为混合所有制改革在国有企业的高效开展以及促进国有资产的保值增值提供一定的理论参考。

第二节　混合所有制改革与国有资产保值增值

按照产权理论，科斯在《企业的性质》中指出，因为企业是一种不完备契约，所以"企业所有权"问题会一直存在。对企业而言，所有权的归属以

第六章 | 混合所有制改革的经济影响之二：混合所有制改革与国有资本保值增值实证研究

及所有权的结构差异，都会导致公司治理的差异，因此企业的股权性质会影响企业的资本配置。从本质上来说国企混改是产权制度的改革，核心是通过公有制与市场有效融合，将集体资本、民营资本、外资等引入国有企业，在股权多元化基础上优化股权结构，促使不同性质股权之间相互融合并互相制衡，保证不同形态资本所有者公平地获得企业控制权，促进企业治理结构完善、提高企业运营效率、实现国有资产保值增值。同时让企业真正成为独立的市场主体，打破国有企业在部分行业中的垄断地位，使企业在市场竞争中不断释放活力，增强核心竞争力，促进多种所有制经济共同发展壮大。本章为了对国企混改这一变量进行全方位纵深考量，拟从国企混改深入性、股权多样性、股权制衡度（融合度）以及非国有资本控制权结构四个方面对国有企业资产保值增值的影响进一步深入探讨。

一、混合所有制改革深入性与国有企业资产保值增值

混改深入性有利于弱化国有企业由于融资约束较小导致的非效率投资问题。一方面，混改加速了国有企业股权多元化的发展，不同股权所有人有强烈的动机了解企业财务信息，从而有助于企业完善信息披露制度，提高企业财务信息透明度，缓解内部和外部信息不对称问题；另一方面，混改能降低国有企业社会性负担和政策性负担，促进企业未来发展。在以上两者的综合作用下，国有企业的预算软约束问题将得到改善。同时随着非公有资本的引入和逐渐加深，国有企业的治理结构将得到有效优化，混改通过建立市场导向的选人用人和激励约束机制，使激励方式从政治晋升转移到合法经济报酬上，提高国企高管薪酬与绩效之间的敏感性，健全和完善激励机制。非国有资本主体在国有企业混改的过程中所拥有的股权比例越高，其完善公司治理结构的意愿也会越强烈，越能调动企业管理层和员工工作的积极性，促使企业能够更好地把握投资机会，实现国有资产保值增值。总之，深化混改能缓解信息不对称问题，降低国有企业社会性和政策性负担，并完善企业的激励约束机制。因此本章提出假设（5）。

假设（5）：混合所有制改革深入性与国有企业资产保值增值正相关。

二、国有企业股权多样性与国有企业资产保值增值

按照资源基础理论的观点，不同所有制类型的企业都有各自的独特资源，混合所有制经济拥有单一所有制没有的优势。各类性质的企业拥有的独特资源构成了企业的核心竞争力。混合所有制改革是包括物质资本、社会资本、智力资本等多种形态资本的"混合"，能有效缓解资本的稀缺性问题。混改将非国有资本独特的资源和强烈的市场竞争意识带入到国有企业的组织架构中，在实现股权多元化的同时使不同资本主体上的资源合理地分配到最需要这种资源的领域中，将各类资本的优势发挥到极致，并在不断变化的动态过程中达到最优配置。在此过程中，异质性股东的利益博弈也会带来资本成本的最低化，进而实现混改对国有企业资产保值增值的优化。此外，多元化的股权结构还能产生技术与知识的溢出效应，在国有企业中引入专业程度高、投资能力强的股东，不仅能够实现资源、人事和组织结构的优化，还能带动知识和资源的转移，为企业创新注入新活力，实现企业资源多维度的优势互补。总之，股权多样性在量的基础上实现了质的飞跃，混改中国企股权的多样性，能够为国企的发展提供资本、知识和技术支持，激发国企活力，因此本章提出假设（6）。

假设（6）：混合所有制改革的股权多样性与国有企业资产保值增值正相关。

三、国有企业股权制衡度（融合度）与国有企业资产保值增值

混合所有制改革能够降低国有股权的集中程度，国有企业通过引入非国有股东，使各股东之间处于相互制衡的状态，企业不得不采用集体决策的方式进行战略决策，从而使决策建议更为理性。当国有企业中的股权过于集中时，容易造成"一股独大"的局面，大股东因为缺少制衡机制有动机让企业

变成为自身服务的工具，更容易作出不利于公司利益的决策。非国有股东更加关注如何实现自身经济利益最大化，使其融入国有企业后能够增强公司股东与公司业绩之间的紧密联系程度，有动力使非国有股东完善对经理人的监督机制，能有效缓解单一大股东侵占公司利益的问题，有利于减少双重委托代理问题，完善公司治理结构，在抑制了经理人机会主义行为的基础上，经理人会更加积极地以企业利润最大化为目标，进而实现国有企业资产保值增值。总之，使国有股权与非国有股权的相互制衡，从完善企业监督机制、减少委托代理问题等方面有利于优化资本配置，使国有企业资产估值增值。因此本章提出假设（7）。

假设（7）：国企混改中，股权制衡度（融合度）与国有企业资产保值增值正相关。

四、控制权结构与国有企业资产保值增值

国有企业实施混改过程中，如果仅仅是简单地引入非国有资本，则容易形成股权虚置的现象，即混改国企虽然实现了股权的多元化但相应的制度并未改变，也无法使非国有资本真正参与到国企治理中，非国有资本独特的优势得不到发挥，资产保值增值的目标也会受到影响。从控制权结构维度来看，"董监高"作为企业日常经济活动的决策、监督、执行人，其职能发挥程度的大小，直接决定了国有企业资产保值增值目标的实现程度，所以非国有资本向入股国有企业董事会委派"董监高"能提升其话语权。相比于单一的在股权方面引入非国有资本，非国有股东委派"董监高"参与国企治理能有效提高会计信息质量和促进国有企业资产保值增值。因此本章提出假设（8）。

假设（8）：非国有资本的控制权大小与国有企业资产保值增值水平正相关。

第三节 研究设计

一、样本选择与数据来源

鉴于我国股权分置改革试点工作自 2005 年开始启动,至 2007 年已基本完成,并且不同类型国有企业其功能目标也不同,比如公益类国有企业的首选目标主要是公益性而不是资产保值增值,所以我国国企混改最好能视情况分类推进。本章以 2009~2019 年我国 A 股商业类国有上市公司为研究对象,从股权结构和控制权结构维度研究国有企业前十大股东的持股比例情况、前十大股东的性质以及董事会组成结构对国有企业资产保值增值的影响。国有企业前十大股东性质及持股比例来自色诺芬(CCER)数据库,财务数据来源于 CSMAR 数据库,市场化程度指数数据来自王小鲁、樊纲的《中国分省份市场化指数报告(2018)》。计量分析过程中利用 Excel 和 Stata 软件对研究数据进行初步处理及分组,同时作了以下 4 项数据筛选工作:(1)剔除金融类上市公司;(2)剔除*ST、ST 上市公司;(3)剔除数据异常或缺失的样本;(4)对连续变量在 1% 和 99% 水平上进行缩尾(Winsorize)处理,最后得到样本数为 10 460 个。

二、变量定义

(一)混改深入性测度

因色诺芬(CCER)数据库中能够直接获取 A 股上市国有企业前十大股东持股比例和前十大股东性质的数据,所以本章研究结果相比之前学者通过手工整理股东情况的做法而言相对精确度更高。借鉴王曙光等(2019)的研究，用国有企业前十大股东中非国有股东持股比例之和来衡量混改深入性（$Mixra$）指标，$Mixra$ 数值越大，说明民营、外资、自然人和其他股东等非国有性质股东所占股份越多，混合所有制改革深入性越高。

（二）股权多样性测度

借鉴马连福等（2015），卢建词、姜广省（2018）的研究方法，将主要股东性质分为五个类别：国有股东、外资股东、民营股东、自然人和其他，以不同性质股东种类衡量混合主体股权多样性（$Mixnum$）。当混合主体前十大股东中仅有一类产权性质股东时，混合主体的多样性 $Mixnum = 1$；当前十大股东中包含两种不同性质的股东时，混合主体的多样性 $Mixnum = 2$，并以此类推，国有企业混合主体中不同股权性质种类越多，股权的多样性越丰富。

（三）股权制衡度（融合度）测度

借鉴杨志强等（2016），杨兴全、尹兴强（2018）的研究，先求出国有企业前十大股东中国有股权与非国有股权占全部股权的比例，分别表示为 Es 和 Ep，然后比较 Es 和 Ep 数值的大小，较大者作为分母，较小者作为分子（即当 $Es > Ep$ 时，$Balance = Ep/Es$；当 $Es < Ep$ 时，$Balance = Es/Ep$），将所得的比值定义为混改股权制衡度或融合度（$Balance$），$Balance$ 值越大，国有企业的国有资本与非国有资本融合程度越高，制衡作用越明显。

（四）控制权测度

一般来说，控制权（Con）是由股权决定的，拥有股权的同时也就拥有了控制权，但股权与控制权并不一定完全对等，而拥有董事会席位的多少与控制权的大小成正比。本章以前十大股东中非国有股东委派董事数量与董事会规模之比来衡量控制权水平。

（五）国有企业资产保值增值水平

借鉴独正元、吴秋生（2020）的研究，本章依据《中央企业负责人经营业绩考核暂行办法》，采用经济增加值与总资产比值测度国有企业资产保值增值指数（Pva）。

(六) 市场化程度

关于市场化程度的度量，本章采用樊纲等编写的《中国分省份市场化指数报告2018》中各地区市场化程度得分指标，衡量企业所面临的外部制度环境差异，指数越高则市场化程度越高。由于该报告中数据截止到2016年，缺少2017年、2018年、2019年数据，但俞红海等（2010）研究发现地区的治理环境具有稳定性和延续性，本书借鉴连军（2012）的方法，直接采用2016年市场化进程指数作为2017年、2018年、2019年的替代数据。

其他变量具体描述如表6-1所示。

表6-1　　　　　主要变量的符号、名称、定义及描述

变量符号	变量名称	变量定义及描述
Pva	国有企业资产保值增值水平	EVA/总资产
Mixra	混改深入性	前十大股东中非国有股东持股比例之和
Mixnum	股权多样性	前十大股东中只有一种产权性质的股东时，混合主体的多样性 $Mixnum=1$，以此类推
Balance	股权制衡度	$ES>EP$，则 $Balance=EP/ES$；若 $ES<EP$，则 $Balance=ES/EP$
Con	控制权	非国有股东委派董事数量/董事会总人数
Mar	市场化程度	市场化程度指数
Size	公司规模	公司总资产的对数
Growth	公司成长性	公司营业收入的增长率
Lev	资产负债率	公司总负债/总资产
Roa	总资产收益率	净利润/总资产
CFO	现金流量	经营现金净流量/总资产
Sub	政府补助	公司获得政府补助的自然对数
Age	公司年龄	公司上市年龄

续表

变量符号	变量名称	变量定义及描述
Sha	控股股东性质	第一大股东性质为国有股时取值为1，否则为0
$Year$	年份哑变量	年份哑变量
$Industry$	行业哑变量	参考证监会行业分类（2012）的标准

三、模型设计

研究国企混改程度对国有企业资产保值增值的影响，本书在回归模型的基础上，引入混合所有制改革程度（Mix）变量，其中从股权深入性（$Mixra$）、股权多样性（$Mixnum$）、股权制衡度（$Balance$）、控制权（$Control$）四个方面全面考虑混合所有制改革程度对被解释变量国有企业资产保值增值（Pva）的影响，以检验上文中提出的假设，模型设置如下：

$$Pva_{i,t+1} = \alpha_0 + \alpha_1 Mix_{i,t} + \alpha_4 Size_{i,t} + \alpha_5 Lev_{i,t} + \alpha_6 Growth_{i,t} + \alpha_7 CFO_{i,t} \\ + \alpha_8 Roa_{i,t} + \sum Year + \sum industy + \varepsilon_{i,t} \qquad (6)$$

为缓解回归模型中存在的异方差和时间序列相关问题，本章对回归系数的标准误差在公司层面进行了cluster调整。

第四节 实证检验与结果分析

一、描述性统计

表6-2列出主要研究变量描述性统计分析结果。如结果所示，国有企业资产保值增值指标（Pva）的均值为-0.003，说明我国商业类国有企业资产保值增值水平整体不高。混改深入性（$Mixra$）均值为0.118，说明我国国有企业中非国有股权比例为11.8%，最大不超过60.0%。股权多样性（Mix-

num) 均值为 3.119，说明我国国企平均拥有 3 种以上异质股权的股东。股权制衡程度（Balance）均值为 0.291，说明我国国有企业中国有资本与非国有资本相互制衡度不高。控制权（Con）的均值为 0.037，进一步说明目前我国的混合所有制改革仅仅是在股权结构方面引入非国有资本，并没有过多给予到非国有资本进入董事会的权力。市场化程度指数（Mar）最大值为 9.877，最小值为 2.371，说明不同地区不同国企间市场化程度差距较大。

表 6-2 描述性统计分析

变量	样本量	均值	中位数	标准差	最小值	最大值
Pva	10 460	-0.003	-0.001	0.028	-0.228	0.131
Mixra	10 460	0.118	0.116	0.093	0.001	0.546
Mixnum	10 460	3.119	3.000	0.122	1.000	5.000
Balance	10 460	0.291	0.301	0.274	0.013	0.925
Con	10 460	0.037	0.028	0.031	0.000	0.480
Mar	10 460	7.231	7.109	1.878	2.371	9.877
Size	10 460	23.320	22.870	1.921	18.670	26.420
Lev	10 460	0.533	0.542	0.819	0.081	0.942
Growth	10 460	0.151	0.099	0.315	-0.189	5.241
CFO	10 460	0.046	0.048	0.031	-0.116	0.265
Roa	10 460	0.032	0.029	0.059	0.058	0.147
Sub	10 460	0.006	0.004	0.021	0.000	1.175
Age	10 460	16.250	17.000	5.260	1.000	34.000
Sha	10 460	0.908	1.000	0.324	0.000	1.000

二、回归结果分析

（一）混改深入性与国有企业资产保值增值回归结果分析

表 6-3 列出了混合所有制改革程度与国有企业资本配置效率的回归分析

第六章｜混合所有制改革的经济影响之二：混合所有制改革与国有资本保值增值实证研究

结果。从表6-3第（1）列可以看出股权深入性（*Mixra*）与国有企业资产保值增值（*Pva*）系数为0.006（*t* = 2.78），在1%显著性水平下正相关，即随着非国有资本比例的增大，对国有企业资产保值增值有正相关性。实证结果与理论分析一致，表明假设（5）合理。说明随着非国有资本的引入加深，在企业实现股权多元化的同时使附着在不同资本主体上的各种资源可以优势互补，在国有资本保值升值的同时促进了我国国有企业的资本配置。

表6-3　混合所有制改革程度与国有企业资产保值增值关系回归结果

变量	基础模型组			
	（1）混改深入性	（2）股权多样性	（3）股权制衡度	（4）控制权
Mixra	0.006 *** (2.78)			
Mixnum		0.018 ** (2.03)		
Balance			0.016 ** (2.35)	
Con				0.023 *** (2.91)
Size	0.029 *** (3.37)	0.031 *** (3.14)	0.022 *** (3.08)	0.019 *** (2.99)
Lev	0.035 *** (3.24)	0.021 *** (2.77)	0.035 *** (3.46)	0.028 *** (3.07)
Growth	0.062 *** (3.93)	0.027 *** (3.75)	0.013 ** (2.99)	0.009 *** (3.11)
CFO	0.011 *** (3.50)	0.009 *** (3.68)	0.011 *** (3.75)	0.029 *** (3.45)
Roa	0.067 *** (3.47)	0.055 *** (3.42)	0.062 *** (3.73)	0.071 *** (3.09)

续表

变量	基础模型组			
	（1）混改深入性	（2）股权多样性	（3）股权制衡度	（4）控制权
Sub	0.014*** (3.01)	0.007*** (2.98)	0.012*** (2.87)	0.022*** (3.03)
Age	-0.013** (-2.01)	-0.021** (-1.99)	-0.009** (-2.27)	-0.011*** (2.97)
Sha	0.014* (1.67)	0.021** (1.73)	0.014* (1.69)	0.027** (1.86)
Year	控制	控制	控制	控制
Industry	控制	控制	控制	控制
N	10 460	10 460	10 460	10 460
Adj. R^2	0.347	0.338	0.339	0.326

（二）混改股权多样性与国有企业资产保值增值回归结果分析

从表6-3第（2）列可以看出前十大股东股权多样性与国有企业资产保值增值（Pva）系数为0.018（t=2.03），在5%显著性水平下呈正相关关系，可以反映出股权多样性越丰富，国有企业资产保值增值效果越好。实证结果与理论分析一致，表明假设（6）合理。说明实施混合所有制改革，国有企业混合主体中非国有资本的引入，能够有效解决国有股份"一股独大"所造成的所有者缺位和内部人控制等问题，强化了市场在资本配置中起决定性作用的地位，有效提升了企业资本配置，实现国有资产保值增值。

（三）混改股权制衡度（融合度）与国有企业资产保值增值回归结果分析

从表6-3第（3）列可以看出股权制衡度与国有企业资产保值增值系数为0.016（t=2.35），在5%显著性水平下呈正相关关系，即股权制衡度越高,越容易实现国有企业资产保值增值。实证结果显示与理论分析一致,说明假设(7)成立。即当国有股东与非国有股东形成相互制衡时,有利于更有效地发挥公司治理效应,有利于完善股权配置结构,提高国有企业运营效率与资本配置效率。

(四)非国有股东控制权与国有企业资产保值增值回归结果分析

从表6-3第(4)列可以看出非国有资本控制权与国有企业资产保值增值的回归系数为0.023（$t=2.91$）,为显著正相关关系。说明从控制权结构维度来看,非国有资本参与国有企业治理有利于国有企业资产保值增值,说明假设(8)成立。

三、稳健性检验

为了检验研究结论的稳健性,本章对基本回归结果做了如下稳健性检验:(1)对混合所有制改革程度滞后一期（Mix_{t-1}）处理进行稳健性检验,以避免因变量与自变量的反向因果关系,主要研究结论如表6-4所示;(2)替换因变量,参考祁怀锦等(2018)的研究方法,依据《国有资产保值增值考核试行办法》相关内容,采用国有资产保值增值率来衡量国有企业资产保值增值水平,主要研究结论仍与上述研究结论相同;(3)参考库斯纳迪(2015)的做法,用混合所有制改革深入性、股权多样性、股权制衡度和控制权的平均值作为各自的工具变量再进行回归分析。全样本检验及分组检验回归分析结果与主检验结果基本一致,结论较为稳健,因篇幅所限,结果未予报告。

表6-4　　　　　　　　　自变量滞后一期

变量	混改深入性	股权多样性	股权制衡度	控制权
Mixra	0.012 *** (2.70)			

续表

变量	混改深入性	股权多样性	股权制衡度	控制权
$Mixnum$		0.031 ** (2.42)		
$Balance$			0.025 ** (2.33)	
Con				0.018 *** (2.81)
$Size$	0.046 *** (3.61)	0.045 *** (3.57)	0.051 *** (3.48)	0.008 ** (2.08)
$Growth$	0.021 *** (3.73)	0.027 *** (3.69)	0.023 *** (3.55)	0.011 ** (2.31)
Lev	0.033 *** (2.97)	0.036 ** (2.46)	0.035 *** (2.87)	0.007 ** (2.47)
Roa	0.043 *** (3.71)	0.048 *** (3.66)	0.041 *** (3.58)	0.051 ** (2.09)
CFO	0.028 *** (3.61)	0.022 *** (3.84)	0.025 *** (3.91)	0.014 *** (3.37)
Sub	0.046 ** (2.03)	0.049 ** (2.31)	0.052 ** (2.19)	0.011 ** (3.17)
Age	-0.041 *** (-3.12)	-0.036 *** (-3.22)	-0.033 *** (-3.18)	-0.014 ** (-2.19)
Sha	0.023 * (1.92)	0.019 ** (2.21)	0.025 ** (2.08)	0.007 ** (1.79)
Year	控制	控制	控制	控制
Industry	控制	控制	控制	控制
N	10 460	10 460	10 460	10 460
Adj. R^2	0.307	0.313	0.297	0.289

注：限于篇幅，本表未一一列出控制变量的回归结果。

四、进一步研究

从资源配置的视角分析，资本运营与配置作为企业资本管理的关键要素，是确保国有资本保值增值的重要方面。国有企业存在的"一股独大"问题会造成资本配置效率低下，不利于国有资产保值增值。混合所有制改革打破了单一的股权性质在资本运营与配置方面的限制，促进了不同股权性质资本之间有效兼容，发挥各自的优势。同时，在国有产权结构中积极引入非国有资本，有助于降低国有资产所有者与经营者之间代理问题，增强国有经济活力，从而实现国有资本保值增值。

上述回归分析结果表明，随着混合所有制改革的加深，国有企业资本配置效率也得到了显著提高。结合上述分析，本章进一步研究混合所有制改革、资本配置效率与国有资产保值增值三者之间的关系，为检验资本配置效率的中介效应，本章在模型（6）的基础上简化成模型（7），并构建模型（8）和模型（9）如下所示：

$$Cap_{i,t} = \alpha_0 + \alpha_1 Mix_{i,t} + \alpha Controls + \varepsilon_{i,t} \tag{7}$$

$$Pva_{i,t} = c_0 + c_1 Mix_{i,t} + \alpha Controls + \varepsilon_{i,t} \tag{8}$$

$$Pva_{i,t} = c_0 + c_1' Mix_{i,t} + c_2' Cap_{i,t} + \alpha Controls + \varepsilon_{i,t} \tag{9}$$

因资本配置效率指标要作为自变量研究对资产保值增值的影响，参考祁怀锦等（2019）的研究方法，采用投资回报率与资本成本率的比值来度量资本配置效率（Cap），见表6-5。

表6-5报告了混合所有制改革、资本配置效率与国有企业资产保值增值三者间回归分析结果。结果表明模型（7）中系数α_1均显著为正，说明混合所有制改革显著提升了国有企业资本配置效率。模型（8）中系数c_1分别为0.009、0.019、0.010和0.020，均显著为正，说明混合所有制的实施有利于实现国有资产保值增值。模型（9）中系数c_2'均显著为正，同时系数c_1'分别为0.016、0.013、0.011和0.021，也都显著为正，说明资本配置效率（Cap）在国企混改和国有资产保值增值水平中发挥了部分中介效应。

表6-5 混合所有制改革、资本配置效率与国有企业资产保值增值

变量	混改深入性 模型(7) Cap	混改深入性 模型(8) Pva	混改深入性 模型(9) Pva	混改多样性 模型(7) Cap	混改多样性 模型(8) Pva	混改多样性 模型(9) Pva	混改制衡度 模型(7) Cap	混改制衡度 模型(8) Pva	混改制衡度 模型(9) Pva	控制权 模型(7) Cap	控制权 模型(8) Pva	控制权 模型(9) Pva
Mixra	0.007*** (2.88)	0.009*** (2.91)	0.016*** (2.66)									
Mixnum				0.028** (2.24)	0.019*** (2.71)	0.013** (2.47)						
Balance							0.016** (2.37)	0.010*** (2.69)	0.011** (2.54)			
Con			0.008* (1.72)			0.007* (1.81)				0.013*** (2.76)	0.020*** (2.82)	0.021*** (2.72)
Cap									0.008* (1.79)			0.011** (2.02)
N	10 460	10 460	10 460	10 460	10 460	10 460	10 460	10 460	10 460	10 460	10 460	10 460
Adj. R^2	0.301	0.307	0.309	0.311	0.313	0.301	0.309	0.298	0.307	0.289	0.292	0.298

注：限于篇幅，本表未一一列出控制变量的回归结果。

第五节　结论与启示

一、结论

本章采用2009~2019年我国A股商业类国有上市企业为样本数据，研究了混合所有制改革引起的股权结构和控制权结构变化对国有企业资产保值增值的影响。得到以下研究结论：非国有资本占总资本比例、国企混改所形成的股权多样性、股权制衡度（融合度）和非国有资本控制权都与国有企业资产保值增值在一定显著性水平下呈正相关关系，即在国企进行混合所有制改革中引入非国有资本有益于实现国有企业资产保值增值；混合所有制改革通过提升国有企业资本配置效率最终有益于国有资本保值增值；中介机制检验表明，资本配置效率的提升发挥了部分中介效应。

二、启示

第一，合理配置非国有资本比例，充分发挥非国有资本治理作用，并形成股权融合机制，发挥股东之间的制衡作用。非国有资本能给国有企业带来活力和竞争力，有利于国有企业在当前市场环境下提升资本配置效率，实现国有资产保值增值。

第二，在国企混改过程中，最重要的是要对国有和非国有资本实施公正平等的待遇，完善相关法律法规保障，使各类不同性质资本平等地参与市场竞争，加速推进国有企业公开、公正、市场化运营模式。

第三，切实按照市场化竞争机制推进国有企业去行政化，完善职业经理人选聘制度，增加在市场化竞争情况下聘任管理人员的比例，确保对国有企业主要高层管理人员考核、激励、约束、报酬等都按市场化规范管理。

第四,国有企业在推行混合所有制改革进程中不能搞一刀切,也不能只是简单地为混而混,要视情况分门别类逐步推进,确保国有资产保值增值。

第七章 混合所有制改革的经济影响之三：国有企业控制权转移与股价同步性实证研究

第一节 国有企业改革与控制权转移

在中国40多年波澜壮阔的改革开放的浪潮中，国有企业（以下简称"国企"）改革不断深化并高速向前发展。2020年6月30日，习近平总书记主持召开中央全面深化改革委员会第十四次会议，审议通过《国企改革三年行动方案（2020—2022年）》，此次"关键三年"的提出意味着国企改革将会进一步发展，2022年恰好是本次"三年行动"的关键时期，国企改革的相关内容再次引发学者的热议与关注。控制权转移作为影响深入的混合所有制改革的重要因素之一，它的出现不但可以大大影响企业的短期效益，同时也从根本上影响到了企业的长期发展（刘小玄、李利英，2005）。

国企改革是通过在国有企业中引入非国有资本，实现股权多元化，来转换企业运营机制、建立更加符合时代发展的管理制度，增强企业核心竞争力的改革行为。同时，通过推动国有企业改制，不仅能促进国有资本的保值和增值，同时显著提高了国有经济的市场竞争力。陈林等（2019）指出，目前国企改革的重中之重早已不是"是否引入非国有资本"，而主要在于"在多大程度上引入非国有资本"以及控制权等一系列问题。现有研究主要从国企改革中控制权转移的动因（汪恩贤、刘星河，2020）、控制权转移是否会对企业风险产生承担水平的影响（张吉鹏等，2021）、控制权转移是否会对企业的绩效和效率造成严重影响（程仲鸣、张鹏，2018；白云霞、吴联生，2008）等进行了理论分析和实证研究。

过往研究更多地将研究主体聚焦在企业自身，讨论控制权转移对企业行为和效率的影响，对国有企业与资本市场关系的研究并不多见。然而事实上，国企改革与资本市场之间存在十分密切的联系并相互影响。据统计，在千余家国有控股的上市公司、总市值超过20万亿元"交集"的引导下，资本市场与国企改革互相作用发展形成了"你中有我，我中有你，和谐共赢"的双向赋能的共建格局。在国企改革不断进步的大环境下，国企内外部治理结构以及治理机制的多层次改良对资本市场带来的影响同样不容小觑（张荣武、罗澜，2021）。中国资本市场的协调与发展需要充分发挥、及时协调要素资源的高效调动力和优化配置力，从而帮促国企改革更快更好地达成目标、完成任务。政府工作报告、"十四五"规划和2035年远景目标（草案）中都多次提出要深化国企改革，而资本市场的保驾护航是在推进国企改革的过程中必不可少的要素：国有企业需要通过资本市场的直接融资功能，以更为合适的成本进行融资，从而更加快捷高效地实现产业升级、规模扩张等工作；通过资本市场的产业引导功能，达到在产业链、供应链等多层次的协调与整合；通过资本市场的价值发现功能，寻求最合理的价值估计，并提升企业的并购效率。总的来说，国企改革的稳步推进带动了资本市场的高质量、高效率发展。通过研究2021年10月国务院国有资产监督管理委员会发布的数据，国有企业在资本市场有着举足轻重的地位，单从数量上看，现存各级国有控股的上市公司上千家中，达到了A股市场总上市公司的26%以上，市值更是达到了总市值的32%以上，截至目前，该数据应当还有不小的提升。所以，国有企业的"领跑"能够激发并赋予其他公司的发展动能。以上分析可以说明，在国企改革的整体过程中，控制权的转移对资本市场上股价同步性的影响值得探究。

本章从2010~2019年A股上市公司检验国企控制权转移对国有企业股价同步性造成的影响（市场反应），在此基础上，进一步探究内外部治理及其环境对国企控制权转移对企业股价同步性的影响。研究结果表明，国企控制权转移造成股价同步性明显下降。同时，股权制衡度和机构投资者持股越高、地区经济发展水平和法治治理环境越好——即内外部治理环境越好，国企控制权造成股价同步性下降越明显。

在企业行为方面，国有性质不同的企业在风险承担方面存在着极大的不同（李文贵等，2012）。拉苏德等（Lassoued et al., 2016）、何等（Ho et al., 2020）也都发现相比于非国有企业，国有企业的风险承担水平更高。张吉鹏等（2021）则通过进一步的研究发现当国企控制权发生了转移后，非国有控制人为了在已有利益的基础上谋求更多的私利而显著降低了企业的风险承担水平，从而抑制了企业的风险承担。另外，程仲鸣和张鹏（2018）、谭等（Tan et al., 2020）发现当企业的控制权由国企转变为非国企后，企业的创新能力得到了的激发，从而有了显著提高，然而钟昀珈等（2016）、余明桂等（2019）、熊家财和唐丹云（2020）则认为在国有企业的控制权发生转移后，企业的创新能力受到了约束与抑制。当企业的外部治理环境较差时，由于监督效应有所减弱，民营控股股东谋求国企控制权的真实目的是满足控制权私利（汪恩贤等，2020），具体来说是非国有控股股东和管理层掏空企业问题严重，与此同时在这个过程中常附带着中小股东利益被侵占的情况（白云霞等，2013），以上这些问题的出现均会对企业效率和绩效产生负向影响（钟昀珈等，2016）。

已有文献为国有企业控制权转移与股价同步性的研究提供了成熟的理论体系和分析框架。然而，对国企控制权转移的研究较多针对企业的行为和效率的影响展开，对于股价同步性影响的研究多从监管、治理角度展开，截至目前，基于国有企业控制权转移对于股价同步性的影响还少有文献涉及。本章从国有企业这一主体出发，研究基于国企控制权转移对股价同步性产生的影响，这对更好地推进国企改革、促进国有企业与资本市场的双向赋能、共同发展有着重要的启示作用。

第二节　国有企业控制权转移与股价同步性

关注控制权转移前后这种"时刻"上的政策影响。"时刻"与"时间"是物理学中的两个不同的概念。"时刻"指一个很短的瞬间,而两个时刻之间的过程称为"时间"。以往的研究往往是从国有企业改革的整个过程中,探讨改革程度对股价同步性的影响,而本章将控制权是否发生完全的转移进行研究,分析转移前后这种时点上股价同步性的差异,其结果将对推进实现国企改革进一步发展有着一定的促进作用。以股价同步性作为市场反应切入点,结合资本市场讨论国有企业改革的影响。在以往关于国有企业改革的研究中,学者们的研究重点往往是国有企业改革带给企业自身的影响,而事实上,国企改革与资本市场是双向赋能的,其对资本市场的影响同样值得关注与探究。

股价同步性最早由罗尔(1988)提出,用 R^2 的大小来判断与估计公司的特质性信息融入个股市场价格中的情况,从而测量并反映资本市场中信息的效率情况。目前,国内外学者往往对股价同步性持有两种不同的观点:一是效率观,即较低的股价同步性往往意味着更多的企业特定信息传递到了市场中,从而带来更有效的资本定价(Durnev et al., 2003;Hutton et al., 2009)。二是噪音观,即在不完善的、不发达的资本市场中,由于投资者在获取与整合信息的行为中存在一定的行为偏误,因此较低的股价同步性往往代表更大的不确定性和噪音(Hou et al., 2013)。

现有研究主要从内外部治理、市场制度等方面广泛讨论了能够对企业股价同步性产生影响的各种因素,并在此基础上提出了相应的建议与改善对策。

在公司治理方面,股价同步性的研究内容主要有股东与控制人情况、股权集中情况,等等。壕沟防御效应和利益协同效应(李增泉,2006)使得大股东之间无法形成有效的制约机制,在这一情况下,控股股东会为了追求自身利益而增加损害公司及各中小投资者利益的可能性,进而会反映出更少的利益协同效应，提高了股价同步性（袁知柱等，2009）。在决策过程中，如果非控股股东、中小股东参与进行了决策过程，那么当这种情况被资本市场捕捉到时，投资者会认为市场中包含了更多的企业特质性信息，从而引起股价同步性的降低。

当企业的实际控制人性质发生变化时，实际控制人的国有性质提高了股价同步性水平（王立章等，2016）。在外部治理方面，分析师情况、机构投资者持股是当下研究的两个焦点。在资本市场中，分析师具有信息发现与信息传递的能力与职责，出于其职业性与专业性，分析师报告中公司特质信息含量越高，所关注公司的股价同步性越低（伊志宏等，2019）。同时，相比个人投资者，机构投资者具有专业性与集中性，因此他们也会对股价同步性产生一定的影响。具体表现为，如果市场上存在机构投资者披露的企业信息，那么该类信息能够对企业起到显著的治理效应（韩伟龙，2016）。另外，机构投资者的持股偏好也会对公司股价产生更为强烈的影响（沈弋等，2021）。

在市场制度方面，股价同步性的研究指标主要有政治关系、制度环境等。相比于没有政治关系的企业，有政治关系的企业会通过政府关系寻找可庇护的条件从而降低自身披露特有信息的动机，提高股价同步性（唐松等，2011）。而当企业处于较为恶劣的制度环境时，或是存在不完善的中小投资者保护机制等都将会使公司透明度有所降低，从而使企业公布出的信息缺少更具有特质的信息，然而外部投资人往往依赖于市场、行业中的共享信息产生投资决策，这一整个过程则会导致个股价格与市场价格保持较高的同步性（Jin and Myers，2006；王亚平等，2009；于悦，2013）。

一、国企控制权转移与股价同步性

在现代公司治理中，信息披露是十分关键与必不可少的工作内容与环节。学者张志康等认为，由于中国证券市场交易制度的完善与改进，信息环境的不透明往往会使股价同步性提升，这既不利于国企自身发展，也不利于资本市场长远发展和对中小投资者利益的保障。因此，将非国有企业资本引入国企,是改善内部治理,提升治理效率的必要方式,也是促进国企长足发展的关键。目前,尽管已有文献对非国有控股股东的治理行为与信息公开的质量、混改程度等因素对股价同步性的影响展开了研究与探讨,但没有研究或讨论过国企控制权转移对股票价格同步性的影响。因此,本章将以信息效率与股价同步性呈现负相关的观点对后文展开深入探讨。

在国有企业控制权转移中,企业的实际控制人性质由国有转变为非国有。已有研究表明,为了使寻租活动进行得更加隐蔽,有政治关系的公司会减少信息披露数量和质量,公司的股价同步性上升。因此,在控制权转移后,非国有股东的监督控制行为能够减少企业的非效率行为,同时,会压缩企业的高管对信息披露的操纵空间,从而使更多真实的公司特质信息汇入资本市场。当资本市场中包含的企业特质信息愈加增多时,反映在资本市场上的股价同步性将相应降低。因此本章提出假设(9)。

假设(9):国有企业控制权转移后,股价同步性降低。

二、内外部公司治理环境的影响

如前所述,国有企业控制权转移引起企业的股价同步性降低,主要是因为非国有控制人的治理决策会对企业的治理机制形成充分的补充与约束。已有关于股权制衡度的研究表明,在制衡度较高的公司内部,大股东和中小投资者之间产生了利益协同效应,在资本市场上则体现为股价同步性的降低。股权制衡度对股价同步性的抑制作用会补充加强国企控制权转移对股价同步性的抑制作用,因此本章提出假设(10)。

假设(10):在其他条件相同的情况下,股权制衡度会加强国企控制权转移对股价同步性的抑制作用。

另外,和个人投资者相比,机构投资者具有发掘信息并利用信息进行合理交易的职能。在股价同步性与机构投资者相关的研究中,周林洁等(2014)指出,在譬如美国等较为发达的资本市场中,机构投资者通常被人们看作是建设性的存在,它们的交易行为会引发、带动其他投资者的投资行为，从而影响个股在整个交易市场中发生价格变动。此外，已有研究证明，机构投资者更愿意持有具有良好治理结果的股票。从这一角度，我们也可以认为机构投资者对于企业起着监督治理的作用，因此，如果机构投资者具有信息发现的功能并行使了监督的权利，本章推测在其他条件相同的情况下，机构投资者持股会增强国企控制权转移对股价同步性的抑制作用。

假设（10a）：股权制衡度越高，国企控制权转移对股价同步性的抑制作用越强。

假设（10b）：机构投资者持股越高，国企控制权转移对股价同步性的抑制作用越强。

外部治理环境不同于外部治理机制，它是相对于公司治理结构、内外部治理机制等更为根源性的层面。参考余耀东等（2010）、张吉鹏等（2021），外部治理环境是与经济活动前三个过程紧密相关的政治、经济、法律和社会规则，而决定我国公司治理环境好坏的主要因素有政府干预、法治水平、市场化程度等。

我国国土面积十分辽阔，各省区市之间经济发展水平不同步、不平衡。借鉴王小鲁等（2021）编写的《中国分省份市场化指数报告》，以其中的市场化水平指数来衡量各省市区经济发展水平。已有研究表明，在市场化水平较低的地区，一是政府对企业的干预能力更强，在国企控制权转移后，政府对企业的强干预能力使得非国有控制人无法更好地发挥其监督治理作用，在这种情况下，国企控制权转移对股价同步性的抑制作用较弱。二是外部监管机制较弱，市场化水平通常能够与外部治理效应呈现正相关，在市场化水平较低的地区，经济发展通常较为落后，投资者与上市公司之间的信息不对称问题更为严峻，股价会随着大盘走势涨跌。相反，在市场化水平较高的地区，由于传统的治理结构和机制所带来的问题伴随着市场化的过程而有所改善，国有企业控制权转移所带来的治理效果可能更加明显，其对股价同步性的抑制作用也会更强。另外，在法律条款相同的情况下，由于存在地区差异，各地对于同一条款的执行力度大小不同，即使执行的力度相同也仍然可能使执行效果产生差异。法治水平提高有利于推进国企改革，使国企能够更加充分发挥其改革的影响。同时，地区法治水平的提升对国企控制权转移后政府的干预行为起到了抑制作用，也对非国有股东的治理行为起到监督作用，促使更具特质性的公司信息包含到股价当中，降低股价同步性。为此，本章提出以下假设。

假设（11a）：地区市场化水平越高，国有企业控制权转移对股价同步性的抑制作用越强。

假设（11b）：地区法治水平越高，国有企业控制权转移对股价同步性的抑制作用越强。

第三节 研 究 设 计

一、数据与样本

本章参考汪恩贤（2020）的研究，将 2010～2019 年中国沪、深两市 A 股实际控制权发生了转移的国有企业和始终保持国有产权性质不变的国有企业为研究样本。同时，对数据进行如下处理筛选：（1）剔除金融行业上市公司及数据值缺失的样本；（2）对于存在风险警示的 PT、ST 公司，由于它们可能会因为公司行为、市场价值以及信号传递效应受到负面影响，因此剔除此类公司；（3）剔除实际控制人由国企转变为非国企之后又转变为国企等发生了数次控制权转移的企业。经过筛选整理后得到一直保持国有产权不变的对照组 7 886 组数据，和发生控制权转移的实验组 752 组数据，共有 8 638 个数据样本。财务数据源自国泰安数据库（CSMAR），实际控制人数据则进行了手工整理，以防止出现数据遗漏的情况。

二、变量与测量

被解释变量。股价同步性，用于衡量公司的信息透明度。借鉴杜尔涅夫等（Durnev et al., 2003）的做法，运用模型（10）来估计个股的 R^2：

$$r_{it} = \beta_0 + \beta_1 \times r_{mt} + \beta_2 \times r_{It} \tag{10}$$

其中，r_{it} 为第 t 周的个股 i 的收益率，r_{mt} 为第 t 周 A 股市场加权平均收益率，r_{It} 为第 t 周个股 i 所归属的行业加权平均收益率。市场及行业均以流通市值加权平均法进行统一计算。经过回归运算，可以估计出模型的拟合优度 R^2。由于 R^2 的取值范围是（0，1），为保证参数呈正态分布，经过模型（11）计算，所得 SYN 就是股票价格同步性的度量指标，其值越大代表着该股的股价同步性越高，而在资本市场上该股票所对应的公司释放的特质信息就越少：

$$SYN = \ln[R^2/(1-R^2)] \tag{11}$$

解释变量。国企控制权转移，与王立章等（2016）、汪恩贤和刘星河（2020）一致，本章将国企控制权转移定义为企业的实际控制人从国有转变为非国有。

分组变量。本章参照已有文献选用股权制衡度、机构投资者的持股比例、地区市场化水平、地区法治治理水平作为分组变量。在假设（10a）和（10b）中，本章认为公司内外部的监督治理水平会对主假设中主要变量的关系产生重要的影响。对此，本章参照沈弋等（2021）的研究，使用股权制衡度估算内部监督治理水平，使用机构投资者持股比例估算外部监督治理水平。二者均以相应的年度－行业中位数作为划分的依据。借鉴了学者王小鲁等（2021）编写的《中国分省份市场化指数报告》，以全国各省市区市场化进程总得分来反映企业所属区域的市场化水平，以各年度内的中位数值作为当年我国市场化程度的总体水平，即分组依据，将收集的样本区分为市场化程度较低和市场化程度较高两组。以报告中中介组织发育和法律得分来估算企业所在地区的法治化水平，取各年度的平均值作为分组依据，将样本分成法治化水平较低和较高两组。

控制变量。（1）公司特征。公司规模（Size），已有研究表明公司的规模越大，公司受公众关注的程度越高，同时，受国家宏观经济政策的影响也越大。资产负债率（Lev）、资产收益率（Roa），能够反映企业整体的经营与发展情况，也是影响股价同步性的可能因素。公司成长性（Growth），公司成长性越好，受公众关注度越高。（2）股票市场层面。市账比（VB）、托宾Q，可反映股票的内在价值，进而影响股价同步性。股票年换手率（Turnover），作为反映股票交易的活跃程度的判断依据。股票换手率越高，则交易往往更为活跃，该股票所属公司向市场释放的特有信息就越多，从而使得股价同步性越低。（3）公司治理层面。独立董事（Ind）、董事会规模（Board）、两职合一（Duality）、第一大股东持股比例（Largest），四者均能描述高管成员中个人权力的大小情况，一般而言，高管人员的整体规模越大，在进行团体决议时所需耗费的协调成本就会越高。

三、研究模型

多时点双重拆分模型较好排除干扰因素，反映出国企控制权转移与股价同步性之间的因果关系。对于控制权转移这一政策的实施，各企业并没有统一规定的时间节点，而是按照企业自身情况各自逐步进行，本章参考过往研究国有企业控制权转移的文献，如沈洪涛等（2018）、张吉鹏等（2021）的做法，将控制权始终保持不变和控制权发生转移的国企分为对照组和实验组，构造了多时点双重拆分模型，模型如下。

$$SYN_{it} = \alpha_0 + \alpha_1 D_{it} + \alpha_2 Control + \beta_i + \gamma_t + \varepsilon_{it} \tag{12}$$

其中，SYN 为股价同步性；D 表示企业 i 在第 t 年是否发生了控制权转移，若发生了控制权转移，则在控制权转移当年及其后各年取值为1，其他情况取值为0。$Control$ 为一组可能影响股价同步性的控制变量，包括公司规模、资产负债率、盈利能力、公司成长性、换手率、董事会独立性、两职合一、董事会规模大小、托宾Q、所有权结构。另外，在参考经典的多时点双重拆分法文献（Beck et al.，2010）的基础上，本章采用了双重固定效应模型，即控制个体固定效应（β_i）、年度固定效应（γ_t）。

四、描述性统计

作为被解释变量，SYN 的均值为 0.019，中位数为 0.059，标准差为 0.952，说明个股之间的股价同步性差异较大。政策变量（D）的平均值为 0.048，说明大约 4.8% 的公司年份观察值为国企控制权转移当年及之后年份的样本。公司规模的最大值为 28.950，最小值为 19.230；变量 Lev 的均值为 0.517，标准差为 0.202，表明样本中的上市公司负债水平适中，这符合非 ST 上市公司的数据特征；Roa 的均值为 0.030，最大值为 0.381，最小值为 -2.647，说明我国上市公司的盈利能力不仅存在较大差异，而且普遍盈利水平不高。公司成长性（$Growth$）的最大值为 978.600，最小值为 -28.590，说明样本中，企业成长性差异较大。股票年内日换手率（$Turnover$）之和的均值为 436.300，说明我国的股票交易活跃。其他变量分布与现有研究基本一致，均在合理范围内（见表 7-1）。

表 7-1   描述性统计

变量	N	mean	p50	sd	min	max
SYN	8 626	0.019	0.059	0.952	-5.522	5.199
D	8 638	0.048	0.000	0.213	0.000	1.000
$Size$	8 638	22.840	22.660	1.470	19.230	28.950
Lev	8 638	0.517	0.527	0.202	0.010	1.698
Roa	8 638	0.030	0.028	0.064	-2.647	0.381
$Growth$	8 633	0.995	0.120	17.290	-28.590	978.600
$Turnover$	8 637	436.300	341.900	342.000	2.170	3 541.000
Ind	8 637	37.210	33.330	5.911	18.180	80.000
$Board$	8 638	9.272	9.000	1.954	0.000	18.000
$Duality$	8 469	0.100	0.000	0.301	0.000	1.000
Q	8 638	1.792	1.409	1.204	0.706	19.110
$Largest$	8 638	38.880	37.790	15.380	3.620	89.090

五、相关性分析

为初步判断数据选择的合理性，考察变量之间是否具有严重的多重共线性，在做主回归分析之前，先对样本数据进行处理做出 Pearson 相关系数分析，如表 7-2 所示。由表可知，国企控制权转移（D）与股价同步性（SYN）显著负相关，这与我们的假设基本吻合。另外，表中除自相关外，其余各变量的相关系数均落在 [-0.5, 0.5] 的区间范围内，这表明各变量之间基本上不存在多重共线性，因而可以同时置于回归模型之中。

表 7-2　　　　　　　　　　　相关系数分析

	SYN	D	Size	Lev	Roa	Growth	Turnover
SYN	1						
D	-0.132***	1					
Size	0.351***	-0.091***	1				
Lev	0.033***	-0.031***	0.424***	1			
Roa	0.072***	-0.073***	0.044***	-0.355***	1		
Growth	-0.024**	0.028***	-0.022**	0.007	0.013	1	
Turnover	-0.129***	-0.007	-0.310***	-0.035***	-0.074***	0.005	1
Ind	0.068***	0.022**	0.157***	0.070***	-0.040***	0.019*	-0.044***
Board	0.110***	-0.085***	0.224***	0.087***	0.030***	-0.031***	-0.095***
Duality	-0.016	0.092***	-0.020*	0.008	-0.001	-0.008	0.023**
Q	-0.145***	0.080***	-0.466***	-0.336***	0.090***	0.051***	0.229***
Largest	0.115***	-0.143***	0.256***	0.000	0.111***	0.005	-0.202***

	Ind	Board	Duality	Q	Largest
Ind	1				
Board	-0.343***	1			
Duality	0.058***	-0.078***	1		
Q	-0.034***	-0.115***	0.002	1	
Largest	0.078***	0.019*	-0.095***	-0.098***	1

六、单变量检验

表 7-3 为实验组的均值 t 检验,从中可以看出实验组国企控制权转移前的股价同步性均值为 -0.228,国企控制权转移后的股价同步性均值为 -0.543,二者的差异为 0.315,且在 1% 的水平上显著。以上结果显示,实验组中控制权转移后的股价同步性显著下降,更为稳健的结论会在后文的多元回归中得到。

表 7-3　　　　　　　　　　均值差异检验

变量	G1 (0)	Mean1	G2 (1)	Mean2	MeanDiff
SYN	341.000	-0.228	411.000	-0.543	0.315***

第四节　实证检验与结果分析

一、基准回归结果

(一) 国有企业控制权转移对股价同步性的影响

国有企业控制权转移对股价同步性的影响如表 7-4 所示,两列均控制了个体效应和年份效应。第 (1) 列中,没有加入任何控制变量,D 的回归系数为 -0.256,在 1% 的水平上显著为负;第 (2) 列加入了所有控制变量,D 的回归系数为 -0.266,在 1% 的水平上显著为负。以上回归结果可以表明,国有企业控制权转移降低了股价同步性,假设 (9) 得到验证。

表7-4　　　　国有企业控制权转移对股价同步性的影响

变量	(1) SYN	(2) SYN
D	-0.256*** (0.086)	-0.266*** (0.080)
Size		0.098*** (0.027)
Lev		-0.474*** (0.124)
Roa		-0.001 (0.293)
Growth		-0.000* (0.000)
Turnover		-0.001*** (0.000)
Ind		0.002 (0.002)
Board		0.004 (0.011)
Duality		0.013 (0.036)
Q		-0.027** (0.011)
Largest		-0.003 (0.002)
_cons	0.063** (0.025)	-1.778*** (0.629)
Symbol	Yes	Yes
EndDate	Yes	Yes
R^2	0.200	0.231
N	8 626	8 451

(二) 平行趋势和动态效应检验

双重差分模型的基本前提是在受到政策冲击前，实验组和控制组的变化趋势是平行的，因而进行平行趋势检验是必要的。参考贝克等（Beck et al.，2010）的做法，本章使用事件研究法检验平行趋势假设是否满足，同时也考察控制权转移对股价同步性影响的动态效应，计量模型（13）如下：

$$SYN_{it} = \alpha_0 + \alpha_{-6}D_{it}^{-6} + \alpha_{-5}D_{it}^{-5} + \alpha_{-4}D_{it}^{-4} + \alpha_{-3}D_{it}^{-3} + \alpha_{-2}D_{it}^{-2} + \alpha_0 D_{it}^{0}$$
$$+ \alpha_1 D_{it}^{1} + \alpha_2 D_{it}^{2} + \alpha_3 D_{it}^{3} + \alpha_4 D_{it}^{4} + \beta_i + \gamma_i + \varepsilon_{it} \quad (13)$$

D_{it}^{-k}（$k>0$）表示：若样本是"实验组"且为"政策实施前的第 k 期"则取值为 1，其他情况取值为 0。D_{it}^{k}（$k>0$）表示：若样本是"实验组"且为"政策实施后的第 k 期"则取值为 1，其他情况取值为 0。例如，某企业在 2012 年实施了政策，则它在 2010 的 D_{it}^{-2} 为 1，在 2011 年的 D_{it}^{-1} 为 1，在 2012 年的 D_{it}^{0} 为 1，其他情况为 0。同时，在处理中，为了使各年的企业数量保持平衡，将控制权转移前 6 年甚至更早的年份归并到第 6 年，将控制权转移后的第四年甚至更晚的年份归并到第四年。为避免数据产生严重多重共线性，需选取一期数据为基期，本章将发生国企控制权转移前的第一年作为基期。

平行趋势和动态效应模型如图 7-1 所示：横轴代表政策发生时点，纵轴代表回归系数大小，同时也表示国企控制权转移的政策动态经济效应。圆点代表政策时点对应的回归系数值，带盖虚线则表示 95% 的置信区间。

由图 7-1 可知：在政策实施前，回归系数均不显著，表明实验组和控制组在政策实施前变化趋势是一样的并无显著差异，通过平行趋势检验，可以使用多时点双重拆分模型进行回归处理。在政策实施后，回归系数均在 95% 的置信水平下显著为负，表明国企控制权转移对股价同步性产生了负效应，且政策的影响具有持续性。同时，结果表明在样本期间内实施后的第一年该政策具有最大的效果。

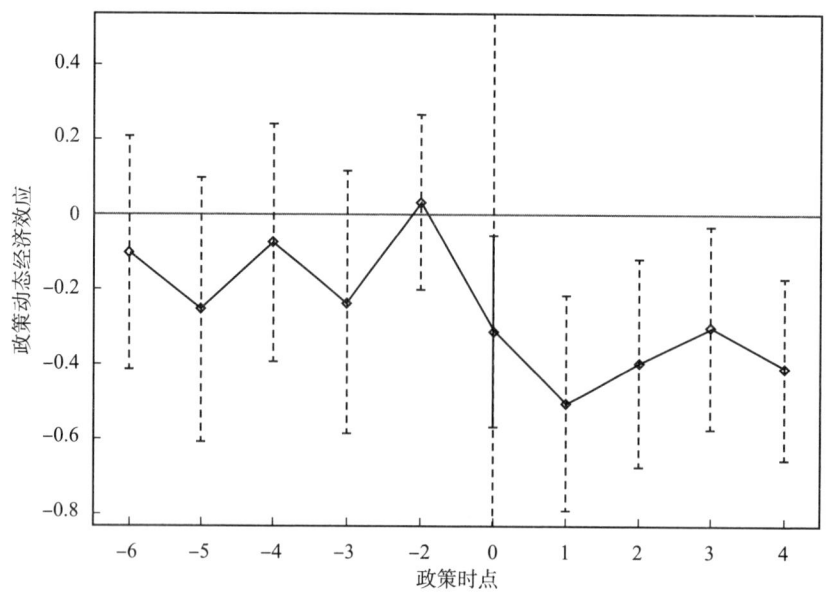

图 7-1 平行趋势检验和动态效应模型

二、稳健性检验

(一) 改变股价同步性的计量方式

上文中借鉴杜尔涅夫等 (Durnev et al., 2003) 的做法,构建模型 (10) 计算股价同步性。市场及行业均采用综合市场流通市值加权平均法,此处,我们对在上海和深圳上市的公司分别采用沪市与深市的分市场流通市值加权平均法 (SYN_Md),并重新对本章的研究假设进行了检验。回归结果如表 7-5 所示,两列系数均在 1% 水平上显著为负,与前文结论相同。

(二) 基于 PSM-DID 方法的检验

在观察政策效应的过程中,国有企业是否发生了控制权转移存在着样本的自选择问题,即是否实施政策是不随机的,而是和其他因素相关,这些因素又被放到扰动项中,造成解释变量与扰动项相关,产生内生性问题。为此本章进一步采用 PSM – DID 方法进行稳健性检验，采用将面板数据视为截面数据再匹配。

表 7 – 5　　　　　　　　改变股价同步性的计量方式

变量	(1) SYN_Md	(2) SYN_Md
D	– 0.058 *** (0.017)	– 0.059 *** (0.016)
Size		0.021 *** (0.006)
Lev		– 0.104 *** (0.023)
Roa		0.015 (0.040)
Growth		– 0.000 (0.000)
Turnover		– 0.000 *** (0.000)
Ind		0.001 (0.000)
Board		0.001 (0.002)
Duality		– 0.004 (0.008)
Q		– 0.006 *** (0.002)
Largest		– 0.001 (0.000)
_cons	0.515 *** (0.005)	0.125 (0.126)

续表

变量	(1) SYN_Md	(2) SYN_Md
Symbol	Yes	Yes
EndDate	Yes	Yes
R^2	0.211	0.241
N	8 638	8 462

首先,通过是否发生了控制权转移的虚拟变量对控制变量进行 Logit 回归,得到倾向得分值。倾向得分值最接近的企业即为实验组的配对样本。然后,进行平衡性检验,如图 7-2 所示,本章使用两组间协变量的标准化均值的偏差% bias 进行度量。结果显示,各控制变量的% bias 均小于 10%,且明显

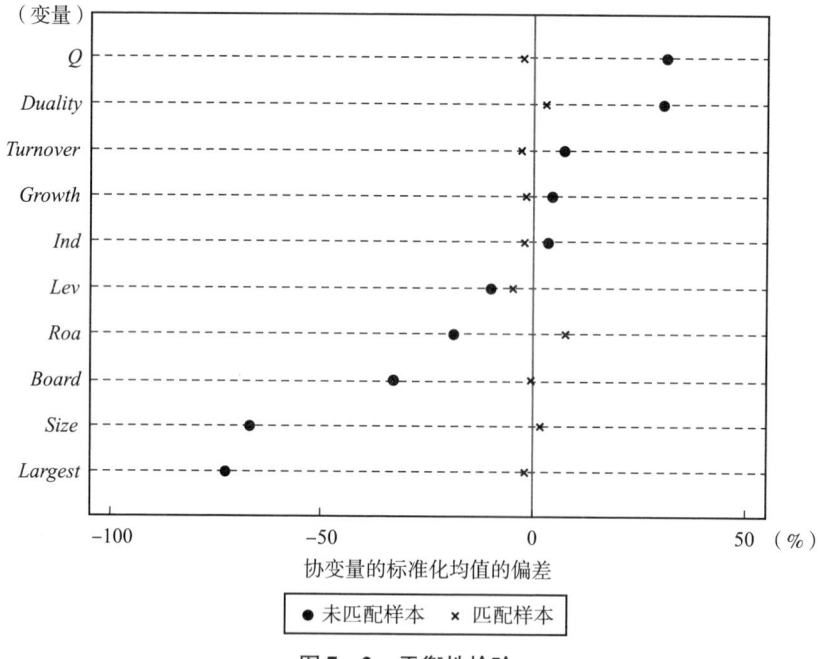

图 7-2 平衡性检验

小于未匹配前,说明匹配效果好,可以用于 DID 回归。接着,使用核密度图观察到匹配前两组间核密度曲线偏差比较大,而匹配后比较接近,说明匹配效果好。进一步证明了 PSM – DID 方法的可行性和合理性。

使用 PSM – DID 的回归结果如表 7 – 6 所示,第(1)列为混合 OLS 回归,第(2)列为固定效应模型回归,第(3)列为使用权重不为空的样本进行的回归第(4)列为使用满足共同支撑假设的样本进行的回归,第(5)列为考虑样本重要性的频数加权回归。

回归结果显示,国企控制权转移(D)的系数在第(1)列的回归系数为 – 0.4408,且在 1% 的水平上显著;第(2)列的回归系数为 – 0.2656,且在 1% 的水平上显著;第(3)列的回归系数为 – 0.2973,且在 5% 的水平上显著;第(4)列的回归系数为 – 0.2778,且在 1% 的水平上显著;第(5)列的回归系数为 – 0.3224,且在 1% 的水平上显著。综上,核心解释变量国企控制权转移(D)的系数在五个回归中均显著为负,且采用不同的回归方法系数值相差不大,即第(3)、(4)、(5)列 D 的系数值大小与第(2)列相差不大,控制变量的系数也符合预期。可见,当考虑到选择偏差问题后,基准回归结果依然稳健,从而进一步支撑了本章实证的结果:国企控制权转移降低股价同步性是十分显著的。

表 7 – 6　　　　　　　　　PSM – DID 回归结果

变量	(1) OLS	(2) FE	(3) Weight！=.	(4) On_support	(5) Weight
D	– 0.4408 *** (0.0608)	– 0.2656 *** (0.0799)	– 0.2973 ** (0.0924)	– 0.2778 *** (0.0803)	– 0.3224 *** (0.0923)
$Size$	0.2487 *** (0.0158)	0.0981 *** (0.0274)	0.0975 (0.0680)	0.0911 ** (0.0289)	0.0865 (0.0663)
Lev	– 0.6391 *** (0.0836)	– 0.4743 *** (0.1239)	– 0.4894 * (0.2345)	– 0.3952 ** (0.1200)	– 0.5116 * (0.2285)
Roa	– 0.0155 (0.1841)	– 0.0008 (0.2929)	0.2527 (0.3718)	0.3535 (0.2248)	0.3057 (0.3531)

续表

变量	(1) OLS	(2) FE	(3) Weight!=.	(4) On_support	(5) Weight
Growth	-0.0006 (0.0004)	-0.0002 (0.0001)	-0.0031 (0.0039)	-0.0002 (0.0002)	-0.0033 (0.0040)
Turnover	-0.0000 (0.0000)	-0.0005*** (0.0000)	-0.0005*** (0.0001)	-0.0005*** (0.0000)	-0.0005*** (0.0001)
Ind	0.0055* (0.0024)	0.0024 (0.0024)	-0.0015 (0.0066)	0.0023 (0.0025)	-0.0029 (0.0063)
Board	0.0182* (0.0079)	0.0037 (0.0106)	-0.0126 (0.0276)	0.0031 (0.0108)	-0.0082 (0.0271)
Duality	0.0087 (0.0366)	0.0131 (0.0364)	-0.0208 (0.0781)	0.0115 (0.0367)	-0.0056 (0.0780)
Q	0.0039 (0.0106)	-0.0269* (0.0113)	-0.0395 (0.0240)	-0.0320** (0.0112)	-0.0377 (0.0231)
Largest	-0.0005 (0.0010)	-0.0026 (0.0017)	-0.0027 (0.0040)	-0.0022 (0.0018)	-0.0027 (0.0040)
_cons	-5.6574*** (0.3510)	-1.7135** (0.6180)	-1.5135 (1.5569)	-1.6039* (0.6635)	-1.2472 (1.5062)
R^2	0.1489	0.5145	0.5852	0.5019	0.6040
N	8 451	8 451	1 864	8 263	2 172

三、异质性分析

（一）内外部治理机制

在假设（10a）和假设（10b）中，本章认为公司内外部的监督治理水平会对假设（9）中提出的因果关系产生重要的影响。对此，本章参照曹春方等（2015）的研究，采用股权制衡度作为衡量内部监督治理水平的主要依据，参照沈弋等（2021）的研究，采用机构投资者持股比例作为衡量外部监督治理的主要依据。二者均以相应的年度－行业中位数作为划分的依据。其中，股权制衡度较低的公司，大股东更容易突破公司内部治理的限制，因此这些公司的内部治理水平一般较低，而对于机构投资者持股，相应地会取得外部监督治理的权力，在理想的状态下，如果其能履行外部监督功能，那么较高的机构持股意味着较高的外部治理水平。

表7－7报告了股权制衡度、机构投资者持股分组回归的结果。在第（1）、（2）列基于股权制衡度的分组回归中，股权制衡度较高组的回归系数为－0.262，在1%的水平上显著，而股权制衡都较低组不显著。在第（3）、（4）列基于机构投资者持股比例的分组回归中，机构持股比例较低组的回归系数不显著，持股比例较高组的回归系数为－0.376，1%的水平上显著。以上结果说明，企业发生控制权转移后股价同步性显著降低，而股权制衡度越高，国企控制权转移对股价同步性的抑制作用越强。

表7－7　　　　　股权制衡度、机构投资者持股分组检验

变量	（1） 股权制衡度较低 SYN	（2） 股权制衡度较高 SYN	（3） 机构持股较低 SYN	（4） 机构持股较高 SYN
D	－0.294 (0.235)	－0.262*** (0.090)	－0.262 (0.090)	－0.376*** (0.205)
$Size$	0.110*** (0.039)	0.141*** (0.044)	0.063 (0.041)	0.155*** (0.039)
Lev	－0.816*** (0.181)	－0.525*** (0.200)	－0.527*** (0.158)	－0.344* (0.209)
Roa	0.224 (0.359)	－0.162 (0.384)	－0.101 (0.289)	0.686** (0.349)
$Growth$	－0.000 (0.000)	－0.000* (0.000)	－0.000** (0.000)	－0.001 (0.001)
$Turnover$	－0.001*** (0.000)	－0.000*** (0.000)	－0.001*** (0.000)	－0.000*** (0.000)

续表

变量	(1) 股权制衡度较低 SYN	(2) 股权制衡度较高 SYN	(3) 机构持股较低 SYN	(4) 机构持股较高 SYN
Ind	-0.001 (0.003)	0.002 (0.004)	-0.002 (0.004)	0.005 (0.003)
$Board$	0.016 (0.015)	-0.001 (0.017)	0.009 (0.015)	0.004 (0.015)
$Duality$	0.042 (0.051)	0.027 (0.060)	0.023 (0.049)	0.004 (0.058)
Q	-0.034* (0.018)	-0.018 (0.016)	-0.056*** (0.020)	0.001 (0.016)
$Largest$	-0.009*** (0.003)	0.002 (0.003)	-0.000 (0.003)	-0.002 (0.002)
$\_cons$	-1.486* (0.866)	-2.863*** (1.030)	-0.774 (0.915)	-3.471*** (0.931)
$Symbol$	Yes	Yes	Yes	Yes
$EndDate$	Yes	Yes	Yes	Yes
R^2	0.264	0.205	0.268	0.210
$chi2$	0.020	0.020	0.26	0.26
$Prob > chi2$	0.899	0.899	0.609	0.609

(二) 外部治理环境

参考何瑛等 (2019) 和张吉鹏等 (2021), 本章从公司注册地所在省份的法治水平和市场化程度两个方面衡量外部治理环境。本章借鉴王小鲁等 (2021) 估算的我国各省份市场化进程总得分来衡量企业所在地区的市场化程度, 取各年度的中位数代表当年我国市场化程度的总体水平, 即分组基准, 将样本区分为市场化程度较低和市场化程度较高两组。表7-8第 (1) 列地区市场化水平较低的回归结果显示, D 的系数不显著; 第 (2) 列市场化水平较高的回归结果显示，D 回归系数显著为负，说明地区市场化水平越高，国企控制权转移对股价同步性的抑制效应越强。同时，借鉴王小鲁等（2021）中的"中介组织发育和法律得分"来衡量企业所在地区的法治化程度，取各年度的平均值作为分组基准，将样本区分为法治水平较低和法治水平较高两组。表7-8第（3）列结果显示，D 的系数不显著；第（4）列结果显示，D 的系数显著为负。说明地区法治水平越高，国企控制权转移对股价同步性的抑制效应越强。

表7-8 基于地区法治水平和市场化水平的检验

变量	（1）市场化水平较低 SYN	（2）市场化水平较高 SYN	（3）法治水平较低 SYN	（4）法治水平较高 SYN
D	-0.218 (0.146)	-0.296*** (0.097)	-0.145 (0.108)	-0.431*** (0.122)
Size	0.136*** (0.047)	0.076** (0.032)	0.150*** (0.044)	0.073** (0.033)
Lev	-0.342* (0.186)	-0.492*** (0.154)	-0.249 (0.166)	-0.577*** (0.168)
Roa	0.388 (0.356)	-0.081 (0.335)	0.730** (0.292)	-0.373 (0.288)
Growth	-0.000 (0.000)	-0.001 (0.001)	-0.000** (0.000)	-0.003 (0.002)
Turnover	-0.000*** (0.000)	-0.001*** (0.000)	-0.000*** (0.000)	-0.001*** (0.000)
Ind	0.004 (0.005)	0.002 (0.003)	0.000 (0.004)	0.005 (0.003)
Board	-0.003 (0.017)	0.006 (0.014)	-0.016 (0.014)	0.019 (0.015)
Duality	0.164** (0.074)	-0.022 (0.042)	0.086 (0.054)	-0.011 (0.047)

续表

变量	（1） 市场化水平较低 SYN	（2） 市场化水平较高 SYN	（3） 法治水平较低 SYN	（4） 法治水平较高 SYN
Q	-0.002 (0.024)	-0.032** (0.013)	-0.015 (0.016)	-0.035** (0.016)
$Largest$	-0.002 (0.003)	-0.002 (0.002)	-0.004* (0.002)	-0.001 (0.002)
$\_cons$	-2.751** (1.077)	-1.283* (0.740)	-2.853*** (1.001)	-1.355* (0.778)
$Symbol$	Yes	Yes	Yes	Yes
$EndDate$	Yes	Yes	Yes	Yes
R^2	0.247	0.233	0.222	0.246
N	1 980.000	6 471.000	3 325.000	5 126.000

第五节 结论与启示

一、结论

本章通过2010～2019年度A股上市国有企业数据，以构建多时点双重差分模型为研究方法，模拟了国有企业控制权的转移对企业股价同步性造成的影响，得出了以下结论。第一，国企控制权转移能明显降低股价同步性，即当企业的产权性质由国有变为非国有后，股价同步性显著降低。第二，股权制衡度的高低、机构投资者持股的高低对于国企控制权转移后股价同步性显著降低没有影响。第三，地区经济发展水平和法治治理环境越好——即内外部治理环境越好，国企控制权造成股价同步性下降愈明显。

二、启示

本章研究对于推进国有企业的改革有一定的启示。首先,应当切实深入推进国企改革,助力国企改革登上发展的新台阶。只有彻底推进国企改革,才能进一步实现各种所有制资本取长补短、良性竞争、共同发展,从而提高国有资本配置效率,推动非公有制经济更快发展;把民营经济中的优良机制引进传统国有企业,才能更好地激发国有企业活力;更重要的是,只有社会资本进入国企以后,才能真正建立起决策的良性博弈机制,使得国企决策更加正确,发展更加稳定。其次,在国企改革的过程中要强调并重视其与资本市场的齐头并进。当今,我国已进入国企改革的"深水区",国企改革与资本市场的发展双向赋能的关系提醒我们要重视二者之间的影响。在我国资本市场上,国有企业占比较大,坚持深化推进国有企业改革、实现国企的"领跑",能够激发并赋予其他公司发展动能。最后,在国企改革的过程中,尤其是涉及控制权转移的企业,应当加强企业的内外部治理、优化内外部治理环境,增强国企控制权转移对股价同步性的抑制作用,从而进一步降低股价同步性,才能更好地提升国企资本的配置效率。

第八章　混合所有制改革的经济影响之四：混合所有制改革与国有企业职工薪酬实证研究

第一节　混合所有制改革与国有企业职工薪酬

由于公司制企业是所有权与经营权分离所产生的，因此，在公司运营过程中给予作为代理人的高管一定的薪酬激励将有助于缓和委托代理矛盾。然而，在管理层权力理论的解释下，高管能够通过利用权力来把控自己的薪酬水平，而提高高管薪酬的同时将在一定程度上损害普通职工的利益，例如普通职工薪酬水平的降低，这样很容易形成过高的薪酬差距，从而影响普通职工的工作积极性。混合所有制改革过程中，通过提高非国有资本形成股权交叉融合的治理结构，有利于扩大非国有股权参与公司治理的程度，具体表现为混合所有制改革促使国企高管薪酬降低，普通职工薪酬提高。

关于混合所有制改革与高管薪酬，目前研究多以高管薪酬激励为主，近些年研究改革对高管超额薪酬和薪酬差距影响方面也逐渐增加。国家相对控股和国家绝对控股（李春玲等，2016）、行业垄断（张宜霞，2016）、非国有股东委派高管参与国企治理（蔡贵龙，2018）都对高管薪酬激励有显著影响。余琼（2019）认为，混合所有制改革有助于国有企业建立现代企业制度，降低委托代理成本，同时，混合所有制改革的效果受市场化程度的影响。霍晓萍（2019）实证数据表明，股权集中度削弱了高管薪酬对创新绩效的促进作用,且这种抑制作用在国有企业中更显著。马影等(2019)认为,非国有大股东提高了国企内部薪酬差距及其业绩激励效应,非国有大股东的促进作用在高竞争行业国企和地方国企以及"限薪令"后更为显著。李勇(2020)发现,混合所有制有助于完善国有企业的公司治理结构和利润分配机制,进一步缓解人力资本的技术配置扭曲和规模配置扭曲程度。

关于混合所有制改革与职工薪酬的研究,相关文献比较少,对普通职工薪酬变动的影响研究大多是将其与高管薪酬相结合对比进行研究,或者是从薪酬差距、人力资源等方面进行研究。陈冬华等(2015)研究了职工、高管与职工薪酬变化同步性问题。王爱国(2016)研究认为高管与职工之间薪酬差距过大。

为了分析混合所有制改革对国企职工薪酬变动的影响,本章从股权混合度、股权深入度和股权集中度三个维度来分析混改程度对国企高管薪酬和普通职工薪酬变动影响。

第二节　理论分析与假设提出

一、股权混合度对职工薪酬变动的影响

受长期实行计划经济体制的影响,我国的国企具有一定的政治色彩,国企部分高管也是兼具政府官员。在这样一种情况下,国有股占比过高在一定程度上容易引发以权谋私的行为,具体表现为高管通过过大的权力来操控董事会并进而影响薪酬委员会制定出有利于自身的薪酬政策,不排除通过提高隐性非货币福利等方式来提高薪酬水平。而混合所有制改革通过提高其他非国有性质的股份占比,一方面,有利于引入外部市场机制的作用,通过这只"看不见的手"能够促进资源优化配置,一定程度上将薪酬考核更多地介入经营业绩等数量性指标,从而提高国有企业内部治理水平;另一方面,非国

有企业，尤其民营企业参股，意味着代表公众的股权参股，也有利于提高国有企业决策在大众中的透明度，将大众监督引入到国企决策的机制当中，这样就有利于抑制过高的高管薪酬，与之同时能够增加非国有股东参与公司治理的积极性，促进普通职工薪酬的提升。因此，提出假设（12）和假设（13）。

假设（12）：股权混合度与高管薪酬变动负相关，股权混合度越高，高管薪酬越低。

假设（13）：股权混合度与普通职工薪酬变动正相关，股权混合度越高，普通职工薪酬越高。

二、股权深入度对职工薪酬变动的影响

卡萨多等（Casado et al., 2016）认为大股东间制衡可完善公司治理体系。实施混合所有制改革之后，异质股东的总体占比得到了提升，但若非国有股东数量多，那么单个非国有股占比还是比较低，这将影响改革的股权深入度，削弱改革效果。郝云宏（2015）等认为非国有股东对国有第一大股东形成股权制衡。当非国有股权较为分散时，国有股尽管总体比例在降低，但其相对意义上的对管理层的影响力还是没有能够得到有效的控制，此时在国有股东和非国有股东的博弈中，非国有股东的被动地位没有得到改善，往往容易引起非国有股东不够重视参与国有企业内部治理的行为，也就是"搭便车"现象。毛利等（Maury et al., 2005）研究发现，股东的股权性质存在差异时有利于公司管理。非国有大股东股权提升能够增加非国有股东在董事会中的话语权，降低非国有股占比过低时国有高管的控制权，与权力较大的国有股东形成制衡，从而在制定薪酬福利制度时降低对于自己带来的不利影响。因此提出假设（14）和假设（15）。

假设（14）：股权深入度与高管薪酬变动负相关，股权深入度越高，高管薪酬越低。

假设（15）：股权深入度与普通职工薪酬变动正相关，股权深入度越高，普通职工薪酬越高。

第三节 研究设计

一、样本选择与数据来源

为了验证上章提出的5项假设,考虑到2009年出台的《关于进一步规范中央企业负责人薪酬管理的指导意见》可能会对国企高管薪酬制度产生一定的影响,故本章选取2010~2019年国有上市公司数据作为研究样本,数据全部来源于国泰安数据库CSMAR,数据处理软件为Stata 16和Excel。

为了使观测值更加客观,对这些数据进行了以下处理:本章的研究对象主要为实体经济,由于金融业公司财务核算和数据的特殊性,故选取的数据中不包含金融性质的公司;为了尽量减少特殊值的影响,剔除了ST、*ST和经营异常的上市公司数据;为避免异常值对研究结构的影响,本章对连续观测值进行了上下1% Winsorize 缩尾处理、标准化及去中心化处理。在进行了以上处理后,得到909家国企上市公司共7 940条观测值。

二、变量定义

(一)被解释变量

企业职工可以划分为两类:管理层(高管)与普通职工。本章的被解释主变量为国有企业普通职工薪酬变动,即职工劳动所得;选取高管薪酬变动为辅助的被解释变量。参考周权雄(2010)、黎文靖(2012)和陈良银(2021)等对企业内部薪酬差距的定义,本章将高管薪酬变动和国企普通职工薪酬变动两个变量分解出来,其中高管薪酬取自国泰安数据库中"高级管理人员前三名薪酬总额",将其除以3,得到"前三名高管平均薪酬",由于高管薪酬一般数值较大，为了避免软件数据处理过程超出常用数据带来的失误，便将其取了对数以缩小数值；同样地，员工薪酬取自"应付职工薪酬"，并除以在职员工数，得到"普通职工平均薪酬"，并取对数处理。将其分别定义如下。

普通职工薪酬变动（$Wage$）=（本期普通职工平均薪酬取对数－基期普通职工平均薪酬取对数）/基期普通职工薪酬取对数　　　　　式（1）

高管薪酬变动（$Comp$）=（本期高管平均薪酬取对数－基期高管平均薪酬取对数）/基期高管平均薪酬取对数　　　　　式（2）

以上普通职工薪酬变动和高管薪酬变动都取的定基增长率，固定基期为2008年的数据。

（二）解释变量

根据本章研究对象，解释变量为混合所有制改革，用股权混合度和股权深入度来表示，具体指标计算为：

股权混合度（Mix）=非国企股东持股比例之和/前十大股东持股比例之和

式（3）

股权深入度（$First$）=前十大股东中第一大非国有股东的持股比例　式（4）

（三）控制变量

托西（Tosi，2000）研究发现，公司规模对高管薪酬的影响程度占到将近百分之五十。法利耶等（Faleye et al., 2013）认为影响公司内部薪酬差距的主要因素是高管和员工各自的议价能力，其中，高管的议价能力受到公司规模、公司业绩和高管权力等方面的影响；而员工规模、员工离职率也会对普通职工薪酬变动产生影响，员工规模较大很有可能使得平均的薪酬上涨幅度减小，员工离职则将通过减少员工总数来提高平均薪酬上涨幅度。根据现有文献，公司规模、资本结构、经营现金流、会计业绩、市场业绩、公司成长性、董事会中的外部监督力量等均会对被解释变量产生一定程度的影响，参照陈良银（2021）、车嘉丽（2021）等研究，本章选取的控制变量为：公司规模（Size）方面为总资产取自然对数；资本结构（Lev）方面为资产负债率；经营现金流（OCF）方面为经营活动产生的现金流净额/资产总计；会计业绩取总资产净收益率（ROA）；市场业绩取托宾Q值（TobinQ）；公司成长性（Growth）取营业收入增长率，此外，还选取了独立董事占比（DDS）、两权分离率（Sepera）、员工规模（YG）、员工离职率（ETR）。具体变量参照表8-1。

表 8-1　　　　　　　　　　变量定义

变量类型	变量名称	变量符号	变量定义
被解释变量	普通职工薪酬变动	Wage	（本期普通职工平均薪酬取对数 - 基期普通职工平均薪酬取对数）/基期普通职工平均薪酬取对数
	高管薪酬变动	Comp	高管薪酬变动（Comp）=（本期高管平均薪酬取对数 - 基期高管平均薪酬取对数）/基期高管平均薪酬取对数
解释变量	股权混合度	Mix	非国企股东持股比例之和/前十大股东持股比例
	股权深入度	First	前十大股东中第一大非国有股东的持股比例
控制变量	公司规模	Size	总资产的自然对数
	资产负债率	Lev	总负债/总资产
	经营现金流	OCF	经营活动产生的现金流净额/资产总计
	总资产净收益率	ROA	净利润/总资产
	托宾Q值	TobinQ	市场价值/总资产
	营业收入增长率	Growth	营业收入增长额/上年营业收入总额
	员工规模	YG	员工人数取自然对数
	员工离职率	ETR	（上期员工人数 - 本期员工人数）/上期员工人数
	独立董事占比	DDS	其中独立董事人数/董事总人数
	两权分离率	Sepera	所有权与经营权的分离程度

三、模型设计

为了揭示股权混合度对国企职工薪酬变动的影响，验证假设（12）和假设（13），构建以下模型。

$$Wage = \alpha_{10} + \alpha_{11}Mix + \alpha_{12}Size + \alpha_{13}Lev + \alpha_{14}ROA + \alpha_{15}Growth + \alpha_{16}TobinQ$$
$$+ \alpha_{17}OCF + \alpha_{18}DDS + \alpha_{19}Sepera + \alpha_{110}ETR + \alpha_{111}YG + \varepsilon_1 \quad (14)$$

$$Comp = \beta_{10} + \beta_{11}Mix + \beta_{12}Size + \beta_{13}Lev + \beta_{14}ROA + \beta_{15}Growth + \beta_{16}TobinQ$$
$$+ \beta_{17}OCF + \beta_{18}DDS + \beta_{19}Sepera + \beta_{110}ETR + \beta_{111}YG + \varepsilon_2 \quad (15)$$

在上述模型中，α、β 为向量系数，ε 为模型残值，预期 α 符号为负，β 符号为正。进一步，为了揭示股权深入度对国企职工薪酬变动的影响，验证假设（14）和假设（15），构建以下模型。

$$Wage = \alpha_{20} + \alpha_{21}Mix + \alpha_{22}Size + \alpha_{23}Lev + \alpha_{24}ROA + \alpha_{25}Growth + \alpha_{26}TobinQ$$
$$+ \alpha_{27}OCF + \alpha_{28}DDS + \alpha_{29}Sepera + \alpha_{210}ETR + \alpha_{211}YG + \varepsilon_3 \quad (16)$$

$$Comp = \beta_{20} + \beta_{21}Mix + \beta_{22}Size + \beta_{23}Lev + \beta_{24}ROA + \beta_{25}Growth + \beta_{26}TobinQ$$
$$+ \beta_{27}OCF + \beta_{28}DDS + \beta_{29}Sepera + \beta_{210}ETR + \beta_{211}YG + \varepsilon_4 \quad (17)$$

在上述模型中，α、β 为向量系数，ε 为模型残值，预期 α 符号为负，β 符号为正。

第四节 实证检验与结果分析

一、描述性统计分析

表8-2是对以上各变量的描述性统计结果。由表8-2可知，被解释变量中，取对数后的普通职工薪酬变动（$Wage$）变化范围为-0.310~0.560，波动起伏较高管薪酬变动（$Comp$）大，说明国企普通员工薪酬变动差异较大。股权混合度（Mix）最小值为0，说明有些国企混合所有制改革力度不是很明显，改革后的非国有股东持股比例之和占比还是非常少，而最大值超过了1，说明有部分国企中不仅仅前十大股东都为非国有股东，且排名在前十名之后的股东还有非国有股东；股权深入度（$First$）平均数为6.250，标准

差为 9.520，说明混改在各国企中的深入程度差异较大，从其范围也可以看出，第一大非国有股东股份占比最低仅有 0.06%，而占比最高的达到了 3/4，区间跨度较大，且标准差也比较大，说明其分布比较分散，离散程度较高。

表 8-2　　　　　　　　　　各变量描述性统计

变量名称	变量符号	样本量	平均数	标准差	最小值	中位数	最大值
普通职工薪酬变动	Wage	5 335	0.040	0.050	-0.310	0.040	0.560
高管薪酬变动	Comp	6 238	0.050	0.050	-0.200	0.040	0.340
股权混合度	Mix	5 624	0.220	0.210	0.000	0.150	1.030
股权深入度	First	5 624	6.250	9.520	0.060	2.570	75.050
公司规模	Size	7 940	22.860	1.430	18.760	22.690	28.640
资产负债率	Lev	7 940	0.500	0.190	0.010	0.510	0.970
经营现金流	OCF	7 940	0.050	0.070	-0.400	0.050	0.770
总资产收益率	ROA	7 940	0.040	-0.550	-0.550	0.030	0.380
托宾 Q 值	TobinQ	7 940	1.760	1.130	0.670	1.410	16.920
营业收入增长率	Growth	7 940	0.200	1.170	-0.910	0.090	64.430
员工规模	YG	7 940	8.170	1.380	2.710	8.140	13.220
员工离职率	ETR	7 940	-0.240	4.410	-313.500	-0.010	0.990
独董占比	DDS	7 940	0.370	0.060	0.200	0.330	0.800
两权分离率	Sepera	7 940	4.460	7.800	0.000	0.000	56.110

控制变量中，取对数后的公司规模（Size）最小值为 18.760，最大值为 28.640，分布范围比较集中，标准差较小，均值和中位数接近，可知样本中国企规模均较大，数据分布相对集中，差异不大；从分布范围看，资产负债率（Lev）最小值仅为 1%，而有的国企负债达到了资产的近两倍，说明极值比较大，而其中位数和均值较为接近，说明资产负债各占一半的国企数量较多，资本结构比较合理；经营风险和会计业绩方面，经营现金流（OCF）和总资产收益率（ROA）两个变量的各项指标比较类似，分布范围都是从负到正，标准差较小，说明分布比较集中，但仍有部分国企存在经营风险、会计

业绩有待提高；从托宾 Q 值看，最大值是最小值的 25 倍左右，说明样本中国企市场业绩分布存在比较大的差异，但从其他值可以看出大部分国企市场业绩偏低；营业收入增长率（Growth）极值非常大，说明不同国企成长性存在显著差异，而有国企营业收入增长倍数达到 64 倍多，很有可能是受到基数较小影响所致；员工规模（YG）各项指标都大于零，且标准差较小，而员工离职率（ETR）均值、中位数和最小值均小于零，结合二者说明国企内部员工工作环境较稳定，规模变动不大，离职率低；独董占比（DDS）所有指标偏小，说明样本中的国企董事会外部监督力量整体偏弱，两权分离率（Sepera）的极值和标准差都较大，也显示不同国企所有权和经营权分离程度波动较大。

二、相关性分析

表 8-3 是对样本数据利用 Stata 16 进行 Pearson 相关性检验所得到的结果。可以看出，普通职工薪酬变动（Wage）与股权混合度（Mix）、股权深入度（First）的相关系数均为正，且在 1% 的水平上显著，说明股权混合度越高，普通职工薪酬越高；股权深入度越高，普通职工薪酬也越高。以上结果与本章提出的假设［假设（13）和假设（15）］保持一致。高管薪酬变动（Comp）与股权混合度（Mix）具有正相关关系，但是不具有显著性，与股权深入度（First）负相关，P 值（P）小于 0.01，表明两者存在较强的负相关性，说明股权深入度越高，高管薪酬越低。

三、主回归分析

表 8-4 是对各变量进行回归面板数据分析的结果。回归前对各连续变量进行了标准化处理，并将各模型的多元回归结果合并至表 8-4。从回归结果可以看出，根据模型（14）和模型（15）回归数据，股权混合度与普通职工薪酬变动在 1% 水平上显著正相关，回归系数为 3.31，验证了假设（13）。股

表8-3　各变量相关性分析结果

	Wage	Comp	Mix	First	Size	Lev	OCF	ROA	TobinQ	Growth	YG	ETR	DDS	Sepera
Wage	1.000													
Comp	0.343***	1.000												
Mix	0.049***	0.008	1.000											
First	0.054***	-0.027*	0.811***	1.000										
Size	0.130***	0.072***	-0.004	0.128***	1.000									
Lev	-0.036***	0.008	-0.033**	-0.007	0.442***	1.000								
OCF	0.007	0.000	0.047**	0.081***	0.009	-0.184***	1.000							
ROA	-0.034**	0.053***	0.096***	0.097***	-0.086***	-0.432***	0.397***	1.000						
TobinQ	-0.054***	-0.036***	0.040	-0.028*	-0.469***	-0.379***	0.127***	0.363***	1.000					
Growth	-0.012	0.024*	0.018	0.003	0.038***	0.106***	0.004	0.125***	0.013	1.000				
YG	0.097***	0.054***	0.054***	0.143***	0.696***	0.241***	0.131***	-0.006	-0.268***	-0.005	1.000			
ETR	0.257***	0.015	-0.001	0.003	-0.026**	-0.053***	0.010	-0.060***	0.016	-0.380***	-0.041***	1.000		
DDS	0.032**	0.007	-0.048***	-0.043***	0.179***	0.072***	-0.033**	-0.041***	-0.047***	-0.001	0.102***	-0.006	1.000	
Sepera	0.015	0.023*	0.127***	0.180***	-0.007	0.023**	0.030**	0.008	-0.019*	-0.017	0.084***	0.013	-0.079***	1.000

权混合度与高管薪酬变动负相关,但是不具有显著性,回归系数为 -0.09。说明混合所有制改革在提高股权混合度层面,即非国有股东总体股权占比减少时,普通职工薪酬将有所提高。

表 8-4　　　　混合所有制改革-职工薪酬变动回归分析

变量	(1) Wage	(2) Wage	(3) Comp	(4) Comp
Mix	0.049 *** (3.31)		-0.001 (-0.09)	
First		0.033 ** (2.06)		-0.059 *** (-3.80)
Size	0.238 *** (9.78)	0.231 *** (9.44)	0.108 *** (4.40)	0.116 *** (4.74)
Lev	-0.161 *** (-10.24)	-0.158 *** (-10.05)	-0.016 (-0.92)	-0.019 (-1.08)
OCF	0.000 (0.02)	-0.001 (-0.03)	-0.054 *** (-3.19)	-0.052 *** (-3.04)
ROA	-0.088 *** (-4.43)	-0.085 *** (-4.32)	0.079 *** (3.59)	0.083 *** (3.80)
TobinQ	0.027 (1.56)	0.028 (1.59)	-0.025 (-1.19)	-0.025 (-1.18)
Growth	0.303 *** (5.23)	0.306 *** (5.28)	0.101 * (1.85)	0.100 * (1.83)
YG	-0.039 * (-1.76)	-0.036 (-1.61)	0.008 (0.38)	0.012 (0.56)
ETR	2.511 *** (13.42)	2.514 *** (13.42)	0.403 *** (2.66)	0.407 *** (2.67)
DDS	0.012 (0.70)	0.012 (0.70)	0.001 (0.08)	-0.001 (-0.06)

续表

变量	(1) Wage	(2) Wage	(3) Comp	(4) Comp
Sepera	0.019 (1.52)	0.020 (1.58)	0.019 (1.36)	0.029** (2.06)
_cons	-0.026* (-1.68)	-0.027* (-1.73)	0.037** (2.38)	0.033** (2.16)
R^2_a	0.114	0.112	0.017	0.020
F	40.073	39.563	8.619	9.598

根据模型（16）和模型（17）的回归数据，股权深入度与普通职工薪酬变动在5%水平上显著正相关，与高管薪酬变动在1%水平上显著负相关，回归系数分别为2.06和-3.80，验证了假设（14）和假设（15）。通过提高股权深入度，即提高非国有第一大股东的持股比例，将显著抑制国企高管薪酬增长，在股权深入度得到提高的时候，反而有利于普通职工薪酬的增长。

从控制变量上看，公司规模和营业收入增长率均与被解释变量具有显著的正向相关性，说明规模越大、成长性较好的国企越有利于保障职工薪酬；资产负债率与职工薪酬均呈现负向相关性，说明资产负债率越高的企业面临着越大的还债压力，将不利于职工薪酬福利的发放；经营现金流与高管薪酬变动呈现显著的负相关，有可能是受到非效率投资的影响（高管报酬激励与OFDI企业投资效率）；而总资产收益率与高管薪酬变动显著正相关，与普通职工薪酬变动则具有显著的负向相关性，说明会计业绩越高，对于国企高管薪酬的增长越有利，而相对来说，普通职工的薪酬则会受到不利影响，这种现象也说明高管权力确实能够给其自身薪资增长带来一定的可操纵空间；员工离职率对于职工薪酬变动也显示出正向相关性，说明员工的离职能够通过减少员工总人数或者引起国企内部调整管理模式来使其他员工的薪酬得到提高。其他控制变量未显示出特别明显的相关性。

第五节 稳健性检验

检验采用分组回归和滞后效应检验两种方法。

一、分组回归法

陈良银等（2021）学者研究发现，混合所有制改革后内部薪酬差距的上升效应在市场化程度较低地区的国有企业中更明显。为了进一步分析不同地区的国企内部职工薪酬变动受混合所有制改革的影响程度是否不同，对样本中的变量进行了分地区的分组回归。参考王小鲁和樊纲的研究，此处将京、津、冀、辽、沪、江、浙、闽、鲁、粤十个省份划分为东部地区，即市场化程度较高的地区，其余为中西部市场化较低的地区。

由表8-5可知，分组后股权混合度与股权深入度的回归系数都为正，其中在市场化程度较低的样本中，股权混合度和股权深入度与国企普通职工薪酬变动分别在1%和5%水平上显著正相关；而在市场化程度高的样本中，股权深入度与职工薪酬变动不具有显著相关性，股权混合度在10%水平上显著正相关。说明在东部省份，混合所有制改革对国企职工薪酬内部的公平性影响较中西部市场化程度低的地区小，市场竞争机制不利于国企内部职工薪酬的正向增长。

表8-5　　　　　　　　　　分组回归检验结果

变量	市场化高 Wage	市场化低 Wage	市场化高 Wage	市场化低 Wage
Mix	0.287 * (1.85)	0.045 *** (3.16)		

续表

变量	市场化高 Wage	市场化低 Wage	市场化高 Wage	市场化低 Wage
First			0.398 (1.60)	0.030 ** (1.96)
Size	0.599 * (1.97)	0.237 *** (10.22)	0.518 * (1.72)	0.231 *** (9.93)
Lev	-0.289 (-1.60)	-0.167 *** (-9.45)	-0.341 * (-1.85)	-0.164 *** (-9.30)
OCF	-0.237 ** (-2.07)	0.004 (-2.29)	-0.259 ** (0.28)	0.004 (0.23)
ROA	0.014 (0.14)	-0.091 *** (-4.63)	-0.005 (-0.05)	-0.088 *** (-4.51)
TobinQ	0.268 *** (2.86)	0.024 (1.25)	0.292 *** (3.08)	0.024 (1.27)
Growth	0.194 (0.53)	0.301 *** (6.03)	0.254 (0.70)	0.303 *** (6.06)
YG	-0.310 (-1.32)	-0.043 ** (-2.02)	-0.250 (-1.06)	-0.039 * (-1.88)
ETR	1.198 * (1.72)	2.507 *** (17.39)	1.313 * (1.89)	2.510 *** (17.40)
DDS	-0.020 (-0.14)	0.013 (0.92)	0.007 (0.05)	0.013 (0.92)
Sepera	-0.183 * (-1.85)	0.021 (1.61)	0.146 (-1.47)	0.022 * (1.66)
_cons	-0.444 *** (-2.74)	-0.020 (-1.38)	-0.487 *** (-3.11)	-0.020 (-1.42)
R^2_a	0.356	0.113	0.345	0.112
F	3.820	46.421	3.683	45.792

二、滞后效应

为了检验是否存在内生性问题,即上一期国企职工薪酬变动是否会影响本期混合所有制改革,本章还采用了将高管薪酬变动和普通职工薪酬变动延后一期与混合所有制改革进行回归,如表8-6所示,回归结果依然与基本回归相符合,说明不存在明显的滞后效应影响。

表8-6　　　　　　　　　滞后效应回归分析

变量	(1) Wage	(2) Wage	(3) Comp	(4) Comp
L.Mix	0.054*** (3.21)		-0.000 (-0.01)	
L.First		0.033* (1.92)		-0.069*** (-3.90)
Size	0.200*** (7.26)	0.192*** (6.93)	0.074*** (2.67)	0.084*** (3.01)
Lev	-0.145*** (-7.94)	-0.142*** (-7.78)	0.026 (1.34)	0.024 (1.23)
OCF	0.028 (1.49)	0.028 (1.47)	-0.023 (-1.20)	-0.019 (-0.98)
ROA	-0.079*** (-3.34)	-0.075*** (-3.19)	0.104*** (4.21)	0.109*** (4.47)
TobinQ	0.023 (1.09)	0.022 (1.07)	-0.017 (-0.71)	-0.017 (-0.69)
Growth	0.157** (2.07)	0.156** (2.06)	-0.009 (-0.12)	-0.013 (-0.18)
YG	-0.026 (-1.02)	-0.021 (-0.85)	0.019 (0.80)	0.023 (0.99)

续表

变量	(1) Wage	(2) Wage	(3) Comp	(4) Comp
ETR	2.622*** (12.05)	2.617*** (11.95)	0.626*** (4.09)	0.644*** (4.18)
DDS	0.009 (0.45)	0.008 (0.42)	-0.009 (-0.49)	-0.012 (-0.66)
Sepera	0.009 (0.67)	0.011 (0.77)	0.005 (0.34)	0.017 (1.10)
_cons	0.026 (1.45)	0.025 (1.40)	0.094*** (1.40)	0.088*** (5.09)
R^2_a	0.108	0.106	0.015	0.019
F	29.360	28.253	6.302	7.063

注：L. Mix 和 L. First 表示将高管薪酬变动和普通职工变动滞后一期对混合所有制改革进行回归得到的结果。

第六节 结论与启示

一、结论

实证结果显示，国企混改层面股权混合度越高，越有利于普通职工薪酬的增长反而不利于高管薪酬的增加，这将缩小国企内部职工薪酬的差距，促进薪酬公平。提高非国有股东股权总体比例，能够在股权控制方面降低国有股东在制定薪酬分配政策时的以权谋私行为，当异质股东数量增加且其持股比例相近时，非国有股东追求自身利益最大化的同时将促使其自觉监督以国有股东为主的高管人员决策，非国有股东也能够有效参与到企业决策当中，促进国企治理层结构的优化，从而提升国企经营的活力和效率。

国企混合所有制改革股权深入度层面提高，即增加非国有大股东的持股比例，将对高管薪酬的提升起到抑制作用，促进普通职工薪酬的增加，也能够促进国企内部薪酬的公平性。在非国有股东总体持股比例不变的情况下，混合所有制改革通过提高非国有股东的持股占比，在一定程度上可以视作非国有股东力量的"凝聚"，有利于形成一致的决策来抑制高管薪酬超额增长，起到监督制衡作用。

股权集中度越高的国企，越不利于职工薪酬的增长。黄嘉琪（2020）在其实证中得出结论，股权集中度与企业创新绩效是负向关系。股权集中度高的企业中，小股东出于监督带来的利益很有可能无法弥补成本时，将丧失对于大股东的监督积极性，这样将提升企业的代理成本，也无法形成高效的经营决策，从而不利于提高公司的盈利水平，在根本上无法为国企职工薪酬的增长提供保障。

二、启示

贯彻落实限薪令，推进国企高管薪酬合理化。从2009年《关于进一步规范中央企业负责人薪酬管理的指导意见》（以下简称"限薪令"）的颁布至今，国企高管货币薪酬超额发放等现象得到了一定程度的抑制，然而其过度追求在职隐性非货币福利的行为是否得到约束还需要进一步完善相关的制度加以约束。王雄元等（2014）认为，权力越大的国有企业管理层更可能支付较低的职工薪酬。国企由于其半政半企的特殊性，尤其在垄断行业的国企内部，高管权力过大是形成其超额薪酬的原因之一，必要时可以采取行政手段管制，将国企高管薪酬与绩效相挂钩，辅之以薪酬激励方案，以推进薪酬合理化，抑制内部薪酬差距过大。

探索员工持股计划，制定合理的薪酬分配方案。在生产力发展过程中，劳动者是最具有活力，也是最具决定性因素的生产要素。我们应充分发挥劳动者作为主体的作用，注重保障其劳动所得，让所有劳动者有权享受剩余价值的分配。在现代承认资本、技术、管理等生产要素产于分配的制度中，劳动者所得与非劳动所得共同参与劳动成果分配，劳动者的权益不能很好地得到保障，通过实施员工持股计划等方案，将劳动和资本要素相结合，让劳动者也能够享受到资本要素带来的回报，员工持有劳动者和所有者的双重身份，提高了劳动者薪酬的同时也增强了员工认同感，能够起到提升劳动积极性进而做大剩余价值这块"蛋糕"的作用。此外，由于相关股权激励政策的存在，员工持股计划还能产生减税效应。

降低垄断国企的准入门槛，进一步推动混合所有制改革。上面实证研究表明，提高股权混合度和股权深入度都能够促进国企内部薪酬公平性。"限薪令"虽然在一定程度上对高管过高薪酬具有抑制作用，但其作用受到企业行业性质的限制。在张昭（2020）的实证研究中发现，在非垄断行业或外部法治环境较好的企业，"限薪令"对企业高管超额薪酬的抑制作用才更为显著。提高股权混合度，应鼓励更多的非国有资本进入国企，使国有股东和非国有股东相互支持、相互制衡，让更多的非国有股东为公司治理出谋划策，营造公正公平的运营环境，在这样的氛围中，国企基层员工的权益也能够得到更大程度的保障；提高股权深入度，需要引入更多资本雄厚的非国有股，提高非国有大股东持股比例将影响到原有国有大股东的权利，尤其是垄断性质的国企，存在着进入门槛，这就需要降低或者破除不合理的准入门槛，提升非国有股东参与国有企业治理的参与度，进一步提高混改深度。

第九章 混合所有制改革的经济影响之五：数字经济模式下非国有股东参与治理与国有企业创新实证研究

第一节 数字经济模式与国有企业创新

我国国有企业在创新投入以及创新效率上的竞争力较弱（吴延兵，2012）。影响国有企业创新水平的主要有政府干预和委托代理问题（Guptan，2005）。一方面，政府对国企的收益权、决策权以及转让权存在约束，国有企业在承担更多社会责任的同时，容易扭曲经营目标，阻碍其创新绩效的提升（李文贵和余明桂，2015）。国有企业中行政型董事具有"准官员"性质，易诱发其对国有企业采取掏空、进行关联交易等行为，对创新绩效造成负面影响（李小青等，2020）。另一方面，国企存在产权结构不清晰、所有者缺位、代理链条长以及激励机制不完善等问题。国企经理人为了自身利益可能会进行短视行为，选择比较稳健的投资策略（John et al.，2008），且国有企业管理层由于带有浓厚的行政色彩，更注重自身的政治升迁，注重追求短期效应、政绩项目和形象工程，从而忽视高风险、高投入、长期性等特征的创新策略（熊爱华，2021）。

已有文献分别关于混合所有制改革、数字经济对国有企业创新的影响进行了持续深入的研究（冯璐等，2021；胡山和余泳泽，2022），但是鲜有文章讨论混合所有制改革与数字经济对国有企业创新的交互影响机制。进一步地，数字经济模式下国企混改是否有利于促进国有企业创新绩效的提高，值得进一步研究。基于以上背景，本章以2012~2020年国有上市公司为研究样本，从非国有股东治理的股权配置和控制权配置这两个内部因素与数字经济这一外部治理因素视角出发，探究数字经济模式下非国有股东治理如何影响国有企业的创新绩效。与现有文献相比，本章的边际贡献主要体现在以下两方面：第一，现有研究主要为非国有股东股权层面与国有企业创新绩效之间的关系，或者基于董事会视角，研究混改对国企创新的影响（马连福和张晓庆，2021），大多肯定了非国有股东对国有企业创新绩效的积极作用。而本章研究在大力发展数字经济的背景下，新的生产要素和数字技术是否能促进非国有股东对国有企业创新的积极作用，充分释放国有企业活力，拓展和丰富了数字经济发展对企业微观主体的研究视角。第二，从企业创新的视角，探讨数字经济的发展对国有企业创新绩效的三条具体影响路径，深化了数字经济发展对企业创新发展的驱动效应分析。

　　数字经济的发展为国有企业的做大做强提供了新的技术支持和驱动力。自党的十九大报告指出要建设"数字中国"，推动互联网、大数据、人工智能和实体经济深度融合以来，以习近平同志为核心的党中央高度重视数字经济发展，将其作为供给侧结构性改革、实体经济发展和创新驱动发展的重要内容，为我国企业转型升级提供技术支持（李义平，2017）。目前，发展数字经济已成为引领全球经济社会变革、推动我国经济高质量发展的重要引擎。国有企业作为国民经济的重要骨干和中坚力量，要牢牢把握新部署、新使命、新要求，充分发挥国有经济战略支撑作用，数字国企作为数字中国建设的一部分，同时也是数字经济的组成部分，是"十四五"时期我国经济发展的重要内容，更是国企未来的改革和发展方向之一。但目前关于数字经济对国有企业治理影响的研究尚少，对其影响机制的分析仍需加强。

　　《2020年中国数字经济发展报告》将数字经济定义为以数字化的知识和信息作为关键生产要素，以数字技术作为核心驱动力量，以现代信息网络作为重要载体，通过数字技术与实体经济深度融合，不断提高经济社会的数字化、网络化和智能化水平，加速构建经济发展与治理模式的新型经济形态。

数字经济与传统经济的主要区别有：（1）传统经济更注重产品生产过程，数字经济更注重产品使用及服务延伸（魏江等，2021）；（2）数字经济参与者身份相对模糊，数字技术使更多消费者直接参与到生产活动中，导致生产和消费边界非常模糊（陈梦根和张鑫，2020）。以生产型企业为典型的传统企业的利润来源于商品本身，数字经济颠覆了传统经济模式的简单逻辑，开创了企业自身产品之外的伴生利润来源。从微观上看，数字经济融合了"规模经济"和"范围经济"，颠覆了传统企业的盈利模式（杨新铭，2017）。

在数字经济发展的新形势下，企业经营管理的各个方面都发生了根本性转变。首先，数字经济存在规模经济和网络经济等效应，这不仅有利于国有企业降低信息搜寻成本和产业链中资源的消耗，也有助于在价值网络中获取创新资源（程立茹，2013），实现技术创新。借助于数字技术，信息知识能够在创新网络中以低成本、迅速、实时的方式产生、分享和交流。国有企业借助数字技术可以高效配置资源要素，并可获得大量外部信息和知识，增加了技术创新知识储备（张龙鹏和汤志伟，2018），促进技术创新。其次，数字经济改善了企业发展的外部融资环境，开放式的数字化研发管理系统有助于企业从传统封闭式的创新模式转向所有部门乃至整个产业链和全社会都参与的开放式创新模式，数字化技术提高了企业的创新能力。再次，以数字化的知识和信息为要素的组织体系，有利于整合非国有股东和国有股东各自的人力资源和知识资本。人力与知识作为创新活动的关键要素，其有效整合为企业创新活动的成功奠定了基础。最后，以大数据、云计算和人工智能等信息技术的应用为主要特征的数字经济凭借其在跨时空信息传播、数据处理和信息获取近乎零成本等方面的先天优势（赵涛等，2020），可以有效缓解企业创新系统中的研发要素供需矛盾和新产品供需矛盾，降低了研发难度，提高了创新的倾向性。基于以上分析提出假设（16）。

假设（16）：数字经济对国有企业创新绩效有积极作用。

第二节　数字经济模式下非国有股东参与治理与国有企业创新

国有企业实行混合所有制改革有利于改善创新动力不足的问题。在股权结构方面，随着非国有股东进入国有企业日常管理的是其自身的资金、人才和创新意识等优秀的资源。第一，非国有股东的进入在一定程度上制衡和监督了国有控股股东，有助于缓解委托代理问题，制约了国有股东的投机行为，降低了中小股东的利益损失。第二，非国有股东的参与实现了股权结构的优化，从而提高了股东的监督积极性和代理人的工作努力水平（张维迎等，1995），并借助法人治理、高管任职和激励机制等治理结构的完善，降低政府的干预程度，提高政府的干预成本，优化投资决策行为（刘海曼，2019），使公司开展更多的创新活动。在控制权配置方面，非国有董事的唯一目标是追逐超额收益和最大化的回报率，而只有通过创新才能获得超过市场平均利润的超额收益（眭纪刚和刘影，2018）。因此，创新活动的内在逻辑与非国有股东的目标诉求基本一致，非国有董事更倾向于进行创新行为。另外，非国有股东通过委派代表进入国有企业董监事会参与治理、优化和控制决策控制程序来纠正创新决策的认知与行为偏差，提高创新意愿（狄灵瑜和步丹璐，2021）。基于以上分析提出假设（17）。

假设（17）：非国有股东参与治理对国有企业创新质量有积极作用。

国有股东与非国有股东各自拥有的异质资源不同，且具有优势互补性。数字经济以信息技术与知识为要素驱动企业发展，能快速识别企业的资源与组织中以碎片化形式存在的知识资本和未达到充分利用的人力资源以及其他资源，并能使其快速融合创造出新的组织资源，所以数字经济能加速非国有股东的创新和激励机制等优势资源融入国有企业治理中，进一步提高企业创新绩效。以往学者认为，非国有股东治理对国有企业创新绩效存在的正向影响，主要通过以下渠道：董事会配置（李小青等，2020），加强内部控制

（李增福等，2021），提高国有企业现金持有（熊爱华等，2021），缓解代理问题（王伟等，2021）等。本章认为非国有股东治理对国有企业创新绩效的影响，主要集中体现在提升资本配置效率、优化董事会治理和实施股权激励三个方面。

（1）资本配置效率提升机制。在数字经济模式下，企业通过数据分析能使冗余资源与其他生产要素发挥协同作用，通过改善投入结构提高产出效率，显著提高了企业的资源配置效率。从资源配置的视角分析，资本运营与配置作为企业资本管理的关键要素，是确保国有资本保值增值的重要方面。国有企业存在的"一股独大"问题会造成资本配置效率低下，不利于国有企业创新。国有企业引入非国有股东有利于优化治理结构，多元化的股权结构能提高国有资本配置和运行效率（蒋煦涵，2021），资本效率提升有助于优化企业资本要素结构，增大对研发项目的投资力度（马连福和高源，2020）。

（2）董事会治理优化机制。董事会作为股东利益的代理机构，发挥着削弱两权分离矛盾的作用，合理的董事会治理能制约经营者在技术创新中的代理行为，督促经营者开展技术创新活动。董事会成员在专业、知识背景、职能背景方面的多样化程度越高，由此带来的专业知识和专业视角将越丰富，对于公司的创新战略具有积极作用（Johnson et al.，2011）。混改后的结果是非国有股东有机会进入董事会，非国有股东通过委派董事参与国企治理可以有效缓解"内部人控制"的治理缺陷，董事会成员的多元化有利于成员之间形成思想的碰撞而产生创新观点。董事会的异质性有利于在混合所有制企业中形成国有资本与非国有资本相互制衡的治理结构，合理的董事会治理能制约经营者在技术创新中的代理行为，督促经营者开展技术创新活动。因此，非国有股东委派董事进入企业董事会可能通过董事会治理影响国有企业创新绩效。

（3）高管股权激励机制。股权激励有利于使经理人与股东利益趋同，缓解由于信息不对称造成的委托代理问题，但当国有企业的管理层约束机制较弱时，管理层有较大的控制权，容易导致股权激励成为管理层自谋福利的工具（肖星和陈婵，2013），随着混合所有制改革的进行，非国有资本进入国有企业在追求利润回报的动机之下,实行股权激励能产生一定的激励效果,使管理层在做决策时更可能选择那些高风险、高收益的创新项目。基于以上分析,本章提出以下假设。

假设（18）：数字经济模式对非国有股东参与治理之于国有企业创新绩效有积极调节作用。

假设（18a）：数字经济模式下,非国有股东参与治理程度越高,资本配置效率提升越多,进一步提高国有企业创新绩效。

假设（18b）：数字经济模式下,非国有股东参与治理程度越高,董事会治理越优化,进一步提高国有企业创新绩效。

假设（18c）：数字经济模式下,非国有股东参与治理程度越高,高管股权激励越有效,进一步提高国有企业创新绩效。

第三节 研 究 设 计

一、样本选择与数据来源

本章选取 2012~2020 年中国沪深两市 A 股国有上市公司作为初始研究样本,所有财务数据和宏观数据来源于 CSMAR 数据库和中国统计年鉴,数字经济指数来源于中国统计年鉴和各省统计年鉴,国有企业前十大股东性质及持股比例来自色诺芬（CCER）数据库,控制权数据来源于查阅企业年报,依据董事会总人数、董事的任职情况、职业经历等判断是国有董事还是非国有董事,市场化程度数据来自樊纲等编写的《中国分省份市场化指数报告2021》。计量分析过程中利用 Excel 和 Stata 软件对研究数据进行初步处理及分组,在进行实证分析之前,本章进行了如下数据处理：（1）剔除金融行业上市公司；（2）剔除*ST、ST、PT 上市公司；（3）剔除数据异常或缺失的样本；（4）对主要连续型变量在 1% 和 99% 水平上进行了缩尾（Winsorize）处理,最后得到观察样本为 7 113 个。

二、变量定义

(一) 被解释变量

本章主要使用企业创新数量($Inpat$)和企业创新质量($Inquo$)作为企业创新"增量提质"的代理变量。现有研究在对创新数量指标的考量中发现专利的创新程度最高(徐欣和唐清泉,2010),更能反映企业创新产出水平。因此借鉴方(Fang,2014)、尚洪涛和房丹(2021)等以发明专利申请数量衡量企业的创新数量,具体操作为采用发明专利申请数量加 1 取自然对数来衡量。在创新质量指标的选取上,借鉴阿格因等(Aghion et al.,2019)、于洋和王宇(2021)、刘长庚等(2022)的做法,选取企业专利被引用数衡量创新质量,被引次数越多的专利,质量越高,具体操作为专利被引用数量加 1 取自然对数来衡量。

(二) 解释变量

非国有股东治理指数从股权结构和控制权配置两方面来衡量。借鉴王曙光等(2019)的研究,用国有企业前十大股东中非国有股东持股比例之和来衡量非国有股东治理中股权比例($Mixra$),$Mixra$ 数值越大,说明民营、外资、自然人和其他股东等非国有性质股东所占股份越多。董事会席位的多少与控制权的大小呈正比(刘汉民等,2018),本章以非国有股东委派董事数量与董事会规模之比来衡量控制权水平(Con)。

(三) 控制变量

参照以往文献法西奥等(Faccio et al.,2011)、李等(Li et al.,2013),本章控制了如下企业层面的变量:公司规模($Size$)、公司成长性($Growth$)、资产负债率(Lev)、总资产收益率(Roa)、现金流量(Cfo)、政府补助

第九章│混合所有制改革的经济影响之五：数字经济模式下非国有股东参与治理与国有企业创新实证研究

(Sub)、公司年龄（Age）、管理层持股比例（$Mholding$）、第一大股东持股比例（$Top1$）。另外，企业创新与所在地区也有着密切关系，企业所在地区经济发展水平越高，拥有的经济资源和高素质人才也越多。因此本章还在宏观层面，参照陈小辉等（2021）的做法，控制了企业所在省份的市场化程度（Mar）、地方经济发展水平（Gdp）、产业结构（Is）、人口规模（$Popu$），详见表9-1。

表9-1　　　　　　　各变量定义

变量符号	变量名称	变量定义及描述
$Inpat$	创新数量	发明专利申请数量加1取自然对数
$Inquo$	创新质量	专利被引用数量加1取自然对数
$Mixra$	混改深入性	前十大股东中非国有股东持股比例之和
Con	控制权	非国有股东委派董事数量/董事会总人数
$Index$	数字经济指数	来源于中国统计年鉴和各省统计年鉴
$Size$	公司规模	公司总资产的对数
$Growth$	公司成长性	公司营业收入的增长率
Lev	资产负债率	公司总负债/总资产
Roa	总资产收益率	净利润/总资产
Cfo	现金流量	经营现金净流量/总资产
Sub	政府补助	公司获得政府补助/总资产
Age	公司年龄	公司上市年龄
$Mholding$	管理层持股比例	管理层持股数除以总股数
$Top1$	第一大股东持股比例	第一大股东持股数除以总股数
Mar	市场化程度	市场化程度指数
Gdp	地方经济发展水平	地区生产总值自然对数
Is	产业结构	第三产业产值与第二产业产值之比
$Popu$	人口规模	地区人口数量取自然对数
$Year$	年份哑变量	年份哑变量
$Industry$	行业哑变量	参考证监会行业分类（2012）的标准

三、模型设计

参考纳恩（Nunn，2007）、王书斌和徐盈之（2016）、杨兴全和尹兴强（2018）的计量方法，设定计量模型具体如下：

$$Inpat(Inquo)_{i,t} = \alpha_0 + \alpha_1 Index_{i,t} + \alpha_j Controls_{i,t} + \sum Year + \sum Industry + \varepsilon_{i,t} \tag{18}$$

$$Inpat(Inquo)_{i,t} = \alpha_0 + \alpha_1 Mixra(Con)_{i,t} + \alpha_j Controls_{i,t} + \sum Year + \sum Industry + \varepsilon_{i,t} \tag{19}$$

$$Inpat(Inquo)_{i,t} = \alpha_0 + \alpha_1 Index_{i,t} + \alpha_2 Mixra(Con)_{i,t} + \alpha_3 Mixra(Con)_{i,t} \times Index_{i,t} + \alpha_j Controls_{i,t} + \sum Year + \sum Industry + \varepsilon_{i,t} \tag{20}$$

$$Inpat(Inquo)_{i,t} = \alpha_0 + \alpha_1 Mixra(Con)_{i,t} \times Mech_{i,t} + \alpha_2 Mixra(Con)_{i,t} \times Index_{i,t} \times Mech + \alpha_j Controls_{i,t} + \sum Year + \sum Industry + \varepsilon_{i,t} \tag{21}$$

其中，$Inpat$ 和 $Inquo$ 分别表示企业创新"增量提质"，$Mixra$ 和 Con 分别代表非国有股东治理变量中的股权比例和控制权大小。模型（18）~（20）用来检验假设（16）~（18），模型（21）中引入了机制变量与非国有股东以及数字经济的三者交互项，主要是为了检验前文提出的作用机制的有效性，$Mech$ 为机制变量，分别为资本配置效率（Cap）、董事会治理（Dir）和股权激励（$Incen$），若交互项的系数显著，则说明该机制成立，否则不成立。

第四节 实证检验与结果分析

一、描述性统计分析

本章主要变量的描述性统计分析如表9-2所示。从表9-2的结果可以看出，创新数量的衡量指标专利申请数量的均值为 3.494，最大值为 8.324，中位数为 3.418，创新质量的衡量指标专利引用数的最大值为 6.621，中位数为 2.226，说明不同样本公司间创新水平差距较大，并且整体样本的创新水平较低；非国有股东在国有企业股权中所占比例的均值为 0.151，说明目前在国有企业中非国有股东持股比例仍然相对较低；非国有股东自国有企业中控制权均值为 0.041，最小值为 0，说明非国有股东在国有企业董事会中的席位占比平均较低，甚至有部分国有企业董事会中无非国有股东委派成员；数字经济指数的均值为 0.241，最小值为 0.015，最大值达 0.921，说明目前我国各省份间数字经济发展不平衡现象仍然存在。

表 9–2　　　　　　　　　描述性统计分析结果

变量	样本量	均值	标准差	最小值	最大值	中位数
$Inpat$	7 113	3.494	1.759	0.000	8.324	3.418
$Inquo$	7 113	3.215	1.702	0.000	6.621	2.226
$Mixra$	7 113	0.151	0.119	0.000	0.652	0.095
Con	7 113	0.041	0.174	0.000	0.531	0.053
$Index$	7 113	0.241	0.269	0.015	0.921	0.556
$Size$	7 113	21.714	0.917	17.642	30.952	22.168
$Growth$	7 113	0.138	0.571	−0.239	1.912	0.092
Lev	7 113	0.425	0.332	0.069	0.905	0.572
Roa	7 113	0.148	0.572	−0.261	0.847	0.557
CFO	7 113	0.353	0.208	−0.163	1.324	0.167
Sub	7 113	0.007	0.024	0.000	1.075	0.000
Age	7 113	14.621	5.731	1.000	27.000	12.656
$Mholding$	7 113	0.225	0.284	0.000	0.726	0.136
$Top1$	7 113	0.312	0.026	0.082	0.721	0.310
Mar	7 113	8.042	1.693	2.881	10.13	7.323
Gdp	7 113	18.231	0.964	15.472	18.631	19.462
Is	7 113	4.615	0.454	3.863	6.116	4.523
$Popu$	7 113	6.581	0.703	4.835	6.712	8.129

二、主回归分析

首先,进行 Hausman 检验结果显示,P 值小于显著性水平,拒绝原假设,选用固定效应模型优于随机效应模型,所以本章选用固定效应模型进行回归。表 9-3 报告了非国有股东治理、数字经济与国有企业创新绩效的基本回归结果。第(1)、(2)列结果显示数字经济 Index 系数分别为 0.008 和 0.014,都在 1% 水平下显著正相关,说明数字经济发展对企业创新效应并不仅仅表现为专利数量的增加,还表现为推动企业创新实现质的提升,验证了假设(16);在股权配置维度,第(3)、(4)列结果显示 Mixra 的系数都在 1% 水平下显著正相关;在控制权配置维度,第(5)、(6)列结果显示 Con 系数也都在 1% 水平下显著正相关,说明非国有股东在股权和控制权维度对国有企业治理程度越高则企业创新数量和质量越高,验证了假设(17);第(7)~(10)列回归结果显示,非国有股东治理中股权维度和控制权维度与数字经济指数交互项的回归估计系数均显著为正,说明数字经济与非国有股东治理对国有企业创新表现的促进效应存在协同强化作用,在数字经济发展更好地区非国有股东治理对国有企业创新"增量提质"的影响更显著,验证了假设(18)。

三、机制检验

为了提供更多实证数据支持本章的理论分析,本部分进一步探讨在数字经济模式下非国有股东治理提高国有企业创新"增量提质"的作用机制,基于模型(21),对本章提出的作用机制进行检验。

(一)资本配置效率提升机制

前文研究结论表明在数字经济模式下非国有股东治理有助于提升企业创新,本章将进一步考察非国有股东是否通过提升企业资本配置效率从而提升

第九章 | 混合所有制改革的经济影响之五：数字经济模式下非国有股东参与治理与国有企业创新实证研究

表9－3　主回归分析

变量	模型（18） Inpat (1)	模型（18） Inquo (2)	模型（19） Inpat (3)	模型（19） Inquo (4)	模型（19） Inpat (5)	模型（19） Inquo (6)	模型（20） Inpat (7)	模型（20） Inquo (8)	模型（20） Inpat (9)	模型（20） Inquo (10)
Index	0.008*** (2.832)	0.014*** (3.105)					0.019*** (2.651)	0.024*** (2.705)	0.053*** (2.767)	0.043*** (2.802)
Mixra			0.013*** (6.032)	0.26*** (5.616)			0.026*** (5.641)	0.312*** (5.408)		
Con					0.025*** (5.858)	0.021*** (5.429)			0.172*** (4.985)	0.157*** (4.509)
Mixra × Index							0.241*** (2.757)	0.179*** (2.609)		
Con × Index									0.259*** (2.834)	0.136*** (2.762)
Size	0.206*** (5.676)	0.273*** (5.571)	0.157*** (5.731)	0.225*** (5.593)	0.163*** (5.822)	0.157*** (5.625)	0.072*** (4.768)	0.066*** (4.523)	0.064*** (4.529)	0.056*** (4.473)
Growth	0.278 (1.456)	0.194* (1.737)	0.254* (1.671)	0.241* (1.735)	0.321** (1.992)	0.286** (2.038)	0.262 (1.343)	0.257 (1.327)	0.307 (1.419)	0.295 (1.382)
Lev	-0.170*** (-2.890)	-0.260*** (-3.150)	-0.320*** (-3.530)	-0.290*** (-3.450)	-0.340*** (-3.680)	-0.310*** (-3.570)	-0.260*** (-3.410)	-0.230*** (-3.290)	-0.260*** (-3.360)	-0.240*** (-3.410)

续表

	模型 (18)		模型 (19)				模型 (20)			
变量	Inpat	Inquo	Inpat	Inquo	Inpat	Inquo	Inpat	Inquo	Inpat	Inquo
	(1)	(2)	(3)	(4)	(5)	(6)	(7)	(8)	(9)	(10)
Roa	0.351*** (4.682)	0.273*** (5.092)	0.532*** (5.774)	0.453*** (5.509)	0.497*** (5.481)	0.472*** (5.294)	0.478*** (4.711)	0.482*** (4.657)	0.445*** (4.668)	0.426*** (4.482)
CFO	0.327** (2.132)	0.304* (1.851)	0.221** (2.040)	0.306* (1.547)	0.271* (1.651)	0.265* (1.703)	0.193 (1.477)	0.202* (1.670)	0.226 (1.511)	0.207 (1.498)
Sub	0.371*** (2.974)	0.063*** (3.106)	0.147*** (3.868)	0.173*** (3.497)	0.152*** (3.723)	0.147*** (3.665)	0.213*** (3.052)	0.221*** (3.102)	0.251*** (3.106)	0.263*** (3.175)
Age	-0.420*** (-3.720)	-0.170*** (-4.220)	-0.270*** (-4.720)	-0.320*** (-4.320)	-0.260*** (-4.530)	-0.310*** (-4.390)	-0.150*** (-3.560)	-0.080*** (-3.640)	-0.170*** (-3.790)	-0.250*** (-3.910)
Mholding	0.126*** (3.051)	0.063*** (2.604)	0.023*** (2.723)	0.029*** (2.706)	0.031*** (2.844)	0.035*** (2.852)	0.045*** (2.636)	0.041*** (2.571)	0.072*** (2.815)	0.067*** (2.791)
Top1	0.241*** (4.079)	0.231*** (3.507)	0.136*** (4.045)	0.086*** (3.541)	0.162*** (3.971)	0.121*** (3.849)	0.352*** (3.716)	0.297*** (3.594)	0.341*** (3.544)	0.283*** (3.491)
Mar	0.031* (1.828)	0.125* (1.809)	0.051* (1.695)	0.105* (1.476)	0.047* (1.653)	0.042* (1.624)	0.425 (1.472)	0.396 (1.502)	0.397 (1.455)	0.368 (1.426)
Gdp	0.219* (1.819)	0.328** (2.306)	0.008** (2.271)	0.028** (2.005)	0.011** (2.187)	0.017** (2.413)	0.014* (1.752)	0.021* (1.705)	0.020* (1.727)	0.031* (1.749)

续表

变量	模型 (18) Inpat (1)	模型 (18) Inquo (2)	模型 (19) Inpat (3)	模型 (19) Inquo (4)	模型 (19) Inpat (5)	模型 (19) Inquo (6)	模型 (20) Inpat (7)	模型 (20) Inquo (8)	模型 (20) Inpat (9)	模型 (20) Inquo (10)
Is	0.031** (2.411)	0.027*** (3.239)	0.012*** (3.012)	0.009*** (2.836)	0.015*** (3.096)	0.025*** (3.126)	0.008*** (2.760)	0.012*** (2.831)	0.013*** (2.792)	0.017*** (2.824)
$Popu$	0.261 (1.081)	0.352 (1.291)	0.531 (1.433)	0.376 (1.461)	0.462 (1.496)	0.384 (1.503)	0.614 (1.411)	0.586 (1.423)	0.589 (1.373)	0.542 (1.344)
$Year$	控制	控制	控制	控制	控制	控制	控制	控制	控制	控制
$Industry$	控制	控制	控制	控制	控制	控制	控制	控制	控制	控制
N	7 113	7 113	7 113	7 113	7 113	7 113	7 113	7 113	7 113	7 113
$Adj-R^2$	0.278	0.285	0.312	0.307	0.314	0.306	0.302	0.297	0.304	0.299

创新"增量提质"。参考祁怀锦等（2019）的研究方法，采用投资回报率与资本成本率的比值来度量资本配置效率（Cap）。表 9-4 第（1）、（2）、（7）和（8）列汇报了提升资本配置效率机制的回归结果，观察 $Mixra \times Cap$ 和 $Con \times Cap$ 系数为正可知非国有股东治理通过提升资本配置效率进而提升国有企业创新数量和质量。非国有股东治理中股权比例/控制权大小与资本配置效率以及数字经济三者的交互项系数都显著为正，说明数字经济发展程度越高，非国有股东越能通过提升资本配置效率促进国有企业创新水平提升，这进一步验证了资本配置效率机制的成立。

（二）董事会治理优化机制

在董事会治理方面，召开董事会议能使董事经常见面，有足够时间进行沟通，能够履行董事职责（Garg，2013）。因此，本章参考刘美芬（2019）等学者的观点，用年均董事会会议次数来测度董事会治理行为（Dir）。表 9-4 第（3）、（4）、（9）和（10）列汇报了优化董事会治理机制的回归结果，第（9）列结果显示 $Mixra \times Dir$ 与创新质量的系数为正但不显著，说明非国有股东股权比例通过优化董事会治理进而提升国有企业创新质量的机制不成立，可能的原因是股权与控制权不一定完全对等，拥有董事会席位的多少才影响着董事会治理水平。但非国有股东股权比例与董事会治理以及数字经济三者的交互项系数显著为正，说明数字经济发展程度越高，非国有股东治理中股权比例通过优化董事会治理促进创新数量和质量提升。$Con \times Dir$ 和 $Con \times Index \times Dir$ 系数均显著为正，说明非国有股东控制权通过优化董事会治理进而提升国有企业创新水平，同时数字经济发展程度越高，非国有股东控制权越能通过优化董事会治理促进国有企业创新提升。

（三）高管股权激励机制

在股权激励衡量方面，参考吕长江（2011）、徐长生（2018）的研究，将是否实施股权激励（Incen）作为虚拟变量，如果企业授予股权激励则取值为 1，否则为 0。表 9-4 第（5）、（6）、（11）和（12）列汇报了股权激励机

表9-4 机制检验回归结果（一）

变量	Inpat (1)	Inpat (2)	Inpat (3)	Inpat (4)	Inpat (5)	Inpat (6)	Inquo (7)	Inquo (8)	Inquo (9)	Inquo (10)	Inquo (11)	Inquo (12)
$Mixra \times Cap$	0.013*** (5.27)						0.036*** (4.75)					
$Mixra \times Index \times Cap$	0.021*** (5.02)						0.027*** (4.72)					
$Con \times Cap$		0.017*** (4.31)						0.058*** (3.82)				
$Con \times Index \times Cap$		0.015*** (4.02)						0.032*** (4.21)				
$Mixra \times Dir$			0.031*** (3.21)						0.125 (1.27)			
$Mixra \times Index \times Dir$			0.024** (2.52)						0.032*** (2.91)			
$Con \times Dir$				0.031*** (3.01)						0.072*** (3.14)		
$Con \times Index \times Dir$				0.026*** (3.24)						0.105*** (3.41)		
$Mixra \times Incen$					0.012** (2.36)						0.037*** (2.82)	

续表

变量	Inpat (1)	Inpat (2)	Inpat (3)	Inpat (4)	Inpat (5)	Inpat (6)	Inquo (7)	Inquo (8)	Inquo (9)	Inquo (10)	Inquo (11)	Inquo (12)
Mixra × Index × Incen					0.017*** (2.72)						0.027*** (2.88)	
Con × Incen						0.034*** (3.08)						0.049*** (3.24)
Con × Index × Incen						0.031*** (2.96)						0.052*** (3.05)
Controls	Yes	Yes	Yes	Yes	Yes	Yes	Yes	Yes	Yes	Yes	Yes	Yes
Year	控制	控制	控制	控制	控制	控制	控制	控制	控制	控制	控制	控制
Industry	控制	控制	控制	控制	控制	控制	控制	控制	控制	控制	控制	控制
N	7 113	7 113	7 113	7 113	7 113	7 113	7 113	7 113	7 113	7 113	7 113	7 113
$Adj - R^2$	0.274	0.269	0.275	0.265	0.278	0.271	0.277	0.272	0.283	0.270	0.284	0.276

制的回归结果，$Mixra \times Incen$ 和 $Con \times Incen$ 系数显著为正，非国有股东股权比例/控制权大小与股权激励以及数字经济三者的交互项系数也都显著为正，说明数字经济发展程度越高，非国有股东越能通过股权激励促进国有企业创新"增量提质"，非国有股东委派董事参与公司治理有助于改善企业激励制度，通过增加股权激励提高了国有企业创新，说明股权激励机制是成立的。

四、三种机制的中介效应检验

为了使机制检验的结果更为稳健，本章采用 Bootstrapping 方法对资本配置效率提升机制、董事会治理优化机制和高管股权激励机制的中介作用进行验证，将再抽样次数设置为 5 000 次，选用95%置信区间，结果如表 9 – 5 所示。非国有股东股权治理、控制权治理通过提升资本配置效率影响国有企业创新数量和质量中介效应估计值分别为 0.203、0.145、0.211 和 0.149，置信区间分别为 [0.153, 0.374]、[0.093, 0.321]、[0.143, 0.365] 和 [0.094, 0.326]，不包含 0，表明资本配置效率在非国有股东治理与企业创新绩效之间起显著中介作用；非国有股东股权治理通过董事会治理优化机制影响国有企业创新质量中介效应估计值为 0.017，置信区间为 [– 0.006, 0.052]，包含 0，说明提升董事会治理机制在非国有股东股权治理与企业创新质量之间不具有显著中介作用。但是非国有股东控制权通过董事会治理优化机制影响国有企业创新数量和质量的估计值分别为 0.313 和 0.321，置信区间分别为 [0.176, 0.423] 和 [0.171, 0.425]，不包含 0，说明提升董事会治理机制在非国有股东控制权治理与企业创新数量和质量之间具有显著中介作用；非国有股东股权治理、控制权治理通过高管股权激励机制影响国有企业创新的中介效应均显著。以上结果均与之前机制检验结果相同。

表 9-5　　　　　　　　Bootstrapping 中介效应检验结果

中介影响路径	估计值	百分位（95%） 下限	百分位（95%） 上限	偏差校正（95%） 下限	偏差校正（95%） 上限
非国有股东股权 - 资本配置效率 - 创新数量	0.203	0.151	0.372	0.153	0.374
非国有股东控制权 - 资本配置效率 - 创新数量	0.145	0.089	0.318	0.093	0.321
非国有股东股权 - 董事会治理 - 创新数量	0.012	0.017	0.048	0.014	0.055
非国有股东控制权 - 董事会治理 - 创新数量	0.313	0.172	0.418	0.176	0.423
非国有股东股权 - 高管股权激励 - 创新数量	0.243	0.138	0.302	0.142	0.308
非国有股东控制权 - 高管股权激励 - 创新数量	0.236	0.154	0.375	0.156	0.379
非国有股东股权 - 资本配置效率 - 创新质量	0.211	0.145	0.362	0.143	0.365
非国有股东控制权 - 资本配置效率 - 创新质量	0.149	0.091	0.322	0.094	0.326
非国有股东股权 - 董事会治理 - 创新质量	0.017	-0.008	0.054	-0.006	0.052
非国有股东控制权 - 董事会治理 - 创新质量	0.321	0.168	0.405	0.171	0.425
非国有股东股权 - 高管股权激励 - 创新质量	0.262	0.141	0.309	0.147	0.315
非国有股东控制权 - 高管股权激励 - 创新质量	0.248	0.161	0.374	0.165	0.381

第五节　稳健性检验

一、内生性问题

企业创新绩效是一个微观变量，很难影响数字经济这一宏观变量，因此，这两个变量很难成立反向因果关系。但可能存在数字经济发展指数测量误差和遗漏变量等导致的内生性问题，借鉴金等（Kim et al.，2014）和李春涛等（2020）的做法，按同年度其他省份数字经济发展指数的均值并滞后一期（$L.ivindex$）生成工具变量，表 9-6 第（1）、（2）列结果表明，在控制了内生性之后，$Index$ 的系数分别为 0.026 和 0.042，在 1% 的水平下显著，说明数字经济对创新的提升效应仍然成立。另外，在工具变量弱识别的检验中，

Kleibergen – Paap rk Wald F 统计量大于 Stock – Yogo 弱识别检验 10% 水平上的临界值。

表 9–6　　处理内生性问题检验结果

变量	Inpat (1)	Inquo (2)	Mixra (3) 第一阶段	Inpat (4) 第二阶段	Mixra (5) 第一阶段	Inquo (6) 第二阶段
Index	0.026*** (2.653)	0.042*** (2.715)				
M – Mixra			0.027*** (3.054)		0.035*** (3.163)	
Decen			0.018*** (3.273)		0.027*** (3.173)	
Mixra				0.032** (2.391)		0.028*** (2.779)
Controls	YES	YES	YES	YES	YES	YES
Year	控制	控制	控制	控制	控制	控制
Industry	控制	控制	控制	控制	控制	控制
Adj – R^2	0.296	0.285	0.287	0.291	0.283	0.295
Kleibergen – Paap rk Wald F 统计量	78.416 [16.38]	83.107 [15.41]	—	—	—	—
Minimum eigenvalue statistic	—	—	12.671		14.052	

注：[ ] 数值为 Stock – Yogo 弱识别检验 10% 水平上的临界值。

为缓解混改程度与创新数量和质量反向因果可能导致的内生性问题，参考库斯纳迪（Kusnadi，2015）和蔡贵龙等（2018）的做法，用混合所有制改革深入性的年度行业平均值（M – Mixra）和国有企业所在地区的政府放权意愿（Decen）作为工具变量再进行二阶段回归。表9-6第（3）~（6）列结果显示第一阶段中两个工具变量的系数均在1%水平下显著为正，第二阶段中混改深入性与创新数量在5%水平下显著正相关，与创新质量在1%水平下显著正相关，并且回归结果通过了过度识别和弱工具变量检验，这表明缓解反向因果问题后本章结果仍然成立。

二、更换因变量

使用R&D指标来衡量创新水平，具体取值为研发支出与总资产的比值（见表9-7）。

表9-7　　　　　　　　　　　　更换因变量检验结果

变量	模型（18）		模型（19）	模型（20）	
	因变量：R&D				
	（1）	（2）	（3）	（4）	（5）
$Mixra$	0.024*** (3.687)			0.042*** (3.62)	
Con		0.017*** (3.812)			0.019*** (3.005)
$Index$			0.037*** (2.682)	0.029** (2.437)	0.013*** (2.761)
$Mixra \times Index$				0.016*** (2.917)	
$Con \times index$					0.026*** (2.883)
$Controls$	Yes	Yes	Yes	Yes	Yes
$Year$	控制	控制	控制	控制	控制
$Industry$	控制	控制	控制	控制	控制
N	6 874	6 874	6 874	6 874	6 874
$Adj-R^2$	0.287	0.276	0.64	0.286	0.279

三、非国有股东治理变量进行滞后一期处理

考虑到混改的影响可能存在时间滞后性,将核心解释变量混改深入性和控制权滞后一期后重新对模型(18)、(19)进行回归,回归结果如表 9-8 第(1)~(4)和(7)~(10)列显示,结果表明滞后一期的 Mixra 和 Con 系数均与创新绩效正相关,且滞后一期的 Mixra 和 Con 与数字经济的交乘项系数也显著正相关,支持了上文研究结论。

四、倾向得分匹配法(PSM)

为缓解样本选择导致的结论偏差,本章采用倾向性得分匹配(PSM)后的样本进行回归。参考马新啸等(2021)的研究,对非国有股东是否向研究对象中国有企业委派董事,采用卡尺为 0.05 的近邻匹配方法进行 1∶1 的倾向性得分匹配,均衡性检验显示匹配效果较好,处理组平均偏差为 2.6 和 3.9,小于常用的判断标准 5,说明满足平衡性假设的前提条件。然后,本章仅保留匹配后的研究样本采用模型(18)重新进行回归分析,结果如表 9-8 第(5)、(6)列所示,Mixra 和 Con 的回归系数仍显著正相关,支持了上文研究结论。

五、剔除样本期内从未申请专利的企业

考虑到样本期内部分企业从未申请过专利(李春涛等,2020),若此类企业更倾向于在数字经济发展水平较低的地区挂牌上市,这可能影响本章的回归结果。为了消除这种干扰,本章将样本期内专利申请量一直为零的公司剔除,进一步增强本章结果的可信度。结果如表 9-9 所示,仍支持上文所证结论。

表9-8 自变量滞后一期和倾向得分匹配检验结果

变量	因变量：Inpat (1)	(2)	(3)	(4)	(5)	(6)	因变量：Inquo (7)	(8)	(9)	(10)	(11)	(12)
$Mixra_{t-1}$	0.232*** (4.271)		0.046*** (3.621)				0.251*** (4.081)		0.103*** (3.715)			
Con_{t-1}		0.132*** (3.945)		0.015*** (3.128)				0.142*** (4.104)		0.042*** (3.312)		
$Index$			0.041*** (2.792)	0.037*** (2.619)					0.131*** (3.025)	0.083*** (2.719)		
$Mixra_{t-1} \times Index$			0.039*** (3.023)						0.058*** (2.907)			
$Con_{t-1} \times Index$				0.019*** (2.778)						0.037*** (2.904)		
$Mixra$					0.276** (2.526)						0.175*** (2.732)	
Con						0.305*** (3.160)						0.248*** (3.226)
Controls	Yes	Yes	Yes	Yes	Yes	Yes	Yes	Yes	Yes	Yes	Yes	Yes
Year	控制	控制	控制	控制	控制	控制	控制	控制	控制	控制	控制	控制
Industry	控制	控制	控制	控制	控制	控制	控制	控制	控制	控制	控制	控制
N	7 113	7 113	7 113	7 113	2 483	2 483	7 113	7 113	7 113	7 113	2 483	2 483
$Adj-R^2$	0.307	0.311	0.314	0.309	0.297	0.289	0.311	0.309	0.316	0.312	0.296	0.291

表9–9　剔除样本期内未申请专利公司后检验结果

变量	模型(18) Inpat (1)	模型(18) Inquo (2)	模型(19) Inpat (3)	模型(19) Inquo (4)	模型(19) Inpat (5)	模型(19) Inquo (6)	模型(20) Inpat (7)	模型(20) Inquo (8)	模型(20) Inpat (9)	模型(20) Inquo (10)
Index	0.026*** (3.067)	0.031*** (2.866)					0.026*** (3.112)	0.015*** (2.582)	0.017*** (3.291)	0.052*** (2.731)
Mixra			0.008*** (6.381)	0.017*** (5.394)			0.018*** (6.051)	0.073*** (5.528)		
Con					0.018*** (6.262)	0.037*** (5.206)			0.041*** (4.673)	0.072*** (4.612)
Mixra × Index							0.017*** (3.916)	0.059*** (2.725)		
Con × Index									0.049*** (3.792)	0.074*** (2.805)
Controls	Yes	Yes	Yes	Yes	Yes	Yes	Yes	Yes	Yes	Yes
Year	控制	控制	控制	控制	控制	控制	控制	控制	控制	控制
Industry	控制	控制	控制	控制	控制	控制	控制	控制	控制	控制
N	3 215	3 215	3 215	3 215	3 215	3 215	3 215	3 215	3 215	3 215
$Adj-R^2$	0.321	0.296	0.328	0.322	0.317	0.314	0.316	0.308	0.320	0.322

第六节 结论与启示

本章以 2012~2020 年国有上市公司为初始样本,研究了数字经济模式下非国有股东参与治理对国有企业创新绩效的影响及其机理。研究发现:第一,非国有股东参与治理对国有企业创新有积极作用;第二,数字经济对国有企业创新绩效有积极作用;第三,数字经济模式下非国有股东参与治理通过资本配置效率提升机制、董事会治理优化机制和高管股权激励机制进而提升国有企业创新绩效;最后,对本章研究结果进行稳健性检验,以上结论依然成立。

本章研究结论为数字经济发展激励企业创新提供了有利证据,有如下政策启示:第一,在数字经济成为推动国有企业创新的有利条件下,应该积极推动互联网、云计算、大数据和人工智能等网络经济与实体经济相结合,推进数字中国和智慧社会的建设,有针对性地加大对互联网领域建设的投资力度,充分释放数字经济的红利以打造"专精特新"的数字化企业;第二,坚持混合所有制改革的方向,重视混合所有制改革对国有企业创新绩效产生的影响。但混合所有制改革不是目的,在注重股权结构的基础上,更要落实完善企业管理决策机制和激励机制,充分调动非国有资本的积极性,激发国有企业创新活力,更好地助力国有企业高质量发展。

第十章 混合所有制改革的经济影响之六：数字经济发展与国有企业破产风险治理实证研究

第一节 数字经济发展与国有企业破产风险

《"十四五"数字经济发展规划》提出数字经济将迈向全面扩展期，在经济中逐步发挥主导作用[①]。数字经济发展能够提高企业生产率和创新能力（Branstetter et al., 2018；黄群慧等，2019；沈国兵、袁征宇，2020；吴非等，2021；王锋正等，2021），给企业带来新的经济利益发展空间，激励企业数字化转型。随着以数字经济为代表的新产业、新业态和新技术逐渐取代旧模式、旧技术，形成新的市场规范和竞争规则，诱发企业从事新产业和新业态、采用新技术，而其相关收益和损失却差异甚大。数字经济发展可能导致部分企业的经济利益快速增长，但也可能使另一些企业的收益断崖式下降，甚至淘汰部分难以适应数字经济发展的企业。

防范化解系统性风险是我国经济运行的战略底线，其中，基础性工程是国有企业破产风险治理[②]。然而，数字经济发展所形成的新市场规范和竞争

[①] 2022年1月12日，国务院发布《"十四五"数字经济发展规划》将数字经济提升到了极高的战略位置，提出总体要求与目标：到2025年，数字经济核心产业增加值占GDP比重达到10%，IPv6活跃用户数达到8亿户，千兆宽带用户将达6 000万户，软件和信息技术服务业规模将达到14万亿元，工业互联网平台应用普及率达到45%。

[②] 2017~2020年，全国法院共受理破产案件59 604件，审结破产案件48 045件，占实施破产法以来案件总量的54%和41%。

规则是否以及如何影响企业破产等相关问题尚未引起足够重视。数字经济的迅猛发展给国有企业破产风险治理带来了新的机遇和挑战。一方面，传统经济注重产品生产经营，数字经济注重产品使用及服务延伸（魏江等，2021），数字经济参与者的生产和消费边界日渐模糊（陈梦根、张鑫，2020），开创了产品之外的伴生利润来源，降低企业的破产风险。另一方面，伴生利润也会降低产品的价格加成，引发传统企业利润下降（柏培文、喻理，2021），旧模式、旧方法、旧技术也极易与数字经济的新业态、新需求产生冲突，《2021中国企业数字化转型指数》也指出，一些企业能力建设不足的企业在数字化转型中难以获取合理投资回报。

现有关于数字经济的研究文献普遍认为，数字经济有利于促进信息透明化、降低交易成本、改善制度环境、促进社会收入分配合理化（Lindstedt and Nauri，2010；Lin等，2017；Acemoglu and Restrepo，2020；赵云辉等，2019；王林辉等，2020），显著促进经济增长（张勋等，2019；赵涛等，2020），数字经济发展也有利于建设数字化平台企业（Tussyadiah and Pesonen，2016；Goldfarb and Tucker，2019；孙军、高彦彦，2016；苏治等，2018）、促进企业数字化转型（Wallsten，2015；Wang and Nicolau，2017；袁淳等，2021）等。也有部分学者认为，数字经济会导致传统经济下企业的利润降低，威胁传统企业的生存与发展（Zervas et al.，2017）。然而，在数字经济逐渐成为企业转型重要应用场域的背景下，数字经济发展对国有企业破产风险是否存在治理作用，以及在不同资本市场环境与政府治理水平下是否存在治理效果差异仍未引起足够重视。

本章以2011~2019年A股上市公司为样本，检验数字经济发展对国有企业破产风险的影响与作用机制。主要边际贡献在于：第一，拓展数字经济发展微观经济影响研究。本章探讨了数字经济发展对微观国有企业破产风险的影响及机理，弥补了数字经济发展对微观企业经济影响的理论和实证研究文献。第二，完善了国有企业破产风险影响因素研究。当前我国关于破产风险的研究尚不全面，仅有刘星、彭程（2009）实证检验了负债融资、过度投资与破产风险的关系，张小茜、孙璐佳（2017）研究了中国动产抵押改革中企业信用增进和破产风险放大的双刃剑效应。本章基于数字经济模式拓展了破产风险影响因素研究，丰富了传统财务理论的研究文献。第三，基于数字经济发展探讨了国有企业破产风险治理的措施和建议，为当前我国国有企业破产风险和系统性风险防范与化解等提供了理论支持和政策启示。

第二节　数字经济发展、企业同构与国有企业破产风险

数字经济发展是一种重要的社会技术现象和制度现象（Hinings et al.，2018），形成社会操作系统的运作基础、规则和框架（喻国明，2015），蕴含着新的规范和竞争规则，对企业构成合法性压力（Broekhuizen，2021）。[①] 数字经济发展是企业经营决策的制度环境，要求企业组织变革（刘政等，2020），提高企业能力建设水平，形成数字化技术应用的适应性激励结构，即企业发生合法性同构，具体包括新规范驱动下的规范性同构、新竞争规则驱动下的模仿性同构和数字资源供应方驱动下的强制性同构。[②] 第一，规范性同构体现为，较高的企业数字化水平引发企业的新技术应用与升级，形成数字化所确立的专业标准和实践规范，使企业行为和产品符合新的规范。第二，模仿性同构体现为，较高的企业数字化水平导致行业中形成新的竞争规则，为获取优质供应商、客户，以及提高企业的生产效率，企业需要具备与新的竞争规则相匹配的数字化资源和能力（Svahn，2017），而当竞争对手尤其是行业领先者提供了数字化转型示范时，模仿则是企业提高竞争力的重要途径。第三，强制性同构体现为，政府部门、金融机构和平台企业等其他数字资源提供方倾向于推动数字经济环境形成，企业会受到来自这些拥有组织所依赖

[①] 组织社会学新制度主义认为，合法性是组织的行动被各种内外部利益相关者在社会上接受和认可的程度，以及与普遍存在的规范、规则和信念相一致的程度。当组织服从制度压力并遵循对组织结构和过程的社会规范时，它们运营就能获得更高的合法性。

[②] 组织社会学新制度主义认为，规范性同构指的是遵循由制度环境所确立的专业标准和实践，模拟性同构指的是指当组织不确定要做什么时对其他成功组织的模仿或复制，强制性同构指的是来自拥有组织所依赖资源的实体的压力。

资源的实体的压力。企业规范性同构、模仿性同构和强制性同构使得企业提高了自身的信息处理与经营效率，并形成竞争潜力积累，由此带来企业未来经济利益流入增加。从这个角度来看，企业规范性同构、模仿性同构和强制性同构会提高信息效率（Balakrishnan et al.，2014）、强化成长机会（Segale et al.，2015）、增加预期价值（吴璇等，2017）等，降低国有企业破产风险。

企业合法性同构提升信息效率。一是规范性同构有利于改善财务境况。数字经济发展形成新的价值创造规则和信息技术应用场域，企业规范性同构使得信息数据的处理和挖掘技术在大幅提升，企业可以把数据编码标准化和结构化，更易于提高内部信息传递和使用效率，从而降低信息不对称程度；此外，也便于市场掌握企业经营、生产状况（Liu et al.，2011），提高企业获取资金能力和效率。[①] 二是模仿性同构有利于改善竞争状况。竞争对手尤其是行业领先者处于竞争优势并形成新的竞争格局，这些企业在"产品设计→质量监测→市场推广→订单销售→终端配送"等全流程中积累大量的数据信息，数字经济发展使得其他企业可以获取相关海量、非标准化、非结构化数据，并将其编码输出成结构化、标准化的有效信息，由此降低双方的信息不对称程度；进一步地，企业还可以将有效信息转化为生产信息并用于模仿行业领先者行为，逐渐缩小与领先者间的技术差距，改善竞争不利状况，增加企业生存和发展机会。三是强制性同构有利于降低数字要素的获取成本并提高资源获取数量。在不同的经济发展历史条件下，劳动、资本、信息和技术等各类要素都曾成为首要生产要素（孙艳霞，2012）。随着以互联网、人工智能和大数据为代表的数字技术逐步融入企业的经营管理过程，数字化信息要素的获取成本和资源数量已成为企业发展的最重要因素之一。数字要素资源的提供方提供结构化、标准化数字信息，竞争性和合作性交换也需要强制性标准的组织结构和过程，强制性同构能够降低企业获取标准化数字信息成

---

① 传统经营模式下，企业在生产经营实践过程中积累了海量数据，但囿于数据处理能力的滞后，这类信息红利只能沉淀在企业内部中而无法得到有效释放。

本、提高获取数字化信息资源数量，有利于企业在市场竞争中缓解信息不对称，降低经营过程中的破产风险。

企业合法性同构强化成长机会。一是规范性同构可以帮助企业形成适应性激励结构，获得更多契合市场发展前景的投资机会，降低投资风险。根据技术系统进化 S 曲线法则，对于采用旧模式、旧方法的企业而言，新技术往往处于萌芽期甚至婴儿期，表现为市场需求少、扩散能力弱和新技术成果产出率低。企业进行新技术投资的效率与资源分配机制、技术转换成本以及新技术的能力破坏性有关，而这些主要依赖于实现适应性的激励结构（新技术体系的效果需要建立符合新竞争规则的内外部系统）。规范性同构使得企业形成符合数字经济发展的竞争规则与适应性激励结构，企业相关新技术投资会提高成功的概率，破产风险降低。二是模仿性同构可以帮助企业降低试错成本，减少研发失败风险。模仿性同构可以通过更小的成本来实现对竞争对手和领先企业技术活动的信息分析、方向把握与过程优化，企业资源利用度提升能够带来更多经济效益，这种在技术层面上的"投入—产出"优化企业降低试错成本，减少研发失败风险，相关新技术投资会提高成功的概率，破产风险降低。三是强制性同构可以帮助企业获得要素资源，减少破产风险。强制性同构使得企业更容易获得要素资源供给者的信任，能够以相对较低的价格获得资金、人才、信息等要素资源，在市场竞争中形成成本优势地位，使破产风险降低。

企业合法性同构增加预期价值。一是规范性同构带来资本市场估值增加。规范性同构会向资本市场传递企业适应数字经济发展新规范的信号，在一定程度上增加资本市场对企业的发展信心，市场对其未来发展更容易持有正面预期，显著提高对企业的预期价值判断，进而引起外部资金关注，使现金流量增加，提高财务灵活性，破产风险降低。二是模仿性同构带来市场对企业未来价值增长的确定性预期。行业领先者存在数字化转型示范效应，对领先者技术、规范的模仿通常降低企业转型失败等试错成本，增强转型成功的概率，吸引更多风险规避型投资者的关注，在一定程度上增加现金流量的灵活性，破产风险降低。三是强制性同构也会增加市场的预期价值。要素市场价格的相对低位会带来企业经营成本降低和未来经济利益增加，当企业满足数字要素提供方的同构要求，企业会获得相对低位的数字要素价格，此时，市场对企业未来价值增长的确定性预期价值往往随之增长，破产风险降低。

基于上述分析，本章提出假设（19）。

假设（19）：数字经济发展显著降低国有企业破产风险。

第三节 数字经济发展影响国有企业破产风险的路径

数字经济发展引致企业融资约束缓解，降低国有企业破产风险。数字经济的发展帮助企业降低信息不对称程度，扩宽融资渠道、缓解企业融资约束，从而降低国有企业破产风险。传统金融市场普遍存在信息不对称，强化企业融资约束（Myers and Majluf，1984）。数字经济发展引发信息技术的普及和应用，信息技术能够通过"协同效应"与"效率效应"减少企业内外部的交易费用和生产成本（Afuah，2003），使得处于网络中心位置并占有丰富结构洞的企业在信息获取方面形成显著优势（钱锡红等，2010），企业信息获取更加便捷。同时，信息搜寻成本降低能有效提高双方信息匹配的效率（Dana and Orlov，2014）和信息沟通及组织的效率（Agrawal and Goldfarb，2008），信息不对称弱化（吴非等，2021），融资约束缓解。尤其是近年来数字经济发展推动金融科技发展应用，数字金融成为典型的数字化金融模式，发展形式多样化，构成数字金融系统，使得各类信息主体、研发机构与企业连接起来。金融机构与各类信息主体数据互通，打破数据壁垒，缓解信息不对称，金融机构等资金供应方可以利用大数据、云计算等先进的信息技术对技术研发和企业风险投资资金效率进行更精准的评估，对企业信息有全面的了解，便于精准实施政策。随着数字技术发展，数字金融发展产生了新常态和新业态，数字金融产品更趋丰富和复杂，能够更有效满足企业经营需求，企业可以借助其多样化服务模式多维度拓宽融资渠道，企业融资约束得到缓解（聂秀华，2020）。使财务杠杆过高导致无法到期偿还债务而破产重组的可能性降低，国有企业破产风险得到缓解。

数字经济发展引致公司治理水平提高，降低国有企业破产风险。数字经济发展为企业提供良好基础环境和成长机会（刘淑春，2019），可以帮助企业提高公司治理水平和降低内部治理成本，实现组织的高效管理与运转（Malone et al.，1987）。数字化赋能组织管理（刘政等，2020），有利于企业内部各分部间实现信息的及时沟通与分析、物料的实时记录与追踪，从而优化分部间投料、生产、运输、仓储等活动的协作联动，降低各分部间的协调成本，进而提高一体化企业管理决策效率（Fernandez and Nieto，2006）。数字技术的发展还有利于实现企业内部管理过程、研发过程、生产流程、财务控制等重要活动的实时化和透明化（曾建光、王立彦，2015），提高公司的内部治理水平，增强企业日常经营活动的管理效率，加强对企业资金运作和活动过程的监管，规避大股东掏空与管理层机会主义行为，降低出现财务危机的可能性，从而降低国有企业破产风险。

数字经济发展引致企业创新投入增长，降低国有企业破产风险。在数字经济高质量发展时代下，数字经济的发展改变了企业经营方式，以5G、人工智能、物联网为代表的重要技术层出不穷，应用范围不断扩大。企业只有随时代而创新才更容易受到市场青睐，为主动契合市场导向，企业往往会在研发领域增加投入（吴非等，2021），为企业数字化转型奠定良好基础。数字化转型是企业合法性同构主要方式，因此，企业通常对数字技术敏锐度较高，又倾向主动提升创新能力，进而有效提升预期价值（Briel et al.，2018；范周，2020；吴璇等，2017），使得在现有的资源约束下企业技术创新的时间相应缩短，产出与转化效率增加、创新风险降低（殷群、田玉秀，2021），降低国有企业破产风险。

基于上述分析，本章提出假设（20）。

假设（20a）：数字经济发展能够缓解企业融资约束，进而降低国有企业破产风险；

假设（20b）：数字经济发展能够提高公司治理水平，进而降低国有企业破产风险；

假设（20c）：数字经济发展能够激励企业创新投入，进而降低国有企业破产风险。

第四节 研究设计

一、基准回归模型

在检验数字经济对国有企业破产风险与资产负债率的影响时，考虑到数字经济影响的延迟性和破产风险产生和治理的滞后性，借鉴吴非等（2021）做法，将数字经济前置一期、被解释变量滞后一期，构建如下的基本模型：

$$Z_{i,t+1} = \alpha_0 + \alpha_1 digit_{i,t-1} + \sum control + \sum year + \sum industry + \varepsilon_{it} \quad (22)$$

其中，$Z_{i,t+1}$ 反映了公司 i 在 $t+1$ 期破产风险，$digit_{i,t-1}$ 为公司 i 所在省份在 $t-1$ 期数字经济发展指标，$control$ 控制变量集合，年份、行业虚拟变量 $year$、$industry$，随机扰动项 ε_{it}。

二、样本选择与数据来源

选取 2011~2019 年 A 股国有上市公司样本，剔除相关数据缺失样本、ST 和 *ST 公司、金融行业公司、存在异常值样本。本章使用的数据分为区域层面和企业层面，其中，区域层面的数据来自《中国统计年鉴》和国泰安数据库，例如，各个省份的 GDP、一般预算支出、科学技术支出等数据。企业层面数据来自国泰安数据库。上述数据匹配后，获得 7 688 个公司 - 年度样本观测值，所有连续变量上下 1% Winsorize 处理，消除极端值。为避免低估标准误差，所有回归均采取彼得森（Peterson，2009）企业层面聚类。

三、变量定义

(一) 被解释变量

国有企业破产风险（Z）。本章借鉴相关文献（张小茜、孙璐佳，2017）采用奥尔特曼（Altman，2000）修正后的 Z 值法来衡量国有企业破产风险。具体计算方式如下：

$$Z = 6.56X_1 + 3.26X_2 + 6.72X_3 + 1.05X_4 + 3.25$$

X_1 为营运资本与总资产比值，X_2 为留存收益与总资产比值，X_3 为息税前利润与总资产比值，X_4 为所有者权益账面价值。Z 值越高，破产风险越小。

(二) 解释变量

借鉴布赫特和希克斯（Bukht and Heeks，2018）、中国信通院（2022）、赵涛等（2020）关于数字经济的定义和变量处理方式，从数字经济产业、数字经济平台与用户和数字经济创新与交易三个角度对数字经济进行衡量，并通过测算得出了综合的数字经济指标 *digit*。其中，数字产业采用信息传输、计算机服务和软件业就业人数占比，信息传输、计算机服务、软件业占全社会固定资产比重和网络销售总额占社会消费品零售总额比重等指标；数字平台与用户主要测算了数字平台的建设发展水平与用户数字化水平，包括互联网宽带接入端口比率、网站数对数、网民数对数、域名数对数、数字普惠金融指数、移动电话普及率以及有电子商务交易活动的企业数比重等指标；数字创新与交易则主要凸显了数字经济的创新情况和通过数字平台进行交易产生的经济效益。采用主成分分析法对上述指标降维处理，前三个主成分特征值均大于1，累计贡献76.88%解释度（大于75%），因此本章选择前三个主成分作为数字经济发展水平计算得分的标准，得到基准回归核心解释变量 *digit*。该指标越大，表明地区数字经济发展水平越高（见表10–1）。

表 10-1　　　　　　　　数字经济发展水平评价指标体系

一级指标	二级指标	单位	数据来源
数字产业	信息传输计算机服务和软件业占全社会固定资产比重	%	《中国城市统计年鉴》
	信息传输计算机服务和软件业就业人数占比	%	《中国城市统计年鉴》
数字平台与用户	互联网宽带接入端口比率	个/百人	《中国城市统计年鉴》
	网站数对数	个	《中国城市统计年鉴》
	网民数对数	个	《中国城市统计年鉴》
	域名数对数	个	《中国城市统计年鉴》
	数字普惠金融指数		北京大学数字金融研究中心
	移动电话普及率	部/百人	《中国城市统计年鉴》
	有电子商务交易活动的企业数比重	%	《中国城市统计年鉴》
数字创新与交易	电信业务总量对数	亿元	《中国城市统计年鉴》
	5G产业专利授权数	个	企研数据
	网络销售总额占社会消费品零售总额比重	%	《中国城市统计年鉴》
	软件业务收入	亿元	《中国城市统计年鉴》

（三）控制变量

区域层面（地区经济发展维度、科技进步维度）和企业层面（公司治理维度、财务维度）的因素对国有企业破产风险会产生直接影响。其中，区域层面的因素包括地区经济发展水平（lnGDP）和一般预算支出（lnGBE）；企业层面的因素包括总资产收益率（ROA）、产权比率（$Equityratio$）[1]、公司规模（ln$Size$）、公司成立时间（Age）、托宾 Q 值（$TobinQ$）、账面市值比（BM）、经营现金流（Cfo）和公司成长性（$Growth$），控制行业（$Industry$）和年份（$Year$）（见表 10-2）。

---

[1]　企业财务杠杆起初主要用于分析破产风险（Baxter，1967；Kraus and Litzenberger，1973），后多与企业投资水平、负债能力与资本预算决策等研究相关。本章将财务杠杆指标作为控制变量。

表 10-2　　　　　　　　　变量定义

变量类型	变量名称	变量符号	变量定义
被解释变量	破产风险	Z	奥尔特曼提出的修正的 Z 值
解释变量	数字经济水平	$digit$	主成分分析得到 $digit$
中介变量	融资约束程度	KZ	卡普兰和辛加莱构建的 KZ 指数
	公司治理水平	$CorGov$	从主成分分析法中得到的第一主成分 $CorGov$
	创新投入	RD	企业研发投入与营业收入的比值
控制变量	总资产收益率	ROA	净利润/平均资产总额
	产权比率	$Equityratio$	负债合计/所有者权益合计
	公司规模	lnSize	上市公司年末总资产的自然对数
	公司成立时间	Age	上市公司成立的年数
	托宾 Q 值	TobinQ	公司的市场价值/资产重置成本
	账面市值比	BM	股东权益/公司市值
	经营现金流	Cfo	企业经营活动现金流量净额/资产总计
	企业成长性	Growth	公司当年营业收入增长率
	经济发展水平	lnGDP	各地区经济发展水平自然对数
	一般预算支出	lnGBE	各省市区一般预算支出自然对数
	年份	Year	年份虚拟变量，样本区间 2006～2020 年
	行业	Industry	行业虚拟变量，证监会 2012 年行业分类代码

第五节　实证检验与结果分析

一、描述性统计

表 10-3 中，Z 最大值为 49.790，最小值为 0.097，平均值为 6.470，标准差为 7.903，说明不同企业-年度间破产风险存在较大差异，这可能与公司所处地区、行业、政策环境等有关；$digit$ 最大值为 8.005，最小值为

-1.493，平均值为2.660，标准差为2.349，表明地区间的数字经济的发展水平存在明显差异。

表10-3 描述性统计

变量	N	mean	sd	min	max
Z	6 641	6.470	7.903	0.097	49.790
$digit$	6 641	2.660	2.349	-1.493	8.005
ROA	6 641	0.041	0.061	-0.261	0.216
$Equityratio$	6 613	1.112	3.287	-136.200	186.100
$lnSize$	6 641	22.240	1.257	19.660	26.190
KZ	5 605	0.981	1.303	-3.831	3.881
$CorGov$	6 163	-0.009	0.996	-1.678	2.684
RD	5 764	0.045	0.052	0.000	1.694
Age	6 641	20.090	4.899	11.000	34.000
$TobinQ$	6 641	2.051	1.270	0.871	9.163
BM	6 641	0.612	0.244	0.109	1.148
Cfo	6 641	0.048	0.065	-0.169	0.242
$Growth$	6 639	0.180	0.428	-0.574	3.520
$lnGDP$	6 641	10.510	0.705	7.957	11.590
$lnGBE$	6 641	18.020	0.501	16.340	18.970

二、基准回归

进行方差膨胀因子检验（VIF），模型中变量值均小于10，均值为2.88，不存在严重多重共线性。本章采用普通最小二乘法（OLS）进行面板数据回归，表10-4第（1）列控制时间和行业固定效应，数字经济发展指标（$L.digit$）的回归系数为0.283且通过了1%的统计显著性检验；第（2）列在原有基础上加入了控制变量集，数字经济发展指标（$L.digit$）的回归系数增大为0.252，显著性依旧保持不变。这意味着，数字经济发展水平越高，

会显著提升 Z 值，抑制企业破产倾向，说明数字经济发展与企业破产倾向之间呈现出显著负相关关系，假设（19）成立。

表 10-4　　　　　　　　　　基准回归结果

变量	(1)	(2)	(3)	(4)	(5)	(6)
$L.digit$	0.283*** (3.38)	0.252*** (3.29)	0.287*** (3.61)	0.228*** (2.83)	0.280*** (3.34)	0.283*** (3.32)
ROA		20.838*** (11.12)	20.220*** (11.10)	20.422*** (11.55)	20.148*** (11.49)	20.678*** (11.24)
$Equityratio$		−0.069*** (−2.78)	−0.071*** (−2.83)	−0.065*** (−2.83)	−0.067*** (−2.88)	−0.070*** (−2.97)
$\ln Size$		−1.571*** (−15.15)	−1.449*** (−12.46)	−1.721*** (−14.45)	−1.638*** (−12.36)	−1.607*** (−11.83)
Cfo		8.079*** (6.57)	7.895*** (6.50)	7.828*** (6.07)	7.610*** (5.98)	7.519*** (5.65)
BM		2.249*** (3.33)	1.901*** (2.72)	2.998*** (4.12)	3.042*** (3.89)	3.304*** (3.94)
Age		−0.046** (−2.10)	−0.043** (−1.97)	−0.046** (−2.07)	−0.042* (−1.92)	−0.042* (−1.86)
$TobinQ$		2.361*** (11.54)	2.406*** (11.60)	2.296*** (11.22)	2.339*** (11.29)	2.444*** (11.00)
$Growth$		−0.512*** (−3.50)	−0.355** (−2.47)	−0.509*** (−3.44)	−0.359** (−2.48)	−0.347** (−2.27)
$\ln GDP$		0.800** (2.44)	−0.248 (−0.66)	1.176*** (3.49)	0.147 (0.39)	0.061 (0.16)
$\ln GBE$		−1.931*** (−3.55)	−0.059 (−0.09)	−2.229*** (−3.93)	−0.425 (−0.65)	−0.287 (−0.42)
$Constant$	6.695*** (4.31)	60.476*** (8.12)	34.820*** (4.10)	65.673*** (8.30)	41.630*** (4.58)	38.493*** (4.14)

续表

变量	(1)	(2)	(3)	(4)	(5)	(6)
Year	YES	NO	YES	NO	YES	YES
Industry	YES	NO	NO	NO	YES	YES
Year × Industry	NO	NO	NO	NO	NO	YES
Observations	7 129	7 108	7 108	7 108	7 108	7 073
R^2	0.151	0.361	0.389	0.381	0.408	0.431

注：括号中是经过聚类稳健标准误调整的 t 值。下文同。

三、异质性检验

前文基准模型主要考察市场型数字经济发展对国有企业破产风险的影响，但该模型尚未探讨地区间数字经济不同发展水平对企业影响，也并未考虑存在的地区财富差异。中国幅员辽阔、资源分布不均导致各地区经济发展水平存在很大差异，不同区域之间的经济环境、制度政策以及企业生存环境存在显著差异，会产生潜在内生性。本章把各省市区的财政收入从小到大排列，选取排在第 25 分位数到第 75 分位数的数值作为全样本，将全样本划分为较低城市财富地区、中等城市财富地区和较高城市财富地区三个子样本，进一步验证基准模型的假设与结论。分地区检验的基本原理是，企业很难改变自身有关方面的特征，因而地区财富差别可视为外生，数字经济发展对国有企业破产风险的影响在不同地区存在差异，这可以在很大程度上排除因地区财富差异产生的内生性问题。

表 10-5 显示了分地区的回归结果。发现数字经济的估计系数在中等城市财富地区的回归中显著为正，而在较低、较高城市财富地区的回归中则不显著，说明数字经济发展降低国有企业破产风险的作用在中等城市财富地区表现得更加明显，这主要是因为相对于较低城市财富地区而言，中等城市财富水平的地区经济发展水平较高，市场资源相对丰富，金融市场更为活跃，加之大量的高质量人才为降低国有企业破产风险提供了更加完善的基础条件。

相对于较高城市财富地区而言,中等城市财富地区的企业面临的行业竞争压力较小,负债融资规模较小,数字经济发展降低国有企业破产风险的效果更显著。

表 10-5 异质性检验

变量	（1） 较低城市财富地区	（2） 中等城市财富地区	（3） 较高城市财富地区
L. digit	-0.200 (-0.57)	0.129* (1.93)	-0.643 (-0.75)
Constant	30.064*** (2.95)	27.440** (2.37)	55.775 (1.04)
Control	YES	YES	YES
Year	YES	YES	YES
Industry	YES	YES	YES
Observations	2 196	5 127	1 368
R^2	0.480	0.407	0.418

四、稳健性检验

（一）遗漏变量

企业的破产倾向不仅会受到地区数字经济发展的影响,还会受到企业现金持有水平、资本性支出和产权性质的影响。因此,本章加入了企业现金持有水平、资本性支出和产权性质作为控制变量,控制因遗漏企业现金流状况而导致企业破产倾向的内生性问题。表 10-6 第（1）列结果显示,在考虑到企业现金持有水平、资本性支出和产权性质的情况下,数字经济（L. digit）的系数显著为正,表明数字经济发展降低了企业的破产风险,与本章的核心结论一致。

表 10-6　　　　　　　　　　稳健性检验

变量	遗漏变量 (1)	工具变量法 (2)	破产风险替代变量 (3)	数字经济替代变量 (4)	子样本检验 (5)
L. digit	0.246 *** (2.94)	0.256 ** (2.16)	0.180 *** (-4.13)		0.267 *** (3.16)
L. digit2				0.818 *** (3.40)	
Constant	57.573 *** (6.04)	-39.533 (-0.96)	-30.105 *** (-5.72)	43.120 *** (4.69)	43.700 *** (4.65)
Control	YES	YES	YES	YES	YES
Year	YES	YES	YES	YES	YES
Industry	YES	YES	YES	YES	YES
Observations	7 101	5 138	7 108	6 943	6 221
R^2	0.419	0.4015	0.309	0.409	0.406

(二) 工具变量

前文的研究结论面临反向因果关系、选择性偏差等内生性问题。一方面，数字经济发展水平的提高会改善企业的融资约束、降低企业的破产风险，抑制企业的破产倾向；另一方面，有较低破产风险的企业也可能有更高的需求去推动所处地区高水平的数字化发展，以辅助自身更好地融入市场、创造更多价值。本章借鉴柏培文、喻理（2021）采用地区数字经济企业存量作为工具变量，以 2011~2019 年上市公司数字化转型程度报告中人工智能技术、区块链技术、云计算技术、大数据技术和数字技术应用的细分指标在报告中出现的频次为依据，将五种技术应用的频次求和，总频次越多，表示该企业的数字经济属性越强。为稳健起见，本章只保留总频次大于等于 2 的企业作为数字经济企业，并计算各地区数字经济企业存量。企业所在地的数字经济企业存量会从数字经济技术水平、应用等方面影响地区的数字经济发展水平，满足相关性条件。同时，地区的数字经济企业存量并不直接作用于企业的破产倾向,满足外生性条件。工具变量采用核心解释变量($L.digit$)滞后一期。表10-6第(2)列报告了工具变量法的回归结果,$Kleibergen-Paap\ Wald\ rk\ F$统计量明显大于10%水平临界值,拒绝弱工具变量原假设,过度识别检验结果P值为1.0000,表明以地区数字经济企业存量作为工具变量具有较强效力,工具变量法回归结果表明本章的研究结论依然成立。

(三)关键指标替代

借鉴胡松明等(2019)、何康等(2022)做法,参考奥尔森(Ohlson,1980)的破产概率指标$O-Score$作为破产风险指标的替代变量,构建模型(23)。

$$O-Score = -1.32 - 0.407size + 6.03lev - 1.43wc + 0.0757cl - 1.72lia \\ - 2.37roa - 1.83sale + 0.285pat - 0.521\Delta ni/\Delta|ni| \quad (23)$$

其中,$size$为企业规模,以总资产自然对数表示;lev为资产负债率;wc为净营运资本与总资产比值;cl为流动负债与流动资产的比值;lia为虚拟变量,当企业总负债大于总资产时取1,否则取0;roa为净利润与总资产的比值,$sale$为折扣前营业收入与总资产的比值;pat为虚拟变量,当企业前两年的税后净利润为负时取1,否则取0;Δni为企业当期净利润与上一期净利润的差值。计算出的$O-Score$越大,表示破产风险越大。表10-6第(3)列显示数字经济($L.digit$)对$F.O-Score$回归系数显著为负,结论稳健。同时,本章借鉴柏培文和张云(2021)的做法,参考樊纲等(2011)的处理方式,对数字经济各指标进行无量纲化处理,利用算术平均法将四个维度指标合成综合的数字经济($L.digit2$)作为替代指标。表10-6第(4)列的结果说明数字经济的发展显著降低了国有企业破产风险,没有改变本章的核心结论。

(四)更换样本区间

《中国数字经济发展回顾与展望》中指出,2013年以来,数字经济发展日益成熟。因此,本章截取区间为2013~2019年即数字经济成熟期的子样本进行检验。表 10-6 第（5）列结果显示，L. digit 系数显著为正，结论稳健。[1]

第六节 路径识别

为识别数字经济与国有企业破产风险的传导路径，本章选取"融资约束程度""公司治理水平""创新投入"三项路径进行验证。一是融资约束程度（KZ）路径变量，本章借鉴卡普兰和辛加莱（Kaplan and Zingales，1997）、魏志华（2014），以中国上市公司为样本构建 KZ 指数，来衡量融资约束程度。[2] 采用排序逻辑回归，将 KZ 对 CF_{it}/A_{it-1}、DIV_{it}/A_{it-1}、C_{it}/A_{it-1}、LEV_{it} 和 Q_{it} 回归。运用上述回归模型结果，计算上市公司融资约束程度（KZ），KZ 越大，融资约束程度越高。二是公司治理水平（CorGov）路径变量，本章借鉴严若森（2018）、顾乃康和周艳利（2017）、张会丽和陆正飞（2012）的做法，公司治理水平采用主成分分析，从监督、激励、决策多方面构造综合性指标。将主成分分析得到的第一主成分作为公司治理水平综合指标。得分越高，公司治理水平越高。三是企业创新投入（RD）路径变量，借鉴吴非等（2021）做法，企业创新投入程度采用企业研发投入与营业收入的比值（RD）。

为刻画企业数字经济发展影响国有企业破产风险的机制路径，本章借助

---

[1]《中国数字经济发展回顾与展望》中提到，我国的数字经济发展经历了萌芽期、高速发展期和成熟期，1994~2002 年是数字经济发展的萌芽期，1994 年，中国正式接入国际互联网，进入互联网时代，2003~2012 年高速增长，2013 年以来，数字经济发展日益成熟。

[2] KZ 指数构建：对全样本各个年度都按经营性净现金流/上期总资产（CF_{it}/A_{it-1}）、现金股利/上期总资产（DIV_{it}/A_{it-1}）、现金持有/上期总资产（C_{it}/A_{it-1}）、资产负债率（LEV_{it}）和 Tobin's Q（Q_{it}）进行分类。如果 CF_{it}/A_{it-1} 低于中位数则 kz_1 取 1，否则取 0；如果 DIV_{it}/A_{it-1} 低于中位数则 kz_2 取 1，否则取 0；如果 C_{it}/A_{it-1} 低于中位数则 kz_3 取 1，否则取 0；如果 LEV_{it} 高于中位数则 kz_4 取 1，否则取 0；如果 Q_{it} 高于中位数则 kz_5 取 1，否则取 0。进一步，计算 KZ 指数，令 $KZ = kz_1 + kz_2 + kz_3 + kz_4 + kz_5$。

温忠麟等（2014）的递归方程开展研究，并基于 Bootstrap 方法进行检验（抽取自助样本 5 000 次），构建如下模型分析其中介路径。

$$\text{Path a：} M_{i,t} = \beta_0 + \beta_1 digit_{i,t-1} + \sum control + \sum year + \sum industry + \varepsilon_{it} \tag{24}$$

$$\text{Path b：} Z_{i,t+1} = \gamma_0 + \gamma_1 digit_{i,t-1} + \gamma_3 M_{i,t} + \sum control + \sum year + \sum industry + \varepsilon_{it} \tag{25}$$

考虑到解释变量、路径变量与被解释变量间传导存在时滞，且变量间可能存在反向因果。本章对被解释变量前置 1 期，解释变量滞后 1 期，路径变量采用当期数据。

表 10-7 显示了中介效应模型——Path a 与 Path b 的回归结果，第（1）、（2）列反映了数字经济对国有企业破产风险的影响——融资约束路径的检验结果。第（1）列中，数字经济（L. digit）对企业融资约束（KZ）的回归系数为负值且高度显著，说明数字经济降低信息不对称程度，扩宽企业融资渠道，缓解企业融资约束。第（2）列的回归结果表示，数字经济发展通过缓解融资约束，降低企业负债水平，降低企业由于无法偿还负债导致破产的可能性，抑制企业破产倾向，假设（20a）成立。第（3）、（4）列反映了数字经济对国有企业破产风险的影响——公司治理水平路径的检验结果。第（3）列中，数字经济（L. digit）对公司治理水平（CorGov）的回归系数为正且高度显著，说明数字经济发展降低内部治理成本，提高组织管理效率，提升了公司治理水平。第（4）列的回归结果说明数字经济发展通过提高公司治理水平，降低企业对外负债融资需求，满足企业现金流需求，降低了国有企业破产风险，假设（20b）成立。第（5）、（6）列反映了数字经济降低国有企业破产风险——创新投入路径的检验结果。第（5）列的结果显示，数字经济（L. digit）对创新投入（RD）的回归系数为 0.002，且在 5% 的水平上显著，说明数字经济激发企业创新动能，提高企业创新水平，增加创新投入。由第（6）列的结果可知，数字经济发展增加企业创新投入，促进企业把握技术创新方向，驱动主业业绩提升，降低企业资产负债率，降低国有企业破

产风险，假设（20c）成立。

表 10-7　　数字经济与国有企业破产风险的中介路径识别

变量	(1) KZ	(2) F.Z	(3) CorGov	(4) F.Z	(5) RD	(6) F.Z
L.digit	-0.024** (-2.33)	0.214*** (2.68)	0.049*** (3.98)	0.249*** (2.96)	0.002** (2.48)	0.248*** (2.98)
KZ		-1.954*** (-16.34)				
CorGov				0.616*** (4.81)		
RD						19.656*** (3.32)
Constant	-4.288*** (-3.15)	31.929*** (3.70)	3.796*** (2.63)	39.229*** (4.21)	0.101 (1.45)	41.826*** (4.49)
Control	YES	YES	YES	YES	YES	YES
Year	YES	YES	YES	YES	YES	YES
Industry	YES	YES	YES	YES	YES	YES
Observations	7 672	6 544	7 871	6 794	7 597	6 509
R^2	0.482	0.465	0.231	0.410	0.317	0.420

进一步将所有变量进行标准化处理，按照赵等（Zhao et al., 2010）提出的中介分析程序，运用偏差校正的非参数百分位 Bootstrap 法进行中介作用的检验，样本量选择 5 000 设置 95% 的置信区间。若中介效应 95% 置信区间中不包括 0，则中介效应显著。表 10-8 的结果表明，融资约束程度、公司治理水平、创新投入均在数字经济降低破产风险中发挥了显著的中介作用，中介作用大小依次 0.0207、0.0112、0.0262，其中，创新投入发挥的中介作用最大，中介效应达到 36.04%，三条中介路径的直接效应均显著，说明三个中介变量在数字经济降低破产风险的关系中产生了部分中介效应，与前文

主检验得出的结论基本一致。

表10-8　　　　　　非参数百分位 Bootstrap 法中介效应检验

被解释变量	中介变量	总效应	直接效应	间接效应 [95% CI]	中介效应占比
Z	KZ	0.0686***	0.0478**	0.0207** [0.0139, 0.0275]	30.17%
	CorGov	0.0712**	0.0601**	0.0112** [0.0078, 0.0147]	15.73%
	RD	0.0727***	0.0465**	0.0262*** [0.0175, 0.0382]	36.04%

注：对应 p 值均为 Bootstrap 法结果，表中为标准化值。

第七节　进一步分析

前述研究为理解数字经济对企业破产倾向的影响及路径提供了丰富的实证数据支撑，但国有企业破产风险会受到资本市场与政府治理的影响，本节将"无形的手"——资本市场表现、"有形的手"——政府治理水平纳入到数字经济与国有企业破产风险的研究框架中，考察股票流动性和政府治理水平在数字经济之于国有企业破产风险中发挥的抑制效应。其中，股票流动性在很大程度上反映出了资本市场的价格发现功能与资源配置效率，往往与市场认可密切关联（吴璇，2017），因此，股票流动性的高低可以反映企业在资本市场上受欢迎的程度和企业进行股权融资的可行性，进而影响企业出现财务危机而面临破产风险的概率。政府治理水平对破产风险具有抑制效应，良好的政府治理水平不仅为企业的生存发展提供了公平的竞争环境（高翔、独旭，2017），还能强化政府补贴对企业生存的改善作用（许家云、毛其淋，2016），促进企业可持续健康发展。

为验证股票流动性和政府治理能力对数字经济与国有企业破产风险的调节作用，在上述中介模型中引入调节变量与数字经济交互项、调节变量与中介变量交互项，构建模型如下：

$$Z_{i,t+1} = \delta_0 + \delta_1 digit_{i,t-1} + \delta_2 M_{i,t} + \delta_3 Tover_{i,t-1} + \delta_4 M_{i,t} \times Tover_{i,t-1} + \delta_5 digit_{i,t-1}$$
$$\times Tover_{i,t-1} + \sum control + \sum year + \sum industry + \varepsilon_{it} \qquad (26)$$

$$Z_{i,t+1} = \varphi_0 + \varphi_1 digit_{i,t-1} + \varphi_2 M_{i,t} + \varphi_3 Gov_{i,t-1} + \varphi_4 M_{i,t} \times Gov_{i,t-1} + \varphi_5 digit_{i,t-1}$$
$$\times Gov_{i,t-1} + \sum control + \sum year + \sum industry + \varepsilon_{it} \qquad (27)$$

借鉴苏冬蔚、熊家财（2013）做法，采用上市公司总股数日均换手率指标衡量企业股票流动性（$Tover$），并在此基础上借鉴张克中、何凌云（2012）、张艳等（2022）的方法，通过对反腐败力度、政府规模、民生保障这三个变量标准化后进行主成分分析构造了衡量政府治理效率的综合指标（Gov）。其中，反腐败力度以每百万人口中腐败案件数量的自然对数表示；政府规模用财政总支出/地区 GDP 来表示；民生保障以职工平均货币工资的自然对数表示。

关注中介变量与调节变量交互项系数、数字经济与调节变量交互项系数。若 δ_4、φ_4 显著，说明数字经济经过融资约束、公司治理、创新投入对企业破产倾向的中介效应的后半路径受到了股票流动性或政府治理能力的调节作用；若 δ_5、φ_5 显著，说明数字经济经过融资约束、公司治理、创新投入对企业破产倾向的中介效应的前半路径受到了股票流动性或政府治理能力的抑制作用。

表 10-9 反映了股票流动性、政府治理水平对数字经济之于国有企业破产风险的中介路径的调节效应。第（1）列中融资约束和股票流动性的交互项系数显著为负，表明股票流动性对数字经济经过融资约束对企业破产倾向的中介效应的后半路径具有正向调节作用，股票流动性强化了缓解融资约束对国有企业破产风险的改善作用。第（2）、（4）列中，数字经济（$L.digit$）与政府治理水平（$L.Gov$）的交互项系数均显著为正，表明数字经济经过融资约束、公司治理降低破产风险的中介效应的前半路径受到了政府治理水平的抑制作用。

根据上述分析，可以得出结论：股票流动性对数字经济经过融资约束对企业破产倾向的中介效应的后半路径具有正向的调节作用，对于股票流动性越高的企业，缓解融资约束降低国有企业破产风险的效果越明显；政府治理水平对数字经济通过缓解融资约束、提高公司治理水平降低国有企业破产风险的中介效应的前半路径具有正向的调节作用，在政府治理水平越高的地区，数字经济的发展缓解融资约束、提高公司治理水平的破产风险抑制效应越明显。

表 10-9　　　　　　　股票流动性、政府治理水平的抑制效应

变量	(1)	(2)	(3)	(4)	(5)	(6)
L. digit	0.184** (2.05)	0.102 (1.03)	0.185* (1.92)	0.142 (1.35)	0.250*** (2.67)	0.125 (1.23)
L. Tover	0.248** (2.02)		-0.442*** (-4.65)		-0.419*** (-2.76)	
L. digit × L. Tover	0.007 (0.17)		0.020 (0.49)		-0.019 (-0.62)	
L. Gov		-0.107 (-0.53)		0.074 (0.39)		0.204 (0.79)
L. digit × L. Gov		0.120** (2.50)		0.088* (1.66)		0.056 (1.06)
KZ	-1.479*** (-10.76)	-1.893*** (-15.94)				
KZ × L. Tover	-0.283*** (-4.89)					
KZ × L. Gov		0.138 (1.29)				
CorGov			0.629*** (3.44)	0.529*** (3.83)		
CorGov × L. Tover			0.003 (0.04)			
CorGov × L. Gov				-0.250 (-1.61)		

续表

变量	(1)	(2)	(3)	(4)	(5)	(6)
RD					17.137** (2.23)	23.276*** (4.59)
$RD \times L.Tover$					1.265 (0.40)	
$RD \times L.Gov$						0.048 (0.01)
$Constant$	32.044*** (3.72)	30.221*** (3.35)	42.510*** (4.52)	38.275*** (3.93)	45.191*** (4.84)	39.247*** (4.03)
$Control$	YES	YES	YES	YES	YES	YES
$Year$	YES	YES	YES	YES	YES	YES
$Industry$	YES	YES	YES	YES	YES	YES
$Observations$	9 379	8 972	9 629	9 229	9 375	8 998
R^2	0.470	0.471	0.412	0.417	0.423	0.432

第八节 结论与启示

数字经济发展催生新的市场规范和竞争规则，诱发企业形成合法性同构，企业的信息效率、成长机会和预期价值提高，进而降低国有企业破产风险。本章以2011~2019年A股上市公司为样本进行实证研究发现，数字经济显著降低了国有企业破产风险，缓解企业融资约束、提高公司治理水平和增加企业创新投入是数字经济降低国有企业破产风险的主要路径；数字经济发展降低国有企业破产风险的作用在具有中等城市财富水平的地区表现得更加明显。进一步研究发现，提高股票流动性和政府治理水平对数字经济降低国有企业破产风险具有积极作用。这一研究丰富了数字经济发展和国有企业破产风险等领域的研究成果，揭示了数字经济降低国有企业破产风险的机理和主要路径，为进一步推进数字经济发展、降低国有企业破产风险提供了经验证据和启示。其政策意义在于以下三个方面。

第一,强化数字赋能,大力发展和广泛应用数字化组织管理平台,推进企业数字化转型和产业结构升级。企业应加强企业数字化转型方面的物质资本投入与人力资本投入,有效提高企业适应能力与生存能力,对内提升企业创新绩效、加强公司治理水平和提高融资能力,促进企业实现可持续经营战略目标;对外与其他企业建立数字化连接,促进数据实时共享,有效提高横向合作效率,强化产业链上下游业务环节衔接。政府应充分重视数字技术对区域经济的促进作用,通过政策引导、财政补贴和税收优惠等方式,打造有利于数字经济发展的营商环境,鼓励当地企业数字化转型,推动区域内产业跨界融合、联动发展。

第二,关注国有企业破产风险治理,守住防范化解系统性风险战略底线,以中等城市财富水平地区数字经济发展为突破口,推动全局风险治理工作提质增效。加快5G网络、人工智能等新一代信息基础设施建设,服务企业、增效赋能,提高企业数字化科技含量,鼓励以数字化为动因的科技并购与投资活动,实现上下游产业、大中小企业紧密协作,形成防范破产风险的发展合力。充分重视中等城市财富水平地区的数字经济发展潜力,支持当地数字赋能产业构建与数智创新行动规划,筑牢新旧动能转换主阵地,优选做强区域内标志性数字经济产业链;积极推动中等城市财富水平地区实现数字经济的发展与突破,发挥数字经济对国有企业破产风险的抑制作用,并在此基础上探索其他地区联动赋能增效路径,带动整体风险治理工作。

第三,完善资本市场基础制度建设,提升政府数字政务治理水平,加快建立服务型政府,为降低国有企业破产风险营造公正、透明、可预期的营商环境。通过构建API开放银行等推进数字化金融服务,完善资本市场价格发现和市场化退出机制等,依托数字技术和并购重组等扩大企业资本规模,为企业提供多层次融资渠道,提高企业偿债能力,有效缓解融资约束,为降低国有企业破产风险增势赋能。各地加快实施"宽带中国"战略,持续推进网络基础设施建设,激发数字经济活力,运用高尖技术、高标准构建国家新一代信息基础设施体系,促进企业依托高新尖的信息基础设施提高内部信息效率。打造高效协调的数字政府,打通企业应用与政务平台的数据联通,构建"亲清政商"关系,运用法治思维和市场化方式加强对企业运营活动的服务和监管,提升政府管理水平和规范化运行机制,推动有效市场和有为政府有机结合,为降低国有企业破产风险提供制度保障。

参考文献

[1] 蔡贵龙，柳建华，马新啸. 非国有股东治理与国企高管薪酬激励 [J]. 管理世界，2018，34（5）：137-149.

[2] 蔡贵龙，郑国坚，马新啸，等. 国有企业的政府放权意愿与混合所有制改革 [J]. 经济研究，2018，53（9）：99-115.

[3] 曹春方，马连福，沈小秀. 财政压力、晋升压力、官员任期与地方国企过度投资 [J]. 经济学（季刊），2014，13（4）：1415-1436.

[4] 曹晶晶，徐平. 政府财政支出、对外开放与居民消费结构变迁——来自中国经验的实证 [J]. 商业经济研究，2019（23）：166-168.

[5] 曹越，邱芬，鲁昱. 地方政府政绩诉求、政府补助与公司税负 [J]. 中南财经政法大学学报，2017（2）：106-116，160.

[6] 陈冬华，范从来，沈永建. 高管与员工：激励有效性之比较与互动 [J]. 管理世界，2015（5）：160-171.

[7] 陈辉，顾乃康. 新三板做市商制度、股票流动性与证券价值 [J]. 金融研究，2017（4）：15.

[8] 陈良银，黄俊，陈信元. 混合所有制改革提高了国有企业内部薪酬差距吗 [J]. 南开管理评论，2021，24（5）：150-162.

[9] 陈亮，李杰伟，徐长生. 信息基础设施与经济增长——基于中国省际数据分析 [J]. 管理科学，2011（1）：10.

[10] 陈林，唐杨柳. 混合所有制改革与国有企业政策性负担——基于早期国企产权改革大数据的实证研究 [J]. 经济学家，2014（11）：13-23.

[11] 陈梦根，张鑫. 数字经济的统计挑战与核算思路探讨 [J]. 改革，

2020 (9): 52-67.

[12] 陈小辉, 张红伟. 数字经济如何影响企业风险承担水平 [J]. 经济管理, 2021, 43 (5): 93-108.

[13] 陈运森, 谢德仁. 网络位置、独立董事治理与投资效率 [J]. 管理世界, 2011 (7): 47-62.

[14] 程立茹. 互联网经济下企业价值网络创新研究 [J]. 中国工业经济, 2013 (9): 82-94.

[15] 程新生, 谭有超, 许垒. 公司价值、自愿披露与市场化进程——基于定性信息的披露 [J]. 金融研究, 2011 (8): 111-118.

[16] 程仲鸣, 夏新平, 余明桂. 政府干预、金字塔结构与地方国有上市公司投资 [J]. 管理世界, 2008 (9): 37-47.

[17] 代飞. 国有企业高管政治关联、公司治理与企业价值——基于董事长、总经理个人动机的视角 [J]. 云南财经大学学报, 2018, 34 (2): 103-112.

[18] 邓鸿勋. 国务院发展研究中心副主任邓鸿勋在"中小企业改革深入发展"研讨会上的讲话（摘要）[J]. 中国中小企业, 1997 (10): 2.

[19] 狄灵瑜, 步丹璐. 混合所有制改革制度背景下异质性大股东对企业创新投入的影响——基于国有企业和非国有企业的比较分析 [J]. 研究与发展管理, 2021, 33 (4): 152-168.

[20] 独正元, 吴秋生. 非国有股东治理与国有企业资产保值增值 [J]. 统计学报, 2020, 1 (1): 82-94.

[21] 杜运潮, 王任祥, 徐凤菊. 国有控股上市公司的治理能力评价体系———混合所有制改革背景下的研究 [J]. 经济管理, 2016, 38 (11): 11-25.

[22] 杜运周, 张玉利, 任兵. 展现还是隐藏竞争优势: 新企业竞争者导向与绩效U型关系及组织合法性的中介作用 [J]. 管理世界, 2012 (7): 96-107.

[23] 方军雄. 国有企业投资决策趋同: 羊群效应抑或"潮涌现象"?

[J]. 财经研究, 2012, 38 (11): 92-102.

[24] 冯璐, 张泠然, 段志明. 混合所有制改革下的非国有股东治理与国企创新 [J]. 中国软科学, 2021 (3): 124-140.

[25] 高翔, 独旭. 政府补贴、政府治理能力与出口企业风险承担 [J]. 财贸研究, 2017 (12): 47-60.

[26] 顾乃康, 周艳利. 卖空的事前威慑、公司治理与企业融资行为——基于融资融券制度的准自然实验检验 [J]. 管理世界, 2017 (2): 120-134.

[27] 郭朝先, 刘艳红. 中国信息基础设施建设: 成就、差距与对策 [J]. 企业经济, 2020 (9): 143-151.

[28] 郭春丽. 组建投资运营公司完善国有资本管理体制 [J]. 宏观经济管理, 2014 (11): 49-52.

[29] 郭檬楠, 吴秋生. 国家审计全覆盖、国资委职能转变与国有企业资产保值增值 [J]. 审计研究, 2018 (6): 25-32.

[30] 中国信息通信研究院. 中国数字经济发展白皮书 [R]. 2020.

[31] 郝阳, 龚六堂. 国有、民营混合参股与公司绩效改进 [J]. 经济研究, 2017, 52 (3): 122-135.

[32] 郝云宏, 汪茜, 王淑贤. 第二大股东对第一大股东的制衡路径分析——基于中国民营企业与国有企业的多案例研究 [J]. 商业经济与管理, 2015 (12): 25-33, 51.

[33] 何康, 项后军, 方显仓, 等. 贸易信用、经济政策不确定性与国有企业破产风险 [J]. 国际经贸探索, 2022 (2): 36-50.

[34] 何瑛, 杨琳. 改革开放以来国有企业混合所有制改革: 历程、成效与展望 [J]. 管理世界, 2021, 37 (7): 44-60, 4.

[35] 洪银兴. 论市场对资源配置起决定性作用后的政府作用 [J]. 经济研究, 2014 (1): 14-46.

[36] 胡锋, 黄速建. 对国有资本投资公司和运营公司的再认识 [J]. 经济体制改革, 2017 (6): 98-103.

[37] 胡山，余泳泽. 数字经济与企业创新：突破性创新还是渐进性创新？[J]. 财经问题研究，2022（1）：42-51.

[38] 胡松明，邓衢，江婕，等. 股价崩盘风险与企业资本成本——基于公司价值和破产风险的中介效应检验[J]. 金融论坛，2019（9）：69-80.

[39] 黄群慧. 地方国资国企改革的进展、问题与方向[J]. 中州学刊，2015（5）：24-31.

[40] 黄先海，陈晓华，刘慧. 产业出口复杂度的测度及其动态演进机理分析——基于52个经济体1993~2006年金属制品出口的实证研究[J]. 管理世界，2010（3）：44-55.

[41] 霍晓萍，李华伟，孟雅楠，等. 混合所有制企业高管薪酬与创新绩效关系研究[J]. 投资研究，2019，38（5）：142-158.

[42] 姜付秀，黄继承. 市场化进程与资本结构动态调整[J]. 管理世界，2011（3）：124-134，167.

[43] 姜涛，任荣明，袁象. 我国信息化与区域经济增长关系实证研究——基于区域差异的面板数据分析[J]. 科学学与科学技术管理，2010（6）：120-125.

[44] 黎文靖，胡玉明. 国企内部薪酬差距激励了谁？[J]. 经济研究，2012，47（12）：125-136.

[45] 李春涛，闫续文，宋敏，等. 金融科技与企业创新——新三板上市公司的证据[J]. 中国工业经济，2020（1）：81-98.

[46] 李端生，宋璐. 国有资本投资运营公司成立提高企业价值了吗？——来自中央企业和省级改革试点的经验数据[J]. 经济与管理研究，2020，41（10）：103-120.

[47] 李方静，张静. 信任、行业契约密集度与企业效率[J]. 产经评论，2017（4）：39-49.

[48] 李凤羽，杨墨竹. 经济政策不确定性会抑制国有企业投资吗？——基于中国经济政策不确定指数的实证研究[J]. 金融研究，2015（4）：115-129.

[49] 李坤望, 邵文波, 王永进. 信息化密度、数字基础设施与企业出口绩效——基于企业异质性的理论与实证分析 [J]. 管理世界, 2015 (4): 52 – 65.

[50] 李莉, 高洪利, 陈靖涵. 中国高科技企业信贷融资的信号博弈分析 [J]. 经济研究, 2015 (6): 162 – 174.

[51] 李琳, 刘凤委, 卢文彬. 基于公司业绩波动性的股权制衡治理效应研究 [J]. 管理世界, 2009 (5): 145 – 151.

[52] 李青原. 会计信息质量、审计监督与公司投资效率——来自我国上市公司的经验证据 [J]. 审计研究, 2009 (4): 65 – 73.

[53] 李伟军. 地区行政层级、信息基础与金融集聚的路径选择——基于长三角城市群面板数据的实证分析 [J]. 财经研究, 2011 (11).

[54] 李文贵, 余明桂. 民营化企业的股权结构与企业创新 [J]. 管理世界, 2015 (4): 112 – 125.

[55] 李小青, 贾岩冰, 陈阳阳. "混改"国企股权结构、董事会配置与创新绩效 [J]. 科技进步与对策, 2020, 37 (12): 82 – 89.

[56] 李晓英, 李蕾. 吉林省财政支出对产业结构升级的影响 [J]. 税务与经济, 2020 (1): 100 – 106.

[57] 李晓宇, 陈国卿. 信息技术投入、技术创新动态能力与企业绩效关系研究 [J]. 科技进步与对策, 2019 (16).

[58] 李义平. 继续深化供给侧结构性改革的几点认识 [J]. 财经科学, 2017 (12): 5 – 7.

[59] 李勇, 葛晶, 李佩. 混合所有制改革是否有助于缓解人力资本配置扭曲 [J]. 南京审计大学学报, 2020, 17 (6): 101 – 110.

[60] 李增福, 黄家惠, 连玉君. 非国有资本参股与国企技术创新 [J]. 统计研究, 2021, 38 (1): 119 – 131.

[61] 连军. 政治联系、市场化进程与权益资本成本———来自中国民营上市公司的经验证据 [J]. 经济与管理研究, 2012 (2): 32 – 39.

[62] 梁鹤, 艾德洲. 分类改革背景下国有企业社会责任履行的 NGO 联

动发展研究[J].当代经济管理,2016,38(9):7-11.

[63] 廖红伟,杨良平.以管资本为主新型监管体制下的国有企业深化改革研究[J].学习与探索,2018(12):125-132.

[64] 刘长庚,李琪辉,张松彪,等.金融科技如何影响企业创新?——来自中国上市公司的证据[J].经济评论,2022(1):30-47.

[65] 刘美芬.高管政治联系对民营企业创新绩效的影响——董事会治理行为的非线性中介效应[J].科研管理,2019,40(5):233-243.

[66] 刘海建.企业战略演化中的惯性:概念、测量与情境化[J].中央财经大学学报,2012(4):55-61.

[67] 刘汉民,齐宇,解晓晴.股权和控制权配置:从对等到非对等的逻辑——基于央属混合所有制上市公司的实证研究[J].经济研究,2018,53(5):175-189.

[68] 刘剑民,蒋尧明.基于动力能力观的企业集团财务控制结构的改进研究[J].财政研究,2011(5):70-73.

[69] 刘剑民.略论企业集团选择非权威型财务控制机制之客观依据[J].现代财经,2010(6):31-37.

[70] 刘瑞明.国有企业、隐性补贴与市场分割:理论与经验证据[J].管理世界,2012(4):21-32.

[71] 刘生龙,胡鞍钢.基础设施的外部性在中国的检验:1988—2007[J].经济研究,2010(3):4-15.

[72] 刘淑春.中国数字经济高质量发展的靶向路径与政策供给[J].经济学家,2019(6):54.

[73] 刘星,彭程.负债融资与企业投资决策:破产风险视角的互动关系研究[J].管理工程学报,2009(1):104-111.

[74] 刘行,叶康涛.企业的避税活动会影响投资效率吗?[J].会计研究,2013(6):47-53.

[75] 刘政,姚雨秀,张国胜,等.企业数字化、专用知识与组织授权[J].中国工业经济,2020(9):156-174.

[76] 柳学信. 国有资本的公司化运营及其监管体系催生 [J]. 改革, 2015 (2): 23-33.

[77] 卢建词, 姜广省. 混合所有制与国有企业现金股利分配 [J]. 经济管理, 2018, 40 (2): 5-20.

[78] 卢晓军, 张铭洪. 财政支出对就业的影响存在门限效应吗——来自中国省级面板数据的经验证据 [J]. 当代财经, 2015 (12): 24-32.

[79] 鲁桐, 党印. 公司治理与技术创新: 分行业比较 [J]. 经济研究, 2014, 49 (6): 115-128.

[80] 逯东, 孙岩, 杨丹, 等. 政绩诉求、政府控制与边际社会性支出——基于地方国有上市公司的研究 [J]. 投资研究, 2011, 30 (11): 108-123.

[81] 逯东, 孙岩, 周玮, 等. 地方政府政绩诉求、政府控制权与公司价值研究 [J]. 经济研究, 2014, 49 (1): 56-69.

[82] 吕坤, 周爱民. 财政金融监管支出对信贷服务效率的影响 [J]. 当代经济研究, 2016 (4): 86-91.

[83] 罗乾宜. 大型央企集团财务治理模式及其制度创新 [J] 会计研究, 2012 (2): 50-57.

[84] 马连福, 高塬. 资本配置效率会影响企业创新投资吗?——独立董事投资意见的调节效应 [J]. 研究与发展管理, 2020, 32 (4): 110-123.

[85] 马连福, 王丽丽, 张琦. 混合所有制的优序选择: 市场的逻辑 [J]. 中国工业经济, 2015 (7): 5-20.

[86] 马连福, 张晓庆. 非国有股东委派董事与国有企业双元创新——投资者关系管理的调节作用 [J]. 经济与管理研究, 2021, 42 (1): 88-103.

[87] 马新啸, 汤泰劼, 郑国坚. 非国有股东治理与国有企业的税收规避和纳税贡献——基于混合所有制改革的视角 [J]. 管理世界, 2021, 37 (6): 128-141, 8.

[88] 聂秀华. 数字金融促进中小企业技术创新的路径与异质性研究

[J]. 西部论坛, 2020 (4): 37-49.

[89] 潘红波, 夏新平, 余明桂. 政府干预、政治关联与地方国有企业并购 [J]. 经济研究, 2008 (4): 41-52.

[90] 潘伟, 韩伯棠. 基于信息化的城市群经济增长实证研究 [J]. 科研管理, 2018 (S1).

[91] 潘越, 王宇光, 许婷. 社会资本、政府干预与区域资本配置效率——来自省级工业行业数据的证据 [J]. 审计与经济研究, 2015, 30 (5): 85-94.

[92] 齐大庆, 薛云奎, 韦华宁. 中国企业战略执行现状及执行力决定因素分析 [J]. 管理世界, 2005 (9).

[93] 祁怀锦, 李晖, 刘艳霞. 政府治理、国有企业混合所有制改革与资本配置效率 [J]. 改革, 2019 (7): 40-51.

[94] 钱锡红, 杨永福, 徐万里. 企业网络位置、吸收能力与创新绩效——一个交互效应模型 [J]. 管理世界, 2010 (5).

[95] 邱兆林, 马磊. 经济新常态下政府财政支出的就业效应——基于中国省级面板数据的系统 GMM 分析 [J]. 中央财经大学学报, 2015 (12): 22-30.

[96] 上海社会科学院经济研究所课题组. 地方国资运营: 定位、分类、监管 [J]. 上海经济研究, 2014 (11): 3-15, 45.

[97] 尚洪涛, 房丹. 政府补贴、风险承担与企业技术创新——以民营科技企业为例 [J]. 管理学刊, 2021, 34 (6): 45-62.

[98] 佘镜怀. IT 基础设施治理与 IT 投资绩效关系实证研究——来自财富 1000 公司的证据 [J]. 经济与管理研究, 2011 (12).

[99] 申慧慧, 于鹏, 吴联生. 国有股权、环境不确定性与投资效率 [J]. 经济研究, 2012 (7).

[100] 沈国兵, 袁征宇. 企业互联网化对中国企业创新及出口的影响 [J]. 经济研究, 2020 (1).

[101] 盛丹. 国有企业改制、竞争程度与社会福利——基于企业成本加

成率的考察［J］．经济学（季刊），2013（4）．

［102］苏秦，孙静春，王刊良．制造系统的快速组构模式研究［J］．情报学报，2002（2）．

［103］苏治，荆文君，孙宝文．分层式垄断竞争：互联网行业市场结构特征研究———基于互联网平台类企业的分析［J］．管理世界，2018（4）．

［104］粟立钟，王峰娟，赵婷婷．国资管理体制：文献回顾和未来设想［J］．北京工商大学学报（社会科学版），2015，30（3）：10-19．

［105］眭纪刚，刘影．创新发展中的竞争与垄断［J］．中国软科学，2018（9）：54-63．

［106］孙建强，吴晓梦．资本配置视角下国企混改作用机理———以中粮集团为例［J］．财会月刊，2019（7）：119-125．

［107］孙军，高彦彦．农村人口半城镇化视阈下的中国经济增长机制及其风险研究［J］．上海经济研究，2016（9）．

［108］孙晓华、李明珊．国有企业的过度投资及其效率损失［J］．中国工业经济，2016（10）：109-125．

［109］孙艳霞．基于不同视角的企业价值创造研究综述［J］．南开经济研究，2012（1）．

［110］孙早，徐远华．数字基础设施建设能提高中国高技术产业的创新效率吗？——基于2002—2013年高技术17个细分行业面板数据的经验分析［J］．南开经济研究，2018（2）．

［111］覃家琦、邵新建．交叉上市、政府干预与资本配置效率［J］．经济研究，2015（6）：117-130．

［112］谭劲松，郑国坚，彭松．地方政府公共治理与国有控股上市公司控制权转移———1996—2004年深圳市属上市公司重组案例研究［J］．管理世界，2009（10）：135-151，188．

［113］唐雪松，周晓苏，马如静．政府干预、GDP增长与地方国企过度投资［J］．金融研究，2010（8）：33-48．

［114］田笑丰，聂文婷．产权性质、普通职工薪酬与企业绩效［J］．财

会通讯，2018 (6)：60-63.

[115] 同济大学数学系. 线性代数附册 学习辅导与习题全解 [M]. 北京：高等教育出版社，2007.

[116] 王斌. 中国国有企业业绩评价制度：回顾与思考 [J]. 会计研究，2008 (11)：21-28.

[117] 王朝阳，王文汇. 中国系统性金融风险表现与防范：一个文献综述的视角 [J]. 金融评论，2018，10 (5)：100-113，125-126.

[118] 王方，李仁君，马光威. 竞争博弈、资本结构演变与国有企业混合所有制改革 [J]. 郑州大学学报（社会科学版），2019，52 (4)：59-63.

[119] 王锋正，刘向龙，张蕾，等. 数字化促进了资源型企业绿色技术创新吗？[J]. 科学学研究，2022 (2).

[120] 王高望，田盛丹. 财政政策、资本深化与中国经济结构转型 [J]. 世界经济文汇，2019 (4)：18-34.

[121] 王克敏，刘静，李晓溪. 产业政策、政府支持与公司投资效率研究 [J]. 管理世界，2017 (3)：113-124，145，188.

[122] 王立勇. 杜绝内患——企业内部控制系统分析 [M]. 北京：中国经济出版社，2005.

[123] 王立勇. 内部控制系统评价定量分析的数学模型 [J]. 审计研究，2004 (4)：53-59.

[124] 王林辉，胡晟明，董直庆. 人工智能技术会诱致劳动收入不平等吗——模型推演与分类评估 [J]. 中国工业经济，2020 (4).

[125] 王淼. 政府干预、公司治理与国有企业的资本配置效率 [J]. 华东经济管理，2016，30 (3)：34-41.

[126] 王书斌，徐盈之. 信任、初创期企业扩张与市场退出风险 [J]. 财贸经济，2016 (4)：58-70.

[127] 王曙光，冯璐，徐余江. 混合所有制改革视野的国有股权、党组织与公司治理 [J]. 改革，2019 (7)：27-39.

[128] 王曙光，杨敏. 地方国有资本投资运营平台：模式创新与运行机

制［J］．改革，2018（12）：131-141．

［129］王帅，周明生．数字基础设施建设、产业集聚与经济增长——基于中介效应模型的实证分析［J］．上海经济，2018（5）．

［130］王文成，王诗卉．中国国有企业社会责任与企业绩效相关性研究［J］．中国软科学，2014（8）：131-137．

［131］王贤彬，徐现祥，李郇．地方官员更替与经济增长［J］．经济学（季刊），2009，8（4）：1301-1328．

［132］王雄元，何捷，彭旋，等．权力型国有企业高管支付了更高的职工薪酬吗？［J］．会计研究，2014（1）：49-56，95．

［133］王艳艳，王迪，李文涛．政府审计官员任期会影响国家审计效率吗？——基于国有资产保值增值的经验证据［J］．厦门大学学报，2020（2）：105-117．

［134］王永钦，张晏，章元，等．中国的大国发展道路——论分权式改革的得失［J］．经济研究，2007（1）：4-16．

［135］王宇，高洁．隐性市场与显性市场相互转化研究——基于分工和交易成本理论的视角［J］．内蒙古大学学报，2013，45（3）：75-79．

［136］魏江，刘嘉玲，刘洋．数字经济学：内涵、理论基础与重要研究议题［J］．科技进步与对策，2021，38（21）：1-7．

［137］魏志华，曾爱民，李博．金融生态环境与企业融资约束——基于中国上市公司的实证研究［J］．会计研究，2014（5）．

［138］温忠麟，侯杰泰，张雷．调节效应与中介效应的比较和应用［J］．心理学报，2005（2）．

［139］吴非，胡慧芷，林慧妍，等．企业数字化转型与资本市场表现——来自股票流动性的经验证据［J］．管理世界，2021（7）．

［140］吴璇，田高良，司毅，等．网络舆情管理与股票流动性［J］．管理科学，2017（6）．

［141］吴延兵．国有企业双重效率损失研究［J］．经济研究，2012，47（3）：15-27．

[142] 武常岐, 钱婷. 集团控制与国有企业治理 [J]. 经济研究, 2011 (6): 93-104.

[143] 肖洁, 龚六堂, 张庆华. 分权框架下地方政府财政支出与政治周期——基于地级市面板数据的研究 [J]. 经济学动态, 2015 (10): 17-30.

[144] 肖土盛, 孙瑞琦. 国有资本投资运营公司改革试点效果评估——基于企业绩效的视角 [J]. 经济管理, 2021, 43 (8): 5-22.

[145] 肖星, 陈婵. 激励水平、约束机制与上市公司股权激励计划 [J]. 南开管理评论, 2013, 16 (1): 24-32.

[146] 谢小兵, 金彦平. 2009年中央企业并购重组情况分析报告 [J]. 国有资产管理, 2011 (3).

[147] 熊爱华, 张质彬, 张涵. 国有企业混合所有制改革对创新绩效影响研究 [J]. 科研管理, 2021, 42 (6): 73-83.

[148] 熊家财, 苏冬蔚. 股票流动性与企业资本配置效率 [J]. 会计研究, 2014 (11).

[149] 徐长生, 孔令文, 倪娟. A股上市公司股权激励的创新激励效应研究 [J]. 科研管理, 2018 (9): 93-101.

[150] 徐传谌, 孟繁颖. 国有资产流失成因及治理对策研究 [J]. 经济体制改革, 2007 (1): 54-57.

[151] 徐瑾. 地区信息化对经济增长的影响分析 [J]. 统计研究, 2010 (5).

[152] 徐欣, 唐清泉. 财务分析师跟踪与企业R&D活动——来自中国证券市场的研究 [J]. 金融研究, 2010 (12): 173-189.

[153] 徐业坤, 钱先航, 李维安. 政治不确定性、政治关联与民营国有企业投资——来自市委书记更替的证据 [J]. 管理世界, 2013 (5): 116-130.

[154] 徐玉德, 杨晓璇, 刘剑民. 地方官员变更、财政支出波动与企业系统性风险 [J]. 中央财经大学学报, 2019 (11): 3-16.

[155] 许家云, 毛其淋. 政府补贴、治理环境与中国企业生存 [J]. 世

界经济, 2016 (2).

[156] 许正良, 朱红波, 苏宁子. 中央企业全面风险管理信息化研究 [J]. 现代管理科学, 2014 (6).

[157] 严若森, 钱晶晶, 祁浩. 公司治理水平、媒体关注与企业税收激进 [J]. 经济管理, 2018 (7).

[158] 杨清香. 试论内部控制概念框架的构建 [J]. 会计研究, 2010 (11): 29 - 32.

[159] 杨瑞龙. 我国制度变迁方式转换的三阶段论——兼论地方政府的制度创新行为 [J]. 经济研究, 1998 (1): 3 - 5.

[160] 杨小凯, 黄有光. 专业化与经济组织 [M]. 北京: 经济科学出版社, 1999.

[161] 杨新铭. 数字经济: 传统经济深度转型的经济学逻辑 [J]. 深圳大学学报 (人文社会科学版), 2017, 34 (4): 101 - 104.

[162] 杨兴全, 尹兴强. 国企混改如何影响公司现金持有? [J]. 管理世界, 2018, 34 (11): 93 - 107.

[163] 杨兴全, 张丽平, 吴昊旻. 市场化进程、管理层权力与公司现金持有 [J]. 南开管理评论, 2014 (2).

[164] 杨雄胜, 夏俊. 内部控制评价——理论·实务·案例 [M]. 大连: 大连出版社, 2009.

[165] 杨志强, 石水平, 石本仁, 等. 混合所有制、股权激励与融资决策中的防御行为———基于动态权衡理论的证据 [J]. 财经研究, 2016, 42 (8): 108 - 120.

[166] 易健雄. 论隐性市场行为及其影响 [J]. 重庆理工大学学报 (社会科学版), 2011, 25 (1): 24 - 30.

[167] 殷群, 田玉秀. 数字化转型影响高技术产业创新效率的机制 [J]. 中国科技论坛, 2021 (3).

[168] 于洋, 王宇. 知识产权保护与企业创新活动——基于 A 股上市公司创新"量"和"质"的研究 [J]. 软科学, 2021, 35 (9): 47 - 52, 67.

[169] 余明桂, 范蕊, 钟慧洁. 中国产业政策与企业技术创新 [J]. 中国工业经济, 2016 (12).

[170] 俞红海, 徐龙炳, 陈百助. 终极控股股东控制权与自由现金流过度投资 [J]. 经济研究, 2010, 45 (8): 103-114.

[171] 喻国明. 互联网是高维媒介: 一种社会传播构造的全新范式——关于现阶段传媒发展若干理论与实践问题的辨正 [J]. 编辑学刊, 2015 (4).

[172] 袁淳, 肖土盛, 耿春晓, 等. 数字化转型与企业分工: 专业化还是纵向一体化 [J]. 中国工业经济, 2021 (9).

[173] 原毅军, 孔繁彬. 中国地方财政环保支出、企业环保投资与工业技术升级 [J]. 中国软科学, 2015 (5): 139-148.

[174] 原毅军, 谢荣辉. 环境规制的产业结构调整效应研究——基于中国省际面板数据的实证检验 [J]. 中国工业经济, 2014 (8).

[175] 曾建光, 王立彦. Internet 治理与代理成本——基于 Google 大数据的证据 [J]. 经济科学, 2015 (1).

[176] 曾庆生, 陈信元. 国家控股、超额雇员与劳动力成本 [J]. 经济研究, 2006 (5): 74-86.

[177] 曾诗韵, 蔡贵龙, 程敏英. 非国有股东能改善会计信息质量吗?——来自竞争性国有上市公司的经验证据 [J]. 会计与经济研究, 2017, 31 (4): 28-44.

[178] 张宏亮, 王靖宇. 薪酬管制、激励溢出与国企社会成本: 一项准自然实验 [J]. 中国软科学, 2018 (8): 117-124.

[179] 张会丽, 陆正飞. 现金分布、公司治理与过度投资——基于我国上市公司及其子公司的现金持有状况的考察 [J]. 管理世界, 2012 (3).

[180] 张克中, 何凌云. 政府质量与国民幸福: 文献回顾与评论 [J]. 国外社会科学, 2012 (4).

[181] 张龙鹏, 汤志伟. 企业信息技术应用对开放式创新的影响: 交易成本视角 [J]. 科技进步与对策, 2018, 35 (20): 79-87.

[182] 张梦雯, 李继峰. "去产能"需谨防国有资产流失 [J]. 人民论

坛，2017（10）：86-87.

[183] 张维迎，吴有昌，马捷. 公有制经济中的委托人—代理人关系：理论分析和政策含义 [J]. 经济研究，1995（4）：10-20.

[184] 张文魁. 国资监管体制改革策略选择：由混合所有制的介入观察 [J]. 改革，2017（1）：110-118.

[185] 张小茜，孙璐佳. 抵押品清单扩大、过度杠杆化与国有企业破产风险——动产抵押法律改革的"双刃剑"效应 [J]. 中国工业经济，2017（7）.

[186] 张新民，张婷婷，陈德球. 产业政策、融资约束与国有企业投资效率 [J]. 会计研究，2017（4）：12-18，95.

[187] 张勋，万广华，张佳佳，等. 数字经济、普惠金融与包容性增长 [J]. 经济研究，2019（8）.

[188] 张艳，张雨，孙哲远. 资源依赖、政府治理能力对资源型城市绿色经济转型的影响 [J]. 南京财经大学学报，2022（2）.

[189] 张跃胜. 信息化与中国经济增长：理论与经验分析 [J]. 经济与管理研究，2015（4）.

[190] 张昭，马草原，杨耀武. 薪酬管制会抑制企业高管的超额薪酬吗？——基于2015年"限薪令"的准自然实验 [J]. 当代经济科学，2021，43（5）：114-127.

[191] 赵涛，张智，梁上坤. 数字经济、创业活跃度与高质量发展——来自中国城市的经验证据 [J]. 管理世界，2020，36（10）：65-76.

[192] 赵晓奇. 地方政府政绩诉求、企业政治关联与企业社会责任履行——来自2011—2014年沪市A股上市公司的数据 [J]. 财会通讯，2016（36）：49-53.

[193] 赵云辉，张哲，冯泰文，等. 大数据发展、制度环境与政府治理效率 [J]. 管理世界，2019（11）.

[194] 郑国坚，魏明海. 公共治理、公司治理与大股东的内部市场——基于我国上市公司的实证研究 [J]. 中大管理研究，2007，2（2）：1-21.

[195] 郑良海. 促进我国城镇化发展的财税政策建议 [J]. 税务研究, 2020 (2): 111-117.

[196] 郑群峰. 我国资本配置效率空间计量研究——基于投资主体结构变迁的视角 [J]. 商业经济与管理, 2010 (3): 64-71.

[197] 郑志刚, 李东旭, 许荣, 等. 国企高管的政治晋升与形象工程——基于N省A公司的案例研究 [J]. 管理世界, 2012 (10): 146-156, 188.

[198] 钟禾. 再论财政分配对可持续发展的作用 [J]. 经济体制改革, 2000 (S1): 163-166.

[199] 周绍妮, 郑佳明, 王中超. 国企混改、社会责任信息披露与国有资产保值增值 [J]. 软科学, 2020, 34 (3): 32-36.

[200] 周驷华, 万国华. 信息技术能力对供应链绩效的影响: 基于信息整合的视角 [J]. 系统管理学报, 2016 (1).

[201] 朱国华, 李雪静. 隐性市场显性化理论研究研究——以衍生品市场为例 [J]. 财贸经济, 2008 (2): 47-52.

[202] 朱军. 中国财政政策不确定性的指数构建、特征与诱因 [J]. 财贸经济, 2017, 38 (10): 22-36.

[203] 朱磊, 陈曦, 王春燕. 国有企业混合所有制改革对企业创新的影响 [J]. 经济管理, 2019, 41 (11): 72-91.

[204] 朱新红. 论企业集团财务控制的三种类型 [J]. 会计研究, 2003 (4): 21-23.

[205] 竺素娥. 公司治理与财务控制 [M]. 北京: 经济科学出版社, 2001.

[206] 庄雷, 王云中. 中国区域信息网络基础设施投资效应的实证研究 [J]. 技术经济, 2015 (4).

[207] Acemoglu D., Restrepo P., Robots and Jobs, Evidence from US Labor Markets [J]. Journal of Political Economy, 2020, 128 (6): 2188-2244.

[208] Aghion P., Akcigit U., Bergeaud A., et al. Innovation and Top In-

come Inequality [J]. The Review of Economic Studies, 2019 (1): 1-45.

[209] Agrawal A., Goldfarb A. Restructuring Research: Communication Costs and the Democratization of University Innovation [J]. American Economic Review, 2008, 98 (4): 1578-1590.

[210] Alchina A. Corporate Management and Property Rights [A]. Economic Forces at Work [C]. Liberty Press, 1969.

[211] Altman E. I., Financial Ratios, Discriminant Analysis and the Prediction of Corporate Bankruptcy [J]. Journal of Finance, 1968 (23): 589-609.

[212] Balakrishnan K., Billings M. B., Kelly B. Shaping Liquidity: On the Causal Effects of Voluntary Disclosure [J]. Journal of Finance, 2014 (69): 2237-2278.

[213] Basu S., Fernald J. G. What do we know (and not know) about potential output? [J]. Federal Reserve Bank of St Louis Review, 2009, 91 (9): 187-214.

[214] Baxter N. D., Leverage, Risk of Ruin and the Cost of Capital [J]. The Journal of Finance, 2014, 22 (3): 395-403.

[215] Bayo-Moriones A., Billón M., Lera-López F. Perceived Performance Effects of ICT in Manufacturing SMEs [J]. Industrial Management and Data Systems, 2013, 113 (1): 117-135.

[216] Benjamin Maury, Anete Pajuste. Multiple Large Shareholders and Firm Value [J]. Journal of Banking and Finance, 2005, 29 (7): 1813-1834.

[217] Biddle G. C., Hilary G., Verdi R. S. How does financial reporting quality relate to investment efficiency? [J]. Journal of accounting and economic, 2009, 48 (2-3): 112-131.

[218] Blanchard O., Shleifer A. Federalism with and without Political Centralization: China Versus Russia [J]. Imf Staff Papers, 2001, 48 (1): 171-179.

[219] Brander J. A., Lewis T. Oligopoly and Financial Structure: The Lim-

ited Liability Effect [J]. American Economic Review, 1986, 76 (5): 956 – 970.

[220] Branstetter L. G. , Kwon N. South Korea's Transition from Imitator to Innovator: The Role of External Demand Shocks [J]. Journal of the Japanese and International Economies, 2018 (49): 28 – 42.

[221] Broekhuizen Thijs L. J. , Zhu T. Market Orientation and Innovation Behaviour: How Do Service Employees Benefit from Their Uniplex and Multiplex Intrafirm Network Centrality? [J]. Industry and Innovation, 2021, 28 (10): 1270 – 1297.

[222] Brynjolfsson, Erik. The Contribution of Information Technology to Consumer Welfare [J]. Information Systems Research, 1996, 7 (3): 281 – 300.

[223] Buchanan, James M. Public Goods in Theory and Practice: A Note on the Minasian – Samuelson Discussion [J]. The Journal of Law and Economics, 1967 (10): 193 – 197.

[224] Bukht R. , Heeks R. Defining, Conceptualising and Measuring the Digital Economy [J]. Development Informatics Working Paper, 2018 (68).

[225] Calomiris C. W. , Carlson M. Corporate Governance and Risk Management at Unprotected Banks: National Banks in the 1890s [J]. Journal of Financial Economics, 2016, 119 (3): 512 – 532.

[226] Ceccobelli M. , Gitto S. , Mancuso P. ICT Capital and Labour Productivity Growth: A Non-parametric Analysis of 14 OECD Countries [J]. Telecommunications Policy, 2012, 36 (4): 282 – 292.

[227] Chen S. , Sun Z. , Tang S. , et al. Government Intervention and Investment Effiency: Evidence from China [J]. Journal of Corporate Finance, 2011, 17 (2): 259 – 271.

[228] Dacin M. T. , Oliver C. , Roy J. The Legitimacy of Strategic Alliances: An Institutional Perspective [J]. Strategic Management Journal, 2007, 28 (2): 169 – 187.

[229] Dana J. D., Orlov E. Internet Penetration and Capacity Utilization in the US Airline Industry [J]. American Economic Journal: Microeconomics, 2014, 6 (4): 106 – 137.

[230] Daniele Cerrato. The Multinational Enterprise as an Internal Market System [J]. International Business Review, 2006 (15).

[231] Dong Y., Liu Z., Shen Z. Political Patronage and Capital Structure in China [J]. Emerging Markets Finance and Trade, 2014, 50 (3): 102 – 125.

[232] Don R. H. Maryanne M. Mowen [J]. Management Accounting, 2005.

[233] Esteban, Brenes R., Mauricio Mena, German E. M. Key Success Factors for Strategy Implementation in Latin America [J]. Journal of Business Research, 2008 (61).

[234] Faccio M., Marchica M. T., Mura R. Large Shareholder Diversification and Corporate Risk – Taking [J]. The Review of Financial Studies, 2011, 24 (11): 3601 – 3641.

[235] Faccio M. Politically Connected Firms [J]. American Economics Review, 2006, 96 (1): 369 – 386.

[236] Faleye O., Reis E., Venkateswaran A. The Determinants and Effects of CEO – Employee Pay Ratios [J]. Journal of Banking and Finance, 2013, 37 (8): 3258 – 3272.

[237] Fang V. W., Tian X., Tice S. Does Stock Liquidity Enhance or Impede Firm Innovation? [J]. The Journal of Finance, 2014, 69 (5): 2085 – 2125.

[238] Fatás A., Ilian M. The Case for Restricting Fiscal Policy Discretion [J]. Quarterly Journal of Economics, 2003 (4): 1419 – 1447.

[239] Fredrik S., Lars M., Rikard L. Embracing Digital Innovation in Incumbent Firms: How Volvo Cars Managed Competing Concerns [J]. MIS Quarterly, 2017, 41 (1): 239 – 253.

[240] Garg S. Venture boards: Distinctive Monitoring and Implications for

Firm Performance [J]. Academy of Management Review, 2013, 38 (1): 90 – 108.

[241] Goldfarb A., Tucker C. Digital Economics [J]. Journal of Economic Literature, 2019, 57 (1): 3 – 43.

[242] Gruber H. Proposals for a Digital Industrial Policy for Europe [J]. Telecommunications Policy, 2019, 43 (2): 116 – 127.

[243] Gupta N. Partial Privatization and Firm Performance [J]. Journal of Finance, 2005, 60 (2): 987 – 1015.

[244] Haans R., Pieters C., He Z. L. Thinking about U: Theorizing and testing U – and inverted U – shaped relationships in strategy research [J]. Strategic Management Journal, 2016, 37 (7): 1177 – 1195.

[245] Han L., Li Z. Road investments and inventory reduction: Firm level evidence from China [J]. Journal of Urban Economics, 2013, 76 (8): 4 – 52.

[246] Hausmann R., Jason H., Dani R. What You Export Matters [J]. Journal of Economic Growth, 2007, 12 (1): 1 – 25.

[247] Hinings B., Gegenhuber T., Greenwood R. Digital Innovation and Transformation: An Institutional Perspective [J]. Information and Organization, 2018, 28 (1): 52 – 61, 3.

[248] Istaitieh A., Rodriguez – Fernandez J. M. Factor-product markets and firm's capital structure: A literature review [J]. Review of Financial Economics, 2006, 15 (1): 49 – 75.

[249] James N. B. Structural Estimation in Implicit Markets [M]. Cambridge: National Bureau of Economic Research, 1983.

[250] Jauch L. R., Osborn R. N., Martin T. N. Structured Content Analysis of Cases: A Complementary Method for Organizational Research [J]. Academy of Management Review, 1980, 5 (4): 517 – 525.

[251] Jeffrey Williams. The Economic Function of Futures Markets [M]. Cambridge University Press, 1986.

[252] Jensen M. C. , Meckling W. H. Theory of the Firm: Managerial Behavior, Agency Costs and Ownership Structure [J]. Journal of Financial Economics, 1976: 305 - 360.

[253] Jin H. , Qian Y. , Weingast B. R. Regional Decentralization and Fiscal Incentives: Federalism, Chinese Style [J]. Journal of Public Economics, 2005, 89 (5): 1719 - 1742.

[254] John K. , Litov L. , Yeung B. Corporate Governance and Risk-taking [J]. The Journal of Finance, 2008, 63 (4): 1679 - 1728.

[255] Johnson S. , Mitton T. Cronyism and Capital Controls: Evidence from Malaysia [J]. Journal of Financial Economics, 2003, 67 (2): 351 - 382.

[256] Johnson S. , Schnatterly K. , Bolton J. F. , et al. Antecedents of New Director Social Capital [J]. Journal of Management Studies, 2011, 48 (8): 1782 - 1803.

[257] Jonscher C. Information resources and economic productivity [J]. Information Economics and Policy, 1983, 1 (1): 13 - 35.

[258] Kaplan S. N. , Zingales L. Do Investment - Cash Flow Sensitivities Provide Useful Measures of Financing Constraints? [J]. The Quarterly Journal of Economics, 1997, 112 (1): 169 - 215.

[259] Karlsson C. , Maier G. , Trippl M. , Siedschlag I. , Owen R. , Murphy G. ICT and Regional Economic Dynamics: A Literature Review [M]. JRC Scientific and Technical Reports, Luxembourg, Publications Office of the European Unio, 2010.

[260] Karuna C. Industry Product Market Competition and Managerial Incentives [J]. Journal of Accounting and Economics, 2007, 43 (2): 275 - 298.

[261] Kim Y. , Li H. , Li S. Corporate Social Responsibility and Stock Price Crash Risk [J]. Journal of Banking & Finance, 2014, 43 (6): 1 - 13.

[262] Kraus A. , Litzenberger R. H. A State - Preference Model of Optimal Financial Leverage [J]. The Journal of Finance, 1973, 28 (4): 911 - 922.

[263] Kusnadi Y., Yang Z., Zhou Y. Institutional Development, State Ownership and Corporate Cash Holdings: Evidence from China [J]. Journal of Business Research, 2015, 68 (2): 351 – 359.

[264] Li K., Griffin D., Yue H., et al. How Does Culture Influence Corporate Risk-taking? [J]. Journal of Corporate Finance, 2013, 23 (12): 1 – 22.

[265] Lin C. H., Wang J. W. Distortion of Price Discount Perceptions Through the Left-digit Effect [J]. Marketing Letters, 2017, 28 (1): 99 – 112.

[266] Lind J. T., Mehlum H. With or Without U? The Appropriate Test for a U – Shaped Relationship [J]. Oxford Bulletin of Economics and Statistics, 2010, 72 (1): 109 – 118.

[267] Liu D., Chen S., Chou T. Resource Fit in Digital Transformation [J]. Management Decision, 2011 (49): 1728 – 1742.

[268] Malone T. W., Yates J., Benjamin R. I. Electronic Markets and Electronichierarchies: Effects of Information Technology on Market Structure and Corporate Startegies [J]. Communications of the ACM, 1987, 30 (6): 484 – 497.

[269] Mang P. Y. Exploiting Innovation Options: An Empirical Analysis of R&D – Intensive Firms [J]. Journal of Economic Behavior and Organization, 1998, 35 (2): 229 – 242.

[270] Manne H. G. Merger and the Market for Corporate Control [J]. Jornal of Politial Economy, 1965 (2): 110 – 120.

[271] Menzies P. T. Finacial Control as an Aid to Management [J]. Management Decision, 2000: 121 – 147.

[272] Meyer K. E., Estrin S., Bhaumik S., et al. Institutions, Resources, and Entry Strategies in Emerging Economies [J]. Strategic Management Journal. 2009, 30 (1): 61 – 80.

[273] Modigliani F., Miller M. H. The Cost of Capital, Corporate Finance, and the Theory of Investment [J]. American Economic Review, 1958, 48 (3):

261-297.

[274] Myrdal G. Economic Theory and Underdeveloped Regions [J]. Amsterdam: Duckworth, 1957: 389-402.

[275] Nunn N. Relationship-specificity, Incomplete Contracts and the Pattern of Trade [J]. The Quarterly Journal of Economics, 2007, 122 (2): 569-600.

[276] Oliver Borchert. Creating and Sustaining Competitive Advantage [J]. Journal of Marketing Management, 2008, 24 (9): 78-92.

[277] Otley, Vishny R. A Survey of Corporate Governance [J]. The Journal of Finance, 1997.

[278] Peng M. W. Institutional Transitions and Strategic Choices [J]. Academy of Management Review, 2003, 28 (2): 275-296.

[279] Petersen M. A. Estimating Standard Errors in Finance Panel Data Sets: Comparing Approaches [J]. Review of Financial Studies, 2009, 22 (1): 435-480.

[280] Rakesh Khurana. Three-party Exchanges: The Case of Executive Search Firms and the Search [D]. Harvard University Harvard Business School, 1999.

[281] Raul B. C., Michael B., Antonio D., et al. Shareholder Protection: The Role of Multiple Large Shareholders [J]. Corporate Governance: An International Review, 2016, 24 (2): 105-129.

[282] Rhee S. G., McCarthy F. L. Corporate Debt Capacity and Capital Budgeting Analysis [J]. Financial Management, 1982, 11 (2): 42-50.

[283] Richardson S. A. Over-Investment of Free Cash Flow [J]. Review of Accounting Studies, 2006 (11): 159-189.

[284] Roller L., WavermanL. Telecommunications Infrastructure and Economic Development: A Simultaneous Approach [J]. American Economic Review, 2001, 91 (4): 909-923.

[285] Scott W. R. Institutions and Organizations [M]. Thou sand Oaks,

1995: 17-19.

[286] Segal G., Shaliastovich I., Yaron A. Good and Bad Uncertainty: Macroeconomic and Financial Market Implications [J]. Journal of Financial Economics, 2015 (117): 369-397.

[287] Shleifer A., Vishny R. W. Large Shareholders and Corporate Control [J]. Journal of Political Economy, 1986, 94 (3): 461-488.

[288] Silvia Ardagna. Fiscal Policy in Unionized Labor Markets [J]. Journal of Economic Dynamics and Control, 2007, 31 (5): 1498-1534.

[289] Slack N. The Changing Nature of Operations Flexibility [J]. International Journal of Operations & Production Management, 2005, 25 (12): 1201-1210.

[290] Smith, G., Grimm M. Environmental Variation, Strategic Change and Firm Performance: A Study of Railroad Deregulation [J]. Strategic Management Journal, 1987, 8 (4): 363-376.

[291] Stiglitz J. E., Some Aspects of the Pure Theory of Corporate Finance: Bankruptcies and Take-overs [J]. The Bell Journal of Economics and Management Science, 1972, 3 (2): 458-482.

[292] Stolper W. F., Samuelson P. A. Protection and Real Wages. Review of Economic Studies [J]. Review of Economic Studies, 1941 (1): 58-73.

[293] The review on G20/OECD Principle of Corporate Governance [J]. 2nd Edition, 1999: 5-28.

[294] Tosi H. L. How Much Does Performance Matter? A Meta-analysis of CEO Pay Studies [J]. Journal of Management, 2000, 26 (2): 301-339.

[295] Tussyadiah I. P., Pesonen J. Impacts of Peer-to-Peer Accommodation Use on Travel Patterns [J]. Journal of Travel Research, 2016, 55 (8): 1022-1040.

[296] Von B. F., Per D., Jan R. Digital Technologies as External Enablers of New Venture Creation in the IT Hardware Sector [J]. Entrepreneurship Theory

and Practice, 2018, 42 (1): 47 –69.

[297] Wallsten B. Toward Social Material Flow Analysis: On the Usefulness of Boundary Objects in Urban Mining Research [J]. Journal of Industrial Ecology, 2015, 19 (5): 742 –752.

[298] Wang D., Nicolau J. L. Price Determinants of Sharing Economy Based Accommodation Rental: A Study of Listings from 33 Cities on Airbnb. com [J]. International Journal of Hospitality Management, 2017 (62): 120 –131.

[299] Ward R., Zheng S. Mobile and Fixed Substitution for Telephone Service in China [J]. Telecommunications Policy, 2012, 36 (4): 301 –310.

[300] Weingast B. R., Qian Y. Federalism as a Commitment to Perserving Market Incentives [J]. The Journal of Economic Perspectives, 1997, 11 (4): 83 –92.

[301] Zervas G., Proserpio D. Byers J. W. The Rise of the Sharing Economy: Estimating the Impact of Airbnb on the Hotel Industry [J]. Journal of Marketing Research, 2017, 54 (5): 687 –705.